GUDOMLIG VÄG

MARIE-LOUISE OCH ROBERT HAHN

Gudomlig väg

Visdom som leder hem

energica förlag

Av samma författare:
Klara svar från andevärlden, 1997
Själars samband, 2000
Den rena källan, 2004

Första upplagan
Copyright © Marie-Louise och Robert Hahn
och Energica Förlag
Utgiven av Energica Förlag
Box 8, 794 21 ORSA
Tel: 0250-55 20 00
Omslagsbild: Marie-Louise Hahn
Omslag: Annika Borgenstrand
Sättning inlaga: Annika Borgenstrand
Tryckt hos WS Bookwell, Finland, maj 2007
ISBN 978-91-85127-38-2

Innehåll

Inledning

Många frågar sig i vilket syfte de lever på jorden. Lever jag för min egen skull eller för att hjälpa andra? Svaret är att vi lever för båda syftena. Men vi lever också för att utforska det okända, det som inte alltid kan bekräftas vetenskapligt men som bekräftas inom oss. Där finns alla svar. Inom oss brinner en eld att söka sanningen i just detta liv.

Med kunskap menas allt oftare vetenskapligt kunnande. Det bygger på att forskare systematiserar vad som sker i omgivningen med hjälp av mätningar och statistik. Då blottläggs skillnader och samband som får oss att förstå världen bättre. Vi människor förutsätts lita på vad forskaren kommit fram till. Vetenskaplig kunskap kan dock nyskapas, omtolkas och omvärderas.

Kunskap finns också inom oss själva utan att vi lärt oss den. Människan bär på mycket vetande vars ursprung kan tyckas oklart för oss. Denna källa till kunskap ger sig lättast tillkänna i form av intuitiva signaler som kommer fram under exempelvis meditation och i katastrofliknande situationer. En glimt kan skönjas om vi ställs inför ett tydligt etiskt val. Men när vi underkastar oss vardagens rutiner får vi mindre tydliga signaler från denna vishetens källa.

Inre kunskap visar oss vad som är rätt och fel sett ur ett djupare perspektiv. Men den kan också avslöja hemligheten bakom vårt ursprung och vilka vi egentligen är. Inre kunskap kan till och med visa oss den gudomliga väg vi måste gå för att känna oss hela och sanna. Den visar oss vägen hem.

Det finns personer som tycks kunna få kontakt med samma källor som en gång givit oss vår inre kunskap. Jag tänker framför allt på dem som är *mediala*. Ordet medial betyder att en människa genom signaler till hörsel, syn eller känsla förnimmer något som ligger utanför det vi normalt uppfattar med våra sinnen. Att vara medial är en förmåga som visserligen är medfödd men som kräver arbete och omvårdnad för att utvecklas rätt. Ett medium har ofta en speciell inriktning. Den spiritistiska rörelsen, som väckte mycket intresse i början av 1900-talet, inrymde medier som förmedlade kontakter med döda anhöriga. Medier kan även vara inriktade på att ge råd om personlig utveckling. Vissa medier tycks nå mycket högt i de andliga sfärerna. Just de borde kunna förtydliga den inre kunskapens kärna för oss. En så spännande tanke vore värd att sättas på prov.

Min fru Marie-Louise utvecklade sin mediala förmåga i början av 1990-talet. Vi berättade om hur det gick till i boken *Klara svar från andevärlden* och hur det påverkade vår familj i *Själars samband*. Vi berättade också hur vi arbetade med att införliva andligheten i vardagen i *Den rena källan*. Marie-Louise har en kanal som beskriver sig som den Helige Ande, en allvetande kunskapskälla som likt ett träd förgrenar sig runt jorden. Med sådan framstående hjälp skulle det väl vara möjligt att få veta vilken väg som leder till ett liv i helhet och sanning?

Svaret är att vi kan få veta vägen men att vi måste gå den själva. För att komma framåt på en sådan gudomlig väg krävs att man arbetar med sig själv. Denna bok handlar om hur den gudomliga vägen ser ut och vilka utmaningar vi måste jobba med under vår vandring. Kunskapen du får är inte vetenskaplig och kan heller inte uppfattas med våra sinnen. Den bygger på helt andra förutsättningar.

Jag skall ge ett exempel. Begrunda följande påstående:

> *"Det enda sanna för människan*
> *är att leva i fred och harmoni*
> *med sig själv och sin omgivning."*

Är detta kunskap? Vårt svar är "ja". Om du instinktivt känner att påståendet är helt sant och riktigt, om du känner att du vill leva ditt liv i den här känslan, så har du fått en signal från din inre visdom. Det är tidlösa kunskaper som har karaktären av stabila övertygelser och som egentligen inte har något med intellektuellt grundade slutsatser att göra.

En vetenskapsman skulle säga att tesen om lyckan i att få "leva i fred och harmoni" bara är filosofi och fritt tyckande. Och man kan ju tycka vad som helst! Vi tycker att det vore att avfärda våra inre visdomar väl enkelt.

Människan kan visserligen utmana sin inre själsliga kunskap och diskutera den med hjälp av intellektet. Men den som inte *följer* sin egen inre kunskap hamnar i konflikt med sig själv. Människor som väljer att gå en annan väg mår inte bra. De fjärmas allt mer från ett liv i helhet och sanning. Vandringen på den gudomliga vägen blir längre och mödosammare. Det är nämligen när vårt liv är i harmoni med våra egna inre signaler, som är ett uttryck för vår själs kunnande, som vi känner oss nöjda med oss själva på ett djupare plan. Just då finns goda möjligheter till snabb personlig utveckling. Men den är aldrig gratis. Det finns inga genvägar på den gudomliga vägen.

Syftet med Marie-Louises mediala kontakt i denna bok är att, med andevärldens hjälp, guida oss och hjälpa till att öppna upp för vår egen själs visdom. Det innebär att du ibland kan känna igen dig och tycka att "så här är det ju!".

Jag hoppas att många stimuleras till att resonera med sig själva för att utforska de egna inre signalerna. Det är en viktig del i varje människas arbete med att öka kunskapen om sig själv.

Robert Hahn
Tullinge i december 2006

1

Aviron

Under de första åren av 2000-talet var den kristna kyrkan på tillbakagång över hela Europa medan den gradvis ökade sin betydelse i många andra delar av världen. Sverige var ett av världens mest sekulariserade länder. Att öppet diskutera andliga frågor i samhället var svårt och förakt mot andliga synsätt och religion utbrett. Tron på att endast förnuftet och vetenskapen kan leda människan framåt framfördes ofta. Många andligt intresserade människor kände sig ensamma och utanför.

Samtidigt öppnade tv-serier människors ögon för utomkroppsliga dimensioner. Man kunde se program om sökande efter tidigare liv. Medier förmedlade kontakter med döda eller undersökte hemsökta hus. Detektivserier där medier löste mordgåtor vann popularitet. Programmen gav anledning till funderingar kring själens fortlevnad i en andlig dimension efter den fysiska döden, vilket är en central fråga i andligt tänkande.

Det var sommar 2004 och hela familjen firade semester på ön Arnö i Stockholms skärgård. Marie-Louise och jag funderade på att skriva en sammanfattning av all andlig kommunikation vi hittills hade haft. Det kändes som om allt viktigt redan hade sagts i våra tre tidigare böcker. En sen kväll gjorde vi en kort seans i sommarhuset för att fråga om vi borde sammanställa det viktigaste ur tidigare seanser på egen hand. Eller vad skulle vi skriva om? Marie-Louise andliga kanal öppnades snabbt. Vi fick svaret:

– Ni har ett profetiskt uppdrag. Ni skall skriva om människans förhållande till sig själv och till Gud.

Löftet om ett nytt uppdrag var tydligt. Mer preciserad information skulle nog ges snart. Så skedde också några dagar senare.

Vädret var varmt och soligt. Familjen åkte ibland iväg på en utflykt till någon ö för att bada eller koppla av. En eftermiddag var vi, som många gånger förr, på ön Väringsös östra sida. Där finns långa grunda sandstränder och de stora nöjesbåtarna som går till Finland passerar förbi ute på fjärden. Barnen var ute i vattnet. Marie-Louise satt med solglasögon i en vilstol och slöt ögonen. Jag halvsov bredvid i sanden. Då vände hon sig åt mitt håll, öppnade ögonen och viskade långsamt och stilla att hon kopplats in på sin andliga kanal.

– Jo, sa hon. De säger att en vit man skall berätta om himlens samlade andliga kunskap för er.

Jag frågade:

– **Vem är han?**

Under sina seanser har Marie-Louise många gånger uppfattat en åldrad man sitta en bit bort, ofta på en sten, djupt försjunken i egna tankar. Han ser ut som en arketypisk bild av Bibelns profeter. Hon har uppfattat honom som en "hjälpare". Mannen sitter alltid i en aura av vitt ljus. Ansiktets konturer är svåra att uppfatta och ögonen lyser bara av ljus. Varje gång han framträtt har hon uppfyllts av ett stort lugn. Hittills hade den vite anden oftast varit tyst men han nu skulle snart tala till oss.

Marie-Louise slöt ögonen igen och, belyst av den värmande eftermiddagssolen, fick hon in:

– Han heter Aviron. Det är en vishetslärare.

Jag tittade upp och blev snart på helspänn. Vishetslärare är ju de högst uppsatta mästarna i andevärlden. Det var ett spännande löfte, en oerhörd tanke, att mer direkt få samarbeta med en sådan ande under en längre tid.

När vi först hörde talas om vishetslärarna så var de sju stycken. Antalet är inte statiskt utan kan växla. Till skillnad från den Helige Ande så har vishetslärare levt på jorden och varit människor av kött och blod. Vi har tidigare sökt kontakt med dem och berättade om tre lyckade försök i vår första bok.

Samma kväll bestämde vi oss för att göra en planerad seans i syfte att fråga vad som väntade oss i fortsättningen. Vi satte oss i sovrummet, tände ett ljus och vilade en stund i tyst meditation.

Därefter tonade Marie-Louise in sig på sin andliga kanal.
När orden började flöda förtydligade hon:
– Det är vishetsläraren som säger det här!
Hon satte sig tillrätta i stolen. Anden berättade nu i rask takt, som om allt var bestämt i förväg.

– Ni skall skriva om de *sju kunskapspelare* som innehåller utvecklingsplanen för människorna. Den är en konklusion av det ni tidigare skrivit och följer en karmisk plan för jorden. För att ta ner den krävs kunskap från de högsta vishetslärarna, de som står gudskärleken allra närmast.

En av pelarna är *kärleken*, dess orsak, drivkraft och mål. En annan är *lidandet*, dess orsak, drivkraft och mål. En pelare handlar om *arbete*, med andra ord om vad det är som gör vårt arbete meningsfullt och hur vi utvecklas genom arbete, och hur arbetet kan antingen stärka oss eller döda oss. Andra pelare är *rädslor*, *karma* (öde), *utveckling* och *visdom*.

Det finns ytterligare två pelare, den åttonde och nionde. Nummer åtta handlar om *jordens överlevnad* och nummer nio om *vår relation till Gud* och vad som händer i slutstadiet av alla våra karmiska inkarnationer.

Om människorna får tillgång till kunskapen i de första sju pelarna så kommer en frekvenshöjning att äga rum på jorden. Den öppnar dörren till kunskapen i de sista två pelarna. Därför, mina vänner, så förstår ni hur viktigt det blir att ta del av de sju pelarnas visdom för att senare höja nivån ytterligare och få ta del av den kunskap som utbildar oss allra mest.

Man kan likna de sju pelarna vid ett träd med sju grenar. Människan är stammen, och människan växer ju fler delar av denna kunskap hon kan tillgodogöra sig. Varje gren innebär en väldig utmaning för den levande själen, och det dröjer flera inkarnationer innan man förstår helheten i denna kunskap. Vissa grenar tar man sig lättare upp i medan andra är betydligt svårare. Allt beror på att vi är olika som individer och att vi står på olika plan i vår karmiska utveckling.

Höj era frekvenser och gör er ödmjuka och mottagliga för det jag har att säga! Det är en gåva att vara kanal för denna kunskap. Så tvivla inte på orden och tvivla inte på kraften i det vi säger! Aviron har skickats ner till er och kommer att vara er behjälplig under den tid det tar för boken att formas.

När vi tittar på vårt eget beteende här på jorden så har, till vissa delar, inte mycket förändrats. Vi tror fortfarande att kriser kan lösas med våld. Men *utan en pacifistisk grundtanke överlever inte jorden*. Den utgångspunkten är viktigast i vårt andliga arbete med er. Den pacifistiska tanken ger näring till den kunskap som finns i de sju pelarna, och när den processen fullbordats så öppnas de två sista pelarna upp. Jag, Aviron, skall hjälpa er med detta.

Det är viktigt att vi drivs av kunskapstörst. Den leder oss framåt. Men först måste vi gå igenom många inkarnationers lidande, för lidandet i sig är ett uppvaknande, och uppvaknandet leder oss till kunskapstörst. Logiken är glasklar – lidandet ökar vår existentiella hunger, och i lidandets spår följer frågor som: Varför? När? Hur? Vart är vi själva på väg?

Så begråt inte lidandet utan se det som en frälsare och vän. Se det som en nödvändighet i vår strävan att nå fullkomlighet som själar. Lär människorna att ta lidandet som en självklarhet som, rätt hanterad, förvandlas till villkorslös kärlek. En av kunskapspelarna handlar därför om lidandet. Vi skall gå till botten med lidandet och vi skall lära människorna att hantera det på ett sådant sätt att vi inte längre frågar oss "varför?".

Vi undrade vem Aviron egentligen är. Första gången Marie-Louise såg honom var när vi diskuterade aspekter på lidande och rädslor i vår andra bok. Han måste alltså ha stått oss nära under många år. Lidandet är uppenbarligen ett viktigt tema för honom.

Jag ställde en fråga, vars kryptiska utformning färgades av en osäkerhet om hur man titulerar en vishetslärare. Jag sade:

– Kan Aviron berätta mer om sig själv?

– Javisst. Jag har för länge sedan slutat att inkarnera på jorden. Jag har utbildats genom kunskapstrappan till att nå de högre höjderna. Det betyder också att jag fritt kan flytta mig mellan olika dimensioner och ta ner energi där det bäst behövs. Jag har också följeslagare. Änglar skyddar min energi.

För många tusen år sedan var jag krigare på jorden. Jag var en känd krigare. Det är rensat och borta nu, och därför vill jag inte berätta vem jag var. Man kan omvända sig – har man gjort något dåligt för jorden i en inkarnation så tvingas man till att rätta till det i kommande inkarnationer, och det kan på sikt ge en skjuts i utvecklingen till de högre sfärerna. Därmed inte sagt att jag vill att ni skall göra negativa saker på jorden.

Jag lyssnar ofta på musik. Jag tycker om klassisk musik med flöjt och vackra toner. Den är mest rogivande. Musiken som spelades när jag levde på jorden var inte så rogivande och vacker.

Jag har också en stor kärlek till barn. Vi skall nära och älska våra barn för de är ju nästa generation som skall ta över. Jag undervisar barn i andevärlden. De finns på alla andliga kunskapsplan eftersom jag rör mig fritt mellan dimensionerna.

Aviron fortsatte att berätta om sig själv. Han sade:

– Mitt attribut är svärdet. Bli inte rädda för svärdet! Jag riktar det inte mot er strupe. Allt ni gör är frivilligt och vi är tacksamma och glada så länge ni orkar och vill samarbeta med oss. Se svärdet som något som skär igenom människors tvivel och mörka tankar. Det är ett renande och rensande svärd. Dess klinga är sylvass. Svärdet symboliserar att jag slår mig genom tät dimma. Dimman ligger som ett lock av okunskap runt jorden.

I min andra hand håller jag en kunskapskrona. Den står för den samlade visdom som kan förmedlas till människorna i denna tid. Var och en som lever på jorden kan få ta del av denna kunskap oavsett vilken nivå man befinner sig på.

Min uppgift är att sprida den till er i mer samlad form. Att göra en konklusion, att ge människorna en riktning och ett hopp att försöka leva efter.

Avirons pelare är teman som sammanfattar människans stora utmaningar. De blottlägger centrala livsfrågor som vi bör arbeta med under hela vårt liv. Varje människa genomgår en process av ständig personlig utveckling inom vart och ett av dessa områden.

Vi skall beskriva pelarna i den här boken. Aviron har dessutom lovat att själv ge oss hjälp med råd om hur vi skall hantera dem rätt för att komma vidare på vår gudomliga väg. Men boken handlar inte bara om pelarna utan också om sökande efter tidigare liv, om händelser i vår familj och om vallfärder.

Men jag hade fortfarande svårt att förstå vilken andlig kanal vi kommunicerade genom. Det var tydligt att det var Aviron som talade, men jag frågade ändå:

– Har vi lämnat den Helige Ande nu?

Vi fick svaret:

– Nej. Den Helige Ande är också en del av mig. Den Helige Ande är en del av energin jag förmedlar.

Jag kommer till er som en person som också levt på jorden för att ni skall förstå att jag själv genomgått den utveckling som ni skriver om.

Mitt svärd banar väg genom okunskap och förstärker Marie-Louises andliga kanal.

Glöm inte att jag också kommer som en tröstare och vän!

2

Renhet och enkelhet

Aviron sade:
— Hej mina vänner! Jag skall vara med er i kanaliseringen av den nya kunskapsboken. Den skall präglas av två teman — *renhet* och *enkelhet*.

Vår värld blir allt mer tekniskt komplicerad. Utbudet av kunskap är enormt och vi måste sålla i den flod av vetande som strömmar över oss. Vårt behov av enkelhet kommer att öka eftersom våra liv i denna högteknologiska värld har en tendens att slå knut på sig själva. Vi behöver en enkel väg ut. Jag vill ge er receptet på enkelhet och närhet till den andliga dimensionen.

Vi ser från ovan hur ni människor trasslar till era liv mer och mer. Många hittar inte ut ur sina snår. *Lösningen är att söka renhet och enkelhet i sitt hjärta.* Att leva så sant och rent som möjligt är utgångspunkten för allt andligt växande. Det är också temat när vi skall ge er kunskapen om de sju pelarna.

Vi uppmanas till att finna tid då vi avgränsar oss från det normala kunskapsflödet för att lyssna inåt i oss själva. Många av oss besitter en enorm visdom från tidigare inkarnationer. All denna kunskap finns lagrad i vår själs innersta. För att få tillgång till den när vi lever här på jorden behöver vi guidning. När visdom vi får via guider träffar rätt i människors hjärtan så kan mirakel ske, både med era egna och andras liv.

Vi pratar om det enkla och det sanna.

Rena och enkla budskap träffar rätt in i själens hjärta.

Det rena och det sanna är enkelt men ändå så svårt för

människorna att acceptera.

För att vi skall kunna nås av denna kunskap så måste vi hitta tid för att bli *mottagare* av den. Att vara mottagare innebär att man har accepterat att andlig kunskap finns, att man kan leva på ett sådant sätt att den kan göras tillgänglig för en, och att den kunskap som andevärlden förmedlar redan vilar i djupet av våra hjärtan.

Vi är alla delar av denna visdom och vi kan lära oss att införliva den i våra liv. På så sätt blir jordelivet lättare att uthärda och förstå sig på.

Om vi kan skapa ett nytt förtroende mellan oss så kan människor uppnå en helig styrka av detta. Om förtroendet inte kan skapas, om människorna upplever sig utelämnade och enbart hänvisade till de lagar som råder på jorden, så kan ingen sann utveckling ske.

På samma sätt som ni kopplar upp er på internet och söker olika kunskapsvägar så kan ni koppla upp er på den andliga kanalen och få ta del av så mycket kunskap och så mycket kärlek som ni är öppna för att ta emot. Detta gäller *alla* människor på jorden. Ingen är utestängd. Alla har möjlighet att få en egen förbindelse med Gud. Ju mer tillit ni har till att detta stämmer, ju mer kunskap får ni själva att bygga upp er med.

Att skapa en länk till andevärlden är att samtidigt skapa en länk till kunskapen inom oss själva. Om vi förstår denna koppling så kan vi hitta en sann väg ut.

I den här boken skall jag lära ut flera andliga övningar som syftar till att hjälpa oss med att finna *vårt sanna jag*. Om man inte vet vem man själv är och vad ens sanna jag är så är det svårare att fullfölja den gudomliga planen. Den planen består i att *alla* människor så småningom skall hitta sitt sanna jag, sitt rätta väsen, för då kan vi uppnå harmoni, visdom och stillhet inom oss själva. Ju fler själar som uppnår detta tillstånd, ju större möjligheter får jorden att hitta lösningen på konflikter.

3

Ditt sanna jag

Nästa seans började trögt. Aviron menade att Marie-Louises mediala "kanal" inte var tillräckligt ren. Ett medium måste ständigt arbeta med sin egen andlighet för att kunna ta emot andevärldens budskap så klart och oförvanskat som möjligt. Aviron sade:
– All kontakt med oss via er bygger på ren människokärlek. Den bygger på att kanalen mellan oss är ren och klar. För att stärka den skickar vi ner mer ljus.
Låt inte sorg och människors oförrätter drabba er tungt! Det kan hindra eller försvåra kontakten med oss. Så därför börjar vi med att rensa kanalen.

Precis så var det. Familjen var drabbad av sorg. Marie-Louises mamma hade cancer. Sjukdomen hade spridit sig i hela kroppen och hon hade inte lång tid kvar att leva. Även om Marie-Louise var ledsen arbetade hon ändå med att tankemässigt uppfylla sig med vitt ljus. Det dröjde en stund och under tiden klarnade dagens tema, som handlade om betydelsen av att söka sitt sanna, högre jag. Aviron sade:
– *Att söka efter vårt sanna jag är en drivkraft hos oss. Utan det kan vi inte utvecklas på djupet och vi kan inte heller uppnå de mål som vi strävar efter. Att söka sitt sanna jag är ett kärleksuppdrag mot sig själv som, i förlängningen, också ger kärlek till andra runt omkring.*
I denna strävan konfronteras vi med de sju livspelarna. De skall inte ses som ett hinder på vår väg. Pelarna lär oss att handskas med problem. De lär oss att hitta möjligheter att utvecklas i motgång och i kärlek.

Om du antar denna utmaning blir pelarna din ryggrad i livet. Då står du stark i att utmana dig själv. Förtvivla ej över detta arbete utan se det som en kärleksfull utmaning på din inre resa. Smärta kan inte undvikas men vi kan hjälpa er att lindra den. Drivkrafterna i sökandet efter sitt sanna jag är *kärlek*, *visdom*, *lugn* och *harmoni*. Det känner vi när vi funnit vårt sanna jag. Det är ett naturligt tillstånd för vårt sanna jag, och därför är det naturligt för oss att vilja tillbaka dit. Så var det före "big bang".

I detta tillstånd av harmoni står vi gudomen nära, och i den närheten finns den stora kärleken till alltet. På så sätt blir *kärleken* drivkraften, den kraft som håller oss samman och förhindrar splittring.

Förutsättningen för att hitta sitt sanna jag är *att gå bortom den fysiska kroppens begränsning och se sig själv i ett helhetsperspektiv*. Att se sig själv som ett andligt väsen som också står i kontakt med andliga dimensioner, även om vi fysiskt sett lever begränsade liv här på jorden.

För att vara sann mot sig själv så måste man *erkänna sig själv som den man är*. Vi tvingas inkarnera gång på gång för att stå upp för oss själva och den innersta visdom vi besitter. Den säger oss att vi alla är delar av samma Gud och att vi är delar av den gudomliga kunskapsbanken, vilket är samma kunskap som vi en gång fått tillgång till *mellan* olika inkarnationer. Vi blir sanna mot oss själva när denna kan lysa klart för oss i livet på jorden.

Så modellen är att söka vår innersta heliga kunskap. När den lyser i oss, när den känns sann och väletablerad, då kan den även hjälpa oss att hjälpa andra i deras sökande efter sig själva. När vi uppnått kunskapen om vårt sanna jag så kan vi också tillgodogöra oss all den visdom som kosmos vill ge oss.

Ett annat steg är att *förstå att våra själar lever vidare i liv efter liv*. Den fysiska kroppens förgänglighet och själens fortlevnad i liv efter liv är basen för att kunna förstå sitt sanna jag. När vi fastnar för mycket i våra fysiska kroppar begränsas vårt tänkande. Då har vi svårt att vidga vårt medvetande, och det försvårar för oss själva.

Att vara sann mot sig själv innebär också att förstå att vi har *präglats* av åtskilliga jordeliv bakåt i tiden. Det är ju därför vi besitter olika typer av kunskap.

Tidigare livs erfarenheter har också skapat mycket *rädsla* inom oss. Den hindrar oss i sökandet efter vårt sanna jag. Vi är rädda för att förlora makten och kontrollen över oss själva. Vi är rädda för att förlora dem vi älskar mest. Vi är rädda för allt som kan hota vår existens och vi är rädda för rädslan i sig själv. Rädslan äter upp oss och gör att vi slår knut på oss själva.

Tidigare livsfrustrationer och lidanden har alltså skapat denna rädsla. Vi måste ständigt lära oss att leva med den och bearbeta den så att den inte växer oss över huvudet. Rädslan bygger murar runt oss och vi är livrädda för att muren skall raseras för vi har egentligen ingen aning om vilka vi själva är.

Vi behöver ingen mur när vi uppnått kunskap om vårt sanna jag. Då behöver vi ingen barriär mot yttervärlden utan har styrkan *inom* oss, och den kan försätta berg.

Det är ingen enkel uppgift att söka sitt sanna jag. Men om vi vet att det tar tid och är ett av våra mål så får vi se utmaningen i att på sikt närma oss vår egen sannings kärna. Under tiden prövas vi på olika sätt. Vi utsätts för konflikter, svårigheter och utmaningar som hindrar oss från att se klart.

Svårigheter kan skapa blockeringar men vi avgör själva hur starka de blir. Om vi exempelvis befinner oss långt ifrån kunskapen om vårt sanna jag så har negativa händelser på jorden lättare att få fäste i oss i form av blockeringar. Ju mer vi närmar oss vårt sanna jag desto friskare kan vi hålla oss, desto mindre fastnar blockeringar i oss och desto mindre dras vi in i negativt tänkande.

Utan *utmaningar* behöver vi inte inkarnera på jorden. Då har vi redan lärt oss allt och kan vara lärare i andevärlden i stället. Så utmaningarna är ju vår drivkraft, vår näringskälla, och det som utbildar oss allra mest. Kalla dem vår ledstjärna och vän. Glöm inte bort att be om hjälp om utmaningarna på jorden är många och ni har svårt att utstå dessa prövningar. Be om hjälp från den gudomliga vishetens källa! Be om ledning och guidning från ovan. Då kommer vi att hjälpa er. Ju ödmjukare ni ber desto större hjälp kommer.

Ni kan också be om andligt beskydd och ni kan be om att göras mindre sårbara. Om ni är *för* sårbara så kan det bli svårt att hantera era egna känslor. Då kan det vara svårare för er att komma över kriser av olika slag.

Alla själar som inkarnerar på jorden drivs av ett sökande efter att *hitta rätt*. För att göra det måste man vara så sann mot sig själv som möjligt, vilket innebär att man erkänner sig själv, med fel och brister, samtidigt som man högaktar sig själv i förståelsen av att vi alla är en del av Gud. Detta innebär inte att vi ser ner på andra utan att vi också lär oss att högakta andra eftersom vi alla är delar av samma Gud.

Skillnaden mellan oss människor består främst i hur erfarenheter från tidigare inkarnationer har präglat oss. Men ingen är bättre eller sämre än någon annan. *Alla strävar mot självuppfyllelse i syfte att sprida ljus och glädje till andra så att även de kan uppnå samma mål.*

Vi önskar så att ni kunde leva era liv så att ni eftersträvar att söka det sanna inom er. Då skulle många murar raseras, mycket rädsla försvinna och många bråk och krig mellan människor skulle aldrig behöva uppstå. Murar och rädsla skapar oförmåga till kontakt. Det skapar oförmåga till att förhandla och att söka lösningar på orsaken till konflikter.

En människa med en mur runt omkring sig går inte att nå eller förhandla med och inte heller att skapa hållbara avtal med. Detta gäller på alla nivåer, i alla organisationer och i alla kontakter människor emellan. Mot bakgrund av detta förstår ni hur viktigt det är att börja denna bok med att berätta om vikten av att söka sitt sanna jag.

Det händer mycket på jorden just nu. Många avgörande beslut måste tas, både i den lilla världen och i den stora. Ju fler människor som förstår dessa andliga principer desto lättare har ni att göra rätt val och att också välja de ledare som hjälper oss allra bäst.

Det kan vara svårt att se det här helhetsperspektivet. För många kan det tyckas som en utopi. Men om vi inte klart deklarerar vilka målen är så kan det vara svårare för er att följa vägen. Och tänk på att vägen kan vara lång! Men går ni den och följer andens råd så kommer mycket att underlättas för er och svårigheterna bli lättare att hantera.

4

Sökande efter tidigare liv

I den världsbild som framkommit under mina seanser med Marie-Louise är återfödelse (reinkarnation) ett självklart inslag. Efter den fysiska döden tillbringar vårt medvetande en tid som "fri själ" i en andlig dimension, varefter vi på nytt föds i en människas kropp. Vardagliga minnen och inlärd kunskap lagras förstås i vår hjärna och förloras vid den fysiska döden. Men upplevelser som haft djupare betydelse för oss lagras också i ett själsligt minne som i senare inkarnationer gör sig påmint i form av intuitiva signaler till vårt medvetna jag. Därför har personliga erfarenheter betydelse för oss under en tidsperiod som är mycket längre än vårt nuvarande fysiska liv.

Mer specifika minnen från andra inkarnationer kan även aktiveras under hypnos. Mitt första minne av vad som tycktes vara ett tidigare liv väcktes i början av 1990-talet. Vi beskriver i vår första bok hur känslan av att en genomskinlig "minnesfilm" med scener från det första världskriget spelades upp för min inre syn. Jag antydde också att jag påbörjat ett försök att bekräfta detta liv i offentliga dokument. Frågan är, om jag verkligen har minnen som kan komma från en person som verkligen levt. Nu skall jag berätta hur sökandet gått.

Arbetet har dragits ut under en period av drygt 10 år. Jag har sökt långsamt men aldrig skrinlagt projektet. Skälet till den låga hastigheten är att andevärlden varnat för sökande efter tidigare liv. De säger, att det finns skäl till att tidigare liv är svåra att bekräfta. Människor kan fastna i oförrätter som skett i det förgångna och till och med vilja hämnas dem. Vi skall i stället leva i nuet och blicka framåt snarare än att gräva ner oss i förgången tid.

I vår dialog har jag menat att bekräftelse av ett tidigare liv ändå vore viktigt för att styrka en andlig princip. Men jag förstod tidigt att detta fick bli mitt eget projekt. Det föreföll inte heller passande att driva arbetet för hårt.

De minnesbilder jag arbetade med bestod först av fyra scener, var för sig 10–15 sekunder långa, som kom under en självhypnos år 1992.

I den första scenen är jag ett barn på 4–5 år. Jag ser min far sitta i en fåtölj i ett halvmörkt rum. Han hade en ganska trött utstrålning och tittade inte på mig. Min sikt skyms delvis av något, troligtvis av en annan stol.

I en andra scen är jag vuxen och marscherar på gatan i en stad med ett enkelt gevär över axeln. Soldater går i bredd och mina kamrater marscherar både framför och bakom mig. Jag känner mig oförstående inför vad som skall hända. Soldaterna bär hjälmar som har en pigg riktad uppåt. Uppslagsboken berättar att detta är en "pickelhuva" som bars av tyska soldater under det första världskriget. Denna detalj knöt alltså minnesbilderna både till ett land och till en tidsepok.

I en tredje scen ligger jag ensam på en kulle och spejar ner över en kuperad slänt, som jag uppfattar vara ett slagfält. Plötsligt faller en mörk projektil ner genom luften och landar alldeles till höger om mig. En kraftfull smäll hörs. Jag lyfter på överkoppen genom att ta spjärn med armarna och vrider huvudet bakåt. Underkroppen är allvarligt skadad och ett eller båda ben har skjutits bort.

Några veckor senare kompletterades minnesbilderna av en något mer drömlik upplevelse där jag stiger uppåt i luften från marken efter att ha sett några soldater springa över ett slagfält. Ljuden försvinner långsamt och jag genomsyras av tanken att "det var skönt att komma bort från den här platsen".

Fyra år senare utvecklade Marie-Louise sin mediala förmåga och vi ställde frågor till andevärlden om bland annat tidigare liv. Jag fick veta att jag varit tysk och i 20-årsåldern hade "dött vid Somme". Familjen bestod av föräldrarna samt en syster, som betydde mycket för mig. En kyrka låg nära hemmet.

I vår andra bok finns ett längre medialt samtal med systern, för vilken Marie-Louise fick namnet Gretchen eller (förenklat) Gretel. Hon berättade bland annat att det var ett svårt slag för familjen att jag dog så ung i kriget.

Ytterligare två scener tillkom, varav den första flyktigt beskrivs i vår första bok. Jag står med mitt gevär i en tämligen grund skyttegrav och plötsligt springer fientliga soldater över dess krön. Jag flyr, fullständigt vettskrämd, bakåt och in i en av skyttegravens vindlingar, som löper åt höger.

Den andra scenen spelades upp när jag skulle somna en kväll strax därefter. Jag är en pojke i 7-årsåldern som just lämnar en gräsbeväxt park på gaveln av ett mycket stort hus, troligtvis en kyrka. Byggnaden är vit. Jag springer bort längs en gata som löper i husets längdriktning. Visionen omfattar bara början och slutet av språngmarschen. Slutet innebär att jag springer längs vänster trottoar på en rak gata som har 3–4 våningar höga flerfamiljshus på båda sidor. Jag tar av in i en port och fortsätter upp för trapporna på den första våningen. Det är sen eftermiddag och jag skall hem för att äta mat.

Jag fick också en vision av mig själv som tonåring. Nu stod jag på en lätt högersvängd gata och längre fram syntes en kyrka. Det här var ingen film utan en stillbild.

Jag ville förtydliga visionernas innehåll genom att ställa frågor till mig själv.

Hur långt sprang 7-åringen på trottoaren? Ett par hundra meter. Han behövde aldrig stanna upp för att vila.

Hur många soldater marscherade i bredd? 4–6 stycken. Var det en vacker dag? Ja, solen sken. Marscherade vi på hela gatans bredd? Nej, på halva gatan. Folk tittade på.

Jag ritade upp dödsscenen på ett papper. Den kändes viktig. Det var eftermiddag en solig sommardag. Jag spejade över gröna kullar ned mot en liten dalgång som förlöpte vinkelrätt mot mig. Jag uppskattar att avståndet dit var cirka 250 meter. Backen var sönderskjuten här och där, men grönt och frodigt gräs växte överallt. Till vänster i dalgången fanns ett skogsområde med höga träd och till höger en mindre träddunge. Gräset var högre längs en fåra i mitten av dalen, och där fanns något som var speciellt, men jag minns inte vad. Bakom dalgången låg ett stort grönt fält.

Hade jag krupit upp ur en skyttegrav? Ja, absolut. Bar jag pickelhuva på huvudet, såsom vid marschen? Nej, bara en mössa. Men precis som då hade jag ett enkelt gevär i händerna. Det fanns några uppgifter till. Marie-Louise hade fått namnet på barndomens gata till Sonnenstrasse, gatunummer mellan 10 och 20, och en näraliggande gata till Blumenstrasse. Dessa gator skulle ligga i Düsseldorf. Under en tidig intoning sa Marie-Louise att den unge tysken hade "ett vanligt namn". Under viss press hade jag fått även namnuppgifter och födelsedatum. Jag började mitt egentliga sökande efter att bekräfta detta liv med att skriva till några tyska krigsarkiv med förfrågan om denna identitet kunde bekräftas. Jag fick nekande svar.

Jag passade på att fråga en av Marie-Louises väninnor om fler detaljer. Hon är också medium men mer inriktad på tidigare liv. Hon visste absolut ingenting om mina själsliga minnesbilder eller vad Marie-Louise hade sagt. Hennes intoning antydde att jag bott i södra Tyskland, troligen i München, snarare än i landets norra del. Det rörde sig om en arbetarfamilj som levde på relativt knappa villkor. De bodde i ett flerfamiljshus bakom vilket ett grönområde med stora träd var beläget. En kyrka låg nära hemmet och en järnvägsstation fanns på promenadavstånd. Min syster skulle under en period ha jobbat i en stor trädgård som också fanns nära hemmet. Familjen hade släktingar eller vänner på landet som hjälpte till med mat under kriget. Modern visade sig med ett stort förkläde i köket där hon just bakat bröd. Förutom modern och systern fanns ett "sladdbarn" i familjen.

Hon fick mitt namn till Franz Müller. Jag kände på mig att jag även hade ett viktigt mellannamn, men det var svårt att få.

Nu fanns ny information att jobba efter. Jag gick till biblioteket. Även på grova kartor kunde man se att Sonnenstrasse och Blumenstrasse är huvudgator i centrala München. Vid nästa seans bad jag om en bekräftelse:

– **Växte jag upp i södra eller i norra Tyskland i mitt tidigare liv?**
Andens svar blev faktiskt något överraskande. Vi var vana att få direkta svar på våra frågor, men nu kom en motfråga.

– **Var känner du dig mest hemma?**
Jag svarade direkt och självklart:

– I södra Tyskland.
 – Du ser. Du vet ju själv. Du har själv alla dessa minnen
 lagrade.

Något år senare fick jag en möjlighet att sätta en eventuell
hemkänsla på prov. Under en affärsresa till Rom år 2000 mel-
lanlandade planet i München. När jag närmade mig staden och
såg åkrarna från ovan fick jag av en stark känsla av att vara
"hemma". Denna känsla var märklig på så vis att mitt hem i mitt
nuvarande liv ju låg i Sverige.
    Min upptäckarlust hade väckts. Jag ville resa till München för
att se om jag kunde finna barndomshemmet i mitt tidigare liv.
Jag hade ju minnen av gatans utseende och kände dessutom till
ett par andra detaljer.
    Chansen kom bara två månader senare. Jag föreläste på en
tysk kongress som avslutades på en lördag. Arbetet på sjukhuset
i Stockholm började inte förrän på måndag morgon. Jag flög
därför hem via München och använde söndagen till att söka.
    Tiden i München skulle bli knapp, bara åtta timmar. På flyg-
platsen köpte jag en detaljerad stadskarta och tog bussen in till
tågstationen Hauptbahnhof Süd, som ligger i stadens centrum.
Under bussresan studerade jag kartan och fann ett annat gatu-
namn, Sommerstrasse, som klingade väldigt likt Sonnenstrasse.
Jag beslöt mig för att besöka båda gatorna.
    Det var en strålande solig dag. Jag valde att promenera för att
få en känsla för avstånden. Sonnenstrasse låg i stadens absoluta
centrum och bara en dryg kilometer från tågstationen. Gatan
förlöpte mycket riktigt i en högersväng om man kom från söder.
Jag stannade och kände efter – var det här jag växte upp? Sva-
ret blev nej. Gatan var alldeles för bred. Detta var en paradgata.
"Min" familj levde under enkla förhållanden och kan inte ha
bott här. Jag fortsatte gatan söderut men blev allt mer övertygad
om att det var fel plats då jag inte hittade någon kyrka. Egentli-
gen sökte jag ju efter två kyrkor, eller hur? En skulle ligga före
och en annan efter mitt hem. Vid den ena kyrkan skulle det des-
sutom finnas en lekplats för barn.
    Jag tog nu riktning mot den andra gatan, mot Sommerstrasse.

Jag ställde mig på den sida av gatan där "mitt" hus skulle ha funnits, på den vänstra, och tittade mot norr. Jag var helt ensam. Under regressionen var det precis från den här vinkeln jag sett gatan. Porten där jag stod hade numret 12. Gatan var, som väntat, ganska smal, och husen såg likadana ut på båda sidor. De hade bottenplan och tre våningar och såg så pass åldrade ut att de mycket väl kan ha varit 100 år gamla.

En bit bort låg ett mindre grönområde med några träd, och ovanför dessa stack ett torn upp. Men det var ingen kyrka utan toppen på ett flervåningshus, som utformats så att det såg ut som ett kyrktorn. Jag gick gatan fram och tillbaka några gånger och ångrade att jag inte tagit med någon kamera.

Hemma i Sverige försökte jag förstås få mina fynd bekräftade. Hur skulle jag gå vidare? Jag hade en tanke på att söka i Münchens telefonkataloger från tidigt 1900-tal. Müller var dock ett vanligt namn, och mina namn- och platsuppgifter var ännu vaga.

Ungefär ett år senare fick jag återigen möjlighet att stanna upp en dag i München på hemväg från ett internationellt vetenskapligt möte. Jag promenerade längs Sommerstrasse och den här gången fotograferade jag miljön. Men på vägen tillbaka mot staden blev jag tveksam. Jag hade inget som helst minne av den breda floden Isar som rann alldeles i närheten av Sommerstrasse. Två medier hade sagt att jag bott nära en kyrka, men här fanns ingen kyrka. Jag kände mig osäker. Var jag tillbaka på ruta noll?

Jag bestämde mig nu för att ta en chans, och den kom att innebära det första stora genombrottet i mitt sökande. Planen hade så här långt varit att först finna den tyska familjens bostad. Jag ändrade mig och försökte i stället att komma vidare med hjälp av de militära uppgifterna.

Promenaden gick därför till krigsarkivet på Leonrodstrasse. Där arkiverades alla handlingar om de bayerska trupper som stred under det första världskriget. På stapplande tyska frågade jag en tjänsteman om han kunde hitta uppgifter om en Franz Müller som skall ha varit från München och dött i kriget i en ålder av mellan 20 och 25 år. Han såg bekymrad ut och förklarade att Franz Müller är ett mycket vanligt namn i Tyskland.

Tjänstemannen lovade att göra ett försök och lommade iväg

till sitt arkiv. Efter en stund kom han tillbaka och meddelade positiva nyheter. Jag hade tur, sa han. Det fanns bara *en* Franz Müller från München som dog under det första världskriget. Han höll fram en bok med uppgifter om enskilda soldater. Jag läste, och såg snart en uppgift som kom att höja min puls avsevärt. Det stod: "Död den 21 juli 1915 i ställningen nära Montauban, Kanton Combles, Department *Somme.*"

Montauban är en litet samhälle strax norr om floden Somme i norra Frankrike. Staden Combles tjänade som organisatorisk centralort för den tyska krigsmakten i området. Franz Müller dog alltså vid Somme, precis som Marie-Louise hade sagt att jag gjorde i mitt tidigare liv. Detta skedde på sommaren, såsom i min "minnesfilm". En annan uppgift, som vi också beskrev i vår första bok, är att Franz dog en tid före det enormt stora slaget vid Somme, som pågick mellan juli och november 1916. Mina minnesbilder av dödssprängningen påminde ju inte alls om ett stort fältslag.

Jag skulle ha varit ung, inkallats i början av kriget och dött efter ett år. Detta stämde tämligen väl. Franz Müller var 21 år gammal när han dog. Han deltog i kriget under 10 månader och var inte där av egen fri vilja. Den här identiteten såg lovande ut!

Jag krafsade snabbt ner uppgifterna på en bit papper. Tiden började bli knapp. Om tre timmar gick flyget tillbaka till Sverige! Men vilken var denna familjs adress i München? Jo, de bodde på Haimhauserstrasse 11, 2 trappor. Jag ville besöka den adressen omedelbart för att se om den påminde om Sommerstrasse.

Taxin körde mig till flygplatsen via ett kort stopp på Haimhauserstrasse. Även denna gata var smal och hade flerfamiljshus med bottenplan och 3 våningar på båda sidor. Strax efter familjens adress gjorde vägen en mild krökning åt höger. En bit bort låg två torn som påminde om en kyrka. De tillhörde tyvärr en skola, men runt krönet fanns den katolska kyrkan Sankt Sylvester. Ett kort stycke bort låg den Engelska parken, som är ett stort grönområde med träd. En järnvägsstation fanns ett tiotal kvarter bort i nordvästlig riktning. Franz Müllers hemmiljö kunde stämma bra in både på mina egna minnen och på mediernas uppgifter.

Jag reste tillbaka till Sverige full av tillförsikt. Med en möjlig identitet skulle fortsatt sökande bli mycket lättare.

5

Vishetens första pelare: Lidande

Marie-Louise väckte mig alldeles förskräckt mitt i natten strax före jul 2004. Hon hade drömt att hon, stående i köket, såg en meteor flyga förbi fönstret i östlig riktning för att störta i Asien. Hennes panik berodde på den klara känslan av att många människor skulle dö och, vilket var mindre logiskt, att Sverige skulle vara inblandat.

Vad skall man göra med en sådan dröm? Ja, det är svårt att göra något. Astronomerna håller god kontroll på meteorer som finns i vårt solsystem. Risken för att sådan skulle störta mot jorden i den närmaste framtiden torde vara lika med noll.

Marie-Louise har ofta varseldrömmar. Jag glömmer aldrig när hon för 20 år sedan drömde att England var i krig. Jag avfärdade detta som omöjligt. Men bara någon vecka senare började Falklandskriget. Många gånger har jag fått erkänna att hon haft profetiska drömmar. För henne utmärks de av en alldeles speciell verklighetsprägel.

Det är en utmanande tanke att människor i drömmens form kan få föraningar om vad som skall hända i framtiden. Vissa inslag i profetiska drömmar kan vara symboliska och inte helt lätta att tolka. Men när många detaljer i efterhand visar sig stämma kan man fråga sig – varför kommer denna dröm just nu? Jag tror att vårt inre bär på fler möjligheter än vi anar. Särskilt före katastrofer kan medvetandet (själen) få impulser från andliga dimensioner, där alltså *tiden* är relativ. Därför kan många människor och även djur med skiftande klarhet ana när något allvarligt är på gång.

Tio dagar senare inträffade tsunamikatastrofen i Thailand. Den orsakades inte av en meteor, men när en meteor störtar i havet uppstår en tsunamivåg. Lidandet var stort. Precis som i drömmen var Sverige inblandat. Flodvågen dödade hundratals svenskar på semester i Thailand. Tidningarna var fyllda av berättelser om hur familjer utplånats eller splittrats. Föräldrar kom hem utan barn, andra gånger var det tvärtom.

En månad efter katastrofen satte sig Marie-Louise och jag i vårt meditationsrum för att låta Aviron berätta om visdomens sju pelare. Det föll sig naturligt att börja med den första pelaren – *lidande*. Vi kommer alla att genomgå lidande under våra liv. Det är en stor utmaning för oss lära oss hantera lidandet och förstå dess mening och konsekvenser. Anden sade:

– Vi lever i den Nya Tiden som innebär en frekvenshöjning på jorden. Den är till för att programmera om oss så att vi blir mer medvetna. Vad innebär det då att vara medveten? Vad betyder ordet?

Att vara medveten innebär att vi som individer får en större förståelse för händelser både utanför och inom oss själva. Vi kan då vidga perspektivet och se helheter i stället för små detaljer. Vi kan försätta oss i tankar av gränslöshet. De innebär bland annat ett accepterande av tanken att ha kommit ner på jorden förutsättningslöst och att vi inte har några förutfattade meningar om hur allt skall te sig. I varje skeende (händelse) runt omkring oss så bör vi förstå att denna har något att lära oss.

Även om vi skall känna tillit till varför vi är på jorden så bör vi också förstå att saker och ting kan hända under vår livstid som gör att vi måste programmera om vårt eget tänkande. I en sådan situation så ber vi er att inte få panik och tro att något fel har begåtts.

Låt oss vända på det hela och förstå att allt som drabbar oss, stort som smått, också är till för att vi, som människor, skall förändra vårt tänkande och bli mer medvetna och ödmjuka inför vår livsuppgift på jorden. Det innebär att mångas liv kan förändras radikalt, särskilt när vi, som nu, råkar ut för stora katastrofer.

I krissituationer kan det vara svårt att förstå att det finns en högre mening med lidande. Vi har i era tidigare

31

böcker berättat om lidande som en väg till andlig utveckling. Lidandet kan vara en drivkraft som hjälper människor framåt. *Utvecklingen på jorden går mot att empati, medkänsla och kärlek allt oftare väcks hos människorna.* I den processen är lidandet en viktig del. När en liten grupp lider så svårt att de inte kan hjälpa sig själva är det upp till människorna runt omkring att se detta och hjälpa dem att komma vidare. Då gynnas den personliga utvecklingen hos dem som engagerar sig. Vi som undsätter de som lider allra mest blir dessutom själva medvetna om vår egen situation. Förhoppningsvis blir vi mer ödmjuka och tacksamma för vad vi själva har.

När medkänsla, empati och kärlek väcks så blir vi mindre benägna att starta krig med varandra. Vi får ett annat fokus. Det blir viktigare att börja återuppbygga regioner som drabbats av katastrofer än att starta nya krig som medvetet bryter ner människor.

Det kan tyckas grymt att vi måste utvecklas genom lidande. Men det är den vägen vi måste gå. Det är den vägen som bäst öppnar upp medkänslan i vårt djupaste jag. För utan medkänsla kan denna jord inte överleva.

När vi själva råkar ut för olyckor, eller när den egna släkten eller familjen berörs, så blir vi mer medvetna om lidandet *i ett större perspektiv*. Om vi inte har berörts av eget lidande så har vi svårt att känna empati med dem på andra sidan jordklotet. Därför är det så, i denna nya tid, att vi alla utsätts för lidande, oavsett klasstillhörighet, oavsett var vi bor, och oavsett vilka ekonomiska resurser vi har.

Aviron menade att lidandet väcker medkänsla med andra och får oss att fokusera på det som är viktigt i livet. Vi utvecklar större medkänsla om vi har en nära anknytning till de lidande människorna. Svenskarnas medkänsla med tsunamins offer ökade av att även svenskar drabbades.

Lidande har också en *pacifistisk* effekt. Den gör oss mindre intresserade av att starta krig. En brist på logik uppstår ju om man hjälper skadade människor i främmande land men samtidigt skadar människor i ett annat främmande land.

Nästa del av Avirons monolog kom att handla om synsätt som gör lidandet svårare respektive lättare att bära. Han berättade att andevärlden ger hjälp om vi är tillräckligt öppna för att ta emot den. Aviron menade att denna information kan tjäna som en hjälp att uthärda lidande när det drabbar en så nära att man upplever varje dag som en svår sorg. Han fortsatte:

– Bördan blir tyngre att bära om vi någonstans inom oss tänker att lidandet kom för att vi hade det *för* bra. I ett strafftänkande binder vi ris åt vår egen rygg. För ur det föds ju tanken att vi inte *får* bli lyckliga, för då kommer lidandet som ett brev på posten. Detta skuldtänkande vill vi som är i andevärlden på alla sätt lyfta bort från era axlar. Om man tänker så blir det svårare att ta sig ur en svår sorg. Tron på att lidandet är ett straff ökar bara vår sorg ännu mer. Ser man lidande som utveckling så blir sorgen lättare att bära.

Vi utvecklas hela tiden i det sorgearbete vi går igenom. Därför behöver ett sorgearbete få ta *tid*, och den kan vara olika lång för olika individer. Men andevärlden anser att sorgeprocessen också måste få ett slut. Vi måste tillåta oss att sluta sörja. Om man upplever lidandet som ett straff är det lättare att sorgen stannar för evigt.

Om vi kan ta oss igenom en svår personlig sorg och komma ut helskinnade är vi bättre rustade än någonsin för att skapa positiva liv både åt oss själva och åt andra. Då har vi genomgått en inre process av andlig mognad som överskuggar allt annat. Så i denna mörka tunnel av sorg sker det något med oss på alla medvetandeplan. När vi kommer ur den är vi som födda på nytt.

När sorgen omformas till något positivt så blir vi alltså mer stärkta i att möta livet och förstå andras lidande, samtidigt som vi kan sätta vårt eget lidande i ett större perspektiv. Sorg är inte till för att knäcka oss utan för att lyfta oss.

Vad säger man då till en person som förlorat hela sin familj? Jo, man säger: Lev i ett enda nu! Låt varje sekund, varje minut och varje timme vara ett enda nu. Se inte framåt och inte bakåt!

Andevärlden är väl medveten om varje människa som befinner sig i en sådan situation. Då är man inte övergiven. Det är precis tvärtom. Vi har aldrig så starka och öppna kanaler till andevärlden som i svår sorg. Vi är helt öppna, då alla våra murar skalats av och vi upplever oss totalt utelämnade. Då är vi också mottagliga för den kärlekskraft som kommer från ovan. Vårt beskydd består i att ge dem som utsätts för mycket sorg så mycket *kärlek* som det någonsin går. Kärlek bedövar sorgen och gör den mindre intensiv.

Det är också viktigt att det finns ett *nätverk* av människor kring den som är i svår sorg. De som hjälper en får extra kraft.

Jag, Aviron, berättar om detta beskydd för att ni skall förstå att det existerar. Det gäller att ha *tillit* till att det finns, vad som än händer. Beskyddet är till för att hålla dig kvar på jorden och hjälpa dig att inte gå under. Din uppgift är att öppna upp dig för det! Svår sorg kan annars leda till självmord eller psykisk sjukdom.

När ni stiger upp, när ni klär på er eller står i duschen, be då om *beskydd* av er tillit! Be en sådan bön för er själva varje morgon, och be den också innan ni går och lägger er. Då kan era drömmar bli ännu klarare och tydligare och mer profetiska. Även i drömmar styrs vi nämligen av rädslor och förlorad tillit. Rädsla för att vara oskyddad och utelämnad blir lätt ett tema.

I drömmen är rädslorna mer avskalade och uppenbara. I verkliga livet försöker vi dölja våra rädslor med hjälp av olika teaterspel. Med mer tillit så blir vi mer äkta i förhållandet till andra. Ju bättre förankrade vi är i dessa sanningar, desto starkare är också vårt beskydd, och desto lättare kan vi forcera hinder som vi själva och andra människor sätter upp.

Alla klarar inte av att uthärda svår sorg. Vi skuldbelägger inte den som väljer att ta sitt eget liv i svår sorg. Själar som går över på detta sätt får enormt mycket hjälp från andevärlden. Men vi vill inte att ni skall berätta om självmord som en bra utväg, för det är det inte.

Vi vill inte heller att ni skall se lidande som ett hot, det vill säga, om ni inte gör som vi säger så kommer lidandet. Det är inte initierat från andevärlden utan tillhör jorden och den utveckling vi måste genomgå när vi är i våra fysiska kroppar. Vi styr inte över detta. Andevärldens uppgift är att underlätta för oss i våra lidanden, i våra strävanden och i våra rädslor.

Vi är hjälpare till er på jorden.

6

Se tecknen i vardagen!

Våra två katter Sweety och Bamse är sedan en tid tillbaka i andevärlden. Sweety hade diabetes under sina sista två år och behandlades med insulin. Bamse blev helt blind mot slutet av sin levnad. Efter deras död tänkte vi inte skaffa någon ny katt. Men ett år senare sa vår äldsta dotter Magdalena att hon så gärna ville göra det. Något i hennes blick och i hennes röst fick oss att lyssna.

Vi köper aldrig katt från uppfödare utan väljer bland djur som sköts av djurvänner för att deras riktiga ägare inte tar hand om dem. Via internet granskade vi utbudet på olika katthem. En stor lurvig katt med samma namn som Marie-Louises morbror väckte vårt intresse. Den fanns på Haninge katthem. Marie-Louise berättade att hon under söndagstennisen just före resan dit kände en märklig lyckokänsla – det var som om katten ropade på henne.

Men vi förstod snart att den tilltänkta katten inte skulle fungera i vårt hem. Däremot såg vi en annan som låg och sov i sin korg. Han hette Baloo. När Marie-Louise gick in till denna stora bondkatt vaknade han genast och hoppade upp på en stol för att stryka sig mot henne. Personalen varnade för att han kunde bitas. Baloo hade tidigare placerats i två andra hem men båda gångerna återlämnats på grund av bitandet.

Det borde i vanliga fall ha skrämt oss, men Marie-Louise hjärta hade redan fastnat för denna katt. Jag tyckte också att det verkade vara ett bra val, och trodde att bitandet skulle försvinna. Men var det verkligen rätt katt? Det var väl ändå för tidigt att bestämma sig helt?

Vi åkte hem igen, men bollen var satt i rullning. Ett beslut måste fattas snart. Hela familjen bad gemensamt en bön medan vi formade en ring genom att hålla i varandras händer.

– Ge oss ett tecken! Är det den här katten vi skall ha?

Vi åkte vidare till ett annat katthem. Där fanns många vuxna djur men även gulliga kattungar. När vi gick ut till bilen igen efter en knapp timmes fundersam rundvandring bland burarna var det redan mörkt ute. Alla fem i familjen diskuterade med varandra och hade synpunkter på vilken katt vi skulle välja.

Redan på avstånd kunde man se något märkligt med bilen. Där fanns ett nytt föremål. Under karossen, alldeles vid framdörren, hade en blå ballong kilat fast sig. Jag såg mig omkring, men inga människor fanns på gatan när vi gick in, och inga fanns heller när vi gick ut. Vi undrade förstås – hur hade ballongen kommit dit? Pågick det någon fest? Nej, det fanns inga tecken på det. Ballongen satt fast ordentligt. Det kändes osannolikt att den skulle ha blåst dit med vinden. Var det någon som skojade med oss?

Jag satte mig vid förarsätet och startade bilen. Tre dagar tidigare hade jag kommit hem från en kongressresa i USA. Engelska ord cirkulerade i huvudet. Jag tänkte på det engelska ordet för ballong – balloon – och sedan på katten Baloo. Det tycktes som om Marie-Louise funderade på samma sak. Även barnen var förbryllade. Var detta ett tecken? Var det meningen att vi skulle välja Baloo? Ballongen var dessutom blå, vilket ju brukar ses som en symbol för manligt kön.

Hemma i villan bad Marie-Louise sin andekanal om ett förtydligande. Anden sade:

– Ni fick det tecken ni ville ha.

Jag frågade:

– Men hur gick det till?

> – Ifrågasätt inte. Det är mänskliga tvivel. Ta i stället emot livets under såsom de är.
>
> Se tecknen och se att vi alla är guidade av gudomlig energi! Om du kan se tillvarons mystik öppnas en port till himlen.

Jag har åkt bil tiotusentals gånger men aldrig upplevt att en ballong kilats fast under bilen. Detta skedde dessutom efter bara en timmes parkering just när vi övervägde att skaffa en katt med nästan samma namn som "ballong". Till sist hade vi bett om ett tecken från ovan! Den historien är *för* bra för att vara en slump. Katten Baloo från Haninge lever med oss nu. Han är en riktigt gosig katt. Hans bitbeteende försvann gradvis. Ett halvt år senare var det nästan helt borta. När vi skriver detta klättrar katten på oss och vill ha vår uppmärksamhet.

Berättelsen om hur den övergivna katten Baloo blev medlem i vår familj visar att bönesvar och tecken från andevärlden sällan kommer i den form som man förväntar sig. Vi bör också vara öppna för att hjälp och signaler kan komma på olika sätt. Nästa händelse, som ägde rum får något år sedan, visar att en viss uppmärksamhet också kan behövas för att man skall förstå vad som är signaler från ovan.

En vacker sommardag åkte hela familjen till Hägersten, en förort till Stockholm, för att spela minigolf. Våra tonårsdöttrar hade med sig en pojke från grannskapet som de känt sedan de var små. Efter minigolfen åt vi glass och tog en kort promenad till sjön Mälaren för att bada. Det var underbart skönt i både luften och i vattnet.

Så här varma dagar var det många människor som badade. Sandstranden var full av besökare. De äldre barnen promenerade ut till ett flera våningar högt hopptorn via en cirka 30 meter lång pontonbrygga som löpte ut från stranden. Marie-Louise gick i med Maria närmare land. Jag badade också men satte mig sedan på stranden för att lufttorka medan sommarens vattenlekar passerade revy för mina ögon.

Jag satt där länge. Men till slut fick jag en stark ingivelse att gå ut till barnen i hopptornet. Jag promenerade längs stranden och gick snabbt ut på pontonen. Väl framme hos ungdomarna frågade jag om något, jag minns inte om vad, och vände sedan om för att gå tillbaka. Halvvägs tillbaka till stranden stannade jag upp av en anledning som jag inte själv förstod. Jag bara stannade upp, tittade ut över vattnet och ner till höger. Min blick fastnade på man med indiskt ursprung som, bara några meter bort, uppenbarligen höll på att drunkna.

Han viftade desperat med armarna. Ansiktet var fyllt av skräck och svett. Rösten var så hes att han knappt fick fram ett ljud. Mannen måste ha skrikit så högt han kunde i flera minuter. Jag fyllde lungorna med luft, hoppade i vattnet och ställde mig på botten alldeles intill honom. Djupet var bara två och en halv meter. Jag sköt honom mot land med mina armar tills han själv bottnade. Helt utmattad kravlade han sig långsamt och på alla fyra upp på land till sin förvånade familj. Orken var uppenbarligen helt slut. Han vände långsamt på huvudet, tittade på mig och vinkade med handen i luften som för att säga att allt var bra.

Ända tills dess hade jag inte tänkt utan bara reagerat instinktivt. Nu gick det allt tydligare upp för mig att jag måste ha räddat livet på mannen. Jag förstod att han, utan att vara simkunnig, gått ut i vattnet för att leka med ett barn som hade simring. Under leken hamnade han för långt ut i vattnet. Det kändes märkligt att stranden kunde vara så fylld av människor utan att någon märkte hans rop på hjälp. Hans egen familj upptäckte inte heller att en olycka höll på att ske. Men – slutet gott, allting gott.

På vägen hem började tankarna surra i huvudet. Var allt detta verkligen en tillfällighet? Jag var själv tveksam. Varför stannade jag på vägen tillbaka? Varför drogs min blick just till denne man?

Marie-Louise tyckte att vi skulle fråga andevärlden senare på kvällen. Den Helige Ande sade:

– Andevärlden påkallade din uppmärksamhet. Kring denne man kretsade ett stort antal små änglar som febrilt arbetade med att väcka människor i omgivningen. Men vi kan bara nå dem som är öppna i sinnet för vår kommunikation. Vi hittade dig.

Änglar kan komma blixtsnabbt när olyckor håller på att ske. Har du inte hört talas om "änglavakt"? Det är ingen slump att ett sådant uttryck finns.

Vissa människor har, av karmiska eller andra orsaker, andevärldens speciella beskydd. Men det krävs att man kan se tecknen i vardagen för att förstå att beskyddet finns. Därför finns det många räddningsinsatser som kan tyckas fantastiska.

Jag tänker exempelvis på en svensk forskare som i sin ungdom lyckades fly under en transport till ett nazistiskt koncentrationsläger, där hela hans familj dödades. På en skidtur i slutet av 1990-talet föll den nu åldrade forskaren genom isen på en sjö i Stockholms utkanter och höll på att drunkna. Som av en tillfällighet följde en privatperson med kikare forskarens färd ut på den tunna isen från fönstret av sin lägenhet. När han försvann ur sikte larmade hon ambulans via sin telefon.

Trots det tidiga larmet fanns ett stort problem. Hur skulle man rädda en person långt ute på en isvak när isen var livsfarligt tunn även för räddningspersonalen? Det enda som skulle fungera snabbt nog vore undsättning med helikopter.

Stockholm och hela dess skärgård hade endast *en* bemannad räddningshelikopter. Den befann sig dock av en tillfällighet i luften alldeles i närheten. Larmtid och avstånd är vanligtvis för långa för att rädda människor som fallit genom isen, men nu var den snabbt på plats.

Det fanns ytterligare ett problem. Helikoptern var för liten för att ha vinsch och personalen var, i brist på redskap, egentligen förbjudna att undsätta drunknande människor. Man följde dock inte detta påbud utan använde en egen metod, som innebär att en ur besättningen helt enkelt kliver ut ur helikoptern i luften och kryper ut på en av landningsmedarna. När maskinen sänkt sig till någon decimeter ovan isen tar man tag i den drunknandes arm och drar denne in mot land för att därefter föra honom vidare till sjukhus. Manövern är riskabel, men man beslöt sig ändå för att göra så. Om personalen följt instruktionerna för sin verksamhet hade man alltså inte undsatt forskaren. Men deras olydnad blev hans räddning.

Forskaren är ateist och sade, flera år senare, att Gud är människans största önsketänkande. Det finns inte en tillstymmelse till anledning att tro på Gud! De enda syftena med våra liv är att äta och fortplanta oss.

Han räddades mirakulöst undan både Förintelsen och drunkningsdöden till ett liv kantat av utomordentlig framgång och uppskattning. Det är synd att öppenheten för vad som ytterst styr våra liv är så liten efter en så fin föreställning.

7

Marie-Louise berättar

En stor efterfrågan på medial rådgivning uppstod när vår första bok publicerades. Många människor kontaktade mig för att min andliga kanal skulle användas till att belysa just deras situation och problem. Jag var då mitt uppe i att bearbeta beskedet om vår yngsta dotter Marias autism.

När jag tänker tillbaka så förstår jag att alla mina egna sorger skulle göra mig till ett bättre och mer inkännande medium. I mötet med andra skapas en energi för helande och den påverkar mig själv djupt.

Det finns en enhetstanke bakom allt som sker med oss människor. Den får mig att tänka mer aktivt på betydelsen av mitt eget handlande. Mina tankar och handlingar påverkar människor i min omgivning vars tankar påverkar andra och så vidare i all oändlighet. Det känns inte betungande för mig utan är en drivkraft till att hitta en meningsfull tillvaro.

Min uppgift som medium är att hjälpa människor att få en skjuts i rätt riktning utan att binda upp dem i ett beroende av mig. Resan måste varje människa göra själv och även förstå att vi klarar av detta egna arbete. Om någon annan gör det åt oss – vilken tillfredsställelse skänker det?

Ett medium är inte Gud och en del vill veta allt om det förgångna, nu och framtiden. Men ingen får ge er den kartan. Det gör er inte klokare och visare och mer nöjda med er själva. *Det är det egna sökandet som gör er kloka och den processen får ingen ta ifrån er.* Det kan dessutom vara obehagligt och destruktivt att få veta allt om sin framtid. Det kan göra en passiv.

Andarna hjälper oss men styr oss inte. Vi får hjälp till självhjälp eller en signal om vad som kan vara bra. Det gäller att lyssna till signaler, och vi får bara det vi är mogna för.

Förringa inte er själva i ert sökande – lämna inte över ansvaret till någon annan! Robert kommer i sitt sökande efter tidigare liv att tvingas gå in i sig själv. Jag kommer inte att ge honom alla svar. Om jag givit svaren hade han ju inte behövt anstränga sig själv. Han har med *egen* kunskap om tidigare liv – det är *hans* kunskapsbank.

Även om jag har tillgång till en ren gudskanal så är det absolut inte så att jag själv får veta allt. Jag kan få varningar och uppmaningar såsom att "nu måste du vara stark". Ett exempel är att min döda pappa kom till mig när jag körde bil och sa att han var orolig för mamma. Jag lyssnade inte så noga då för jag var ofta orolig för henne. Men efter två veckor fick min mamma blödande magsår och föll ihop hemma. Med otrolig tur klarade hon sig den gången.

När Maria ännu inte fått sin autismdiagnos skickade andevärlden många signaler om att jag skulle arbeta med att bli stark. De började så för att inte skrämma mig. Vid ett tillfälle såg jag indianer dansa med mig för att ge kraft.

Jag var på en storseans med det engelska mediet Julia Griffith och även hon sa att jag måste bli stark och äta vitaminer och mineraler. Här kan man då förstå att nu kommer en stor utmaning. Men ändå fick jag inte veta allt på en gång.

Ett annat exempel är att jag under ett halvt års tid hade många funderingar på vilken skola Maria skulle flytta till vid 12 års ålder. Jag ville gärna att hon skulle börja på en antroposofisk skola. Ett alternativ var dock en mer näraliggande skola utan inriktning på autistiska barn. Varför ville inte andevärlden under så lång tid berätta för mig vilken skola som var bäst för Maria?

Natten innan jag skulle göra ett studiebesök med Maria på den alternativa skolan fick jag en upplevelse av att en stor ängel kom till mig och sade: "Öppna ögonen!" Det visade sig nästa dag att den näraliggande skolan hade undervisning som väl skulle passa vår dotter. Maria själv var också positiv. Är detta valet rätt, frågade jag? "Låt mästaren styra!" blev svaret. "Hon vet bäst."

Jag är i en process av ständigt lärande. Min mamma avled hösten 2005 efter en lång kamp mot sin cancersjukdom. Några veckor innan hon "gick över" väcktes jag en natt av en ljus stämma från övervåningen.

– Sörj mig inte när jag dör – jag kommer tillbaka och hjälper dig med Maria.

Jag låg länge vaken och försökte tona in budskapet. Jag fick veta att det var min mammas högre jag som kallade på mig. Det meddelandet värmde mycket.

Nu är det fyra månader sedan och jag känner ofta min mammas närvaro. Den är ibland högst påtaglig. Hon försöker lugna mig och säger åt mig att sluta stressa. Ibland känner jag av henne i köket när jag lagar mat. Att laga mat är inte min favoritsysselsättning, men hon var både förtjust i och duktig på matlagning.

Många som kommer till mig finner det svårt att meditera. De klarar inte av att koppla bort sina tankar. Vi har ofta skyhöga krav på oss själva att allt skall gå fort och om det inte blir rätt så struntar man i alltihop.

Det finns olika sätt att meditera på – att promenera i skogen är ett sätt, måla, simma, och sitta vid vatten är andra. Det vi söker är mental stillhet och inte prestation. Någon sade, att det är i stillhet vi hittar det vi söker. Att skriva kan förresten också vara meditation. Att låta tanken flöda är en reningsprocess som hjälper oss in i stillhet och kontemplation.

Jag ser medialitet som en gåva man föds med. Under gynnsamma omständigheter kan den utvecklas positivt. Flera som kommer till mig vill själva utvecklas medialt. De känner att de har en förmåga men vet inte riktigt hur den bör hanteras.

Sann medialitet utvecklas bara om den inte är egostyrd. Man kan bara i ödmjukhet lyssna inåt och någonstans förstå att fröet till min egen personliga utveckling finns här. Det första steget är att få kontakt med sin egen själ. Det är samma sak som att få kontakt med sin intuition och lyssna inåt och att uppmärksamma sig själv som en andlig varelse. Det betyder också att acceptera sig själv med svagheter och brister och att sänka kraven på vad man egentligen vill uppnå.

I meditation kan man uppnå kontakt med sin själs energi. Den kan uppfattas som en svag röst som försöker göra sig hörd. Ju mer man övar sig i meditation, desto starkare blir rösten.

Rösten är en del av vårt gudomliga medvetande, vårt högre jag, som kallar på oss och som ber oss lyssna på vårt eget hjärta. Detta kräver en frikoppling av intellektet samt en frikoppling från krav på att processen skall gå fort.

Många som aktivt vill styra detta snabbt, fastnar på vägen och blir otåliga och missnöjda med sig själva. Endast med tålamod kan denna utveckling börja. När man har uppnått kontakt med sin egen själ så kan ens högre medvetande också få kontakt med den utomsinnliga världen, den andevärld som försöker hjälpa oss människor.

Om man inte lyckas bli medial i det här livet så är det ändå oerhört positivt att få kontakt med sin själ och sitt sanna jag. Det kan leda varje själ långt framåt. Mediala blir vi alla så småningom, men i olika liv och med olika utvecklingstakt.

Jag skall senare i boken mer detaljerat beskriva en andlig övning som syftar till att hjälpa oss att få kontakt med vårt gudomliga, sanna jag. Den går ut på att visualisera sitt inre barn i meditation och sedan tankemässigt expandera det i syfte att låta barnet uppfylla hela ens inre. Då bli det lättare att få kontakt med den inre rösten. Den talar om vilka behov man har och vad man skall uppmärksamma i sin egen utveckling. När det inre barnet expanderar lämnas mindre utrymme för negativa tankar och blockeringar. Det är som att uppfyllas av en kraft – en kraft som hör ihop med vårt ursprung.

Jag vill arbeta med att göra människor mer medvetna. Jag vill ge kunskap om hur man bäst kommer i balans. Många känner sig ensamma, isolerade och tomma. Jag tror att vi alla kan finna vårt sätt att må bra på och hitta den länk in i oss själva som leder till vårt sanna jag. När jag hjälper människor med intoningar är det just den länken vi letar efter. Att få kontakt med oss själva på ett själsligt plan gör oss sedda och utvecklar oss i förlängningen. Vi lär oss då att lyssna med hjärtat efter våra behov och vi lär oss att söka det vi mår bra av.

När vi själva mår bra utstrålar vi välbefinnande som i sin tur hjälper andra. Är vi trötta påverkar vi också omgivningen. Vi är ju alla delar av samma enhet.

Det är en spännande tid nu när fler och fler själar vaknar upp till en större medvetenhet. Vi förändrar våra liv, byter jobb, skiljer oss, flyttar och vågar satsa på något nytt. I detta nya finns möjligheten till uppvaknande, men inte bara det. Det nya kanske också hjälper oss att förstå varför vi är här.

8

Roberts tyska liv tar form

Sökandet efter mitt tyska liv fortsatte med en stabilare utgångspunkt än tidigare. Efter besöken i München fick arbetet en annan karaktär, men det blev inte så särskilt mycket lättare. Jag arbetade fortfarande efter två linjer. Den ena bestod i att ta reda på mer om Franz Müllers uppväxt och se om det stämde med mina egna minnen och med de medialt förmedlade uppgifterna. Den andra linjen avsåg att lära känna under vilka förhållanden Franz dog.

Jag kontaktade stadsarkivet i München för att få veta mer om familjen Müller. De menade att en familjeforskare borde anlitas. Jag skrev då till Eva Fintelmann som specialiserat sig på att utreda släktskap i Bayern. Jo, hon ville gärna hjälpa mig. Jag avslöjade dock inget om skälet till mina efterforskningar. Det kändes klokast att undvika den frågan just då.

Någon vecka senare kom ett brev från Eva. Skulle jag nu få veta om Müllers var en arbetarfamilj? Hade Franz verkligen en syster i samma ålder? Och fanns ett "sladdbarn" i familjen?

Fadern hette Xaver och modern Creszentia. Båda var garvare till yrket. De arbetade alltså med djurhudar. Familjen kom från den lilla orten Burgheim. Paret gifte sig 1889 och flyttade året efter söderut till den stora staden München.

Jo, Franz hade en syster som var precis ett år yngre. Dessutom fanns en lillebror, Josef, som var nio år yngre. Men något som inte framkommit tidigare var att Franz även hade en fem år äldre bror. Seanserna säger att den jämnåriga systern var det enda viktiga syskonet för Franz. Det kändes logiskt då barn sällan leker med varandra när åldersskillnaden är stor.

Systern hette Creszens, ett märkligt namn som jag aldrig hört förut. Det används inte i Sverige. Läser man namnet fort så påminner det fonetiskt om Gretchen. Brist på referensramar för namn kan alltså ge mediet problem. Men hjärnan rationaliserar gärna för att omforma ett obegripligt namn till ett begripligt. Först senare förstod jag att man till vardags använde en kort form av hennes namn, precis som vi själva alltid gjort. Hon kallades Centa.

Familjen Müller var av lägre medelklass och torde ha levt under relativt knappa förhållanden. Franz var ogift och bilmekaniker till yrket. På fotografier från 1910-talets München ser man bilar, men ganska få. Det känns märkligt då ingen aktivitet i mitt nuvarande liv skapar sådan olust hos mig som att laga bilen.

Jag ville gärna spåra upp nu levande släktingar till familjen. Målet var att få se ett fotografi på dem eller konfronteras med något annat som kunde aktivera själsliga minnen. Det vore en personlig bekräftelse att kunna säga "jag känner igen det här". Men att spåra efterlevande visade sig vara svårt. I Sverige vore detta inte något problem, men tyska arkiv lämnar bara ut sådana uppgifter om man tillhör familjen i fråga. Och det gjorde ju inte jag.

Militära dagböcker från det första världskriget finns fortfarande bevarade i krigsarkivet på Leonrodstrasse. Eva läste dagboken som skrevs av Franz bataljon under juli 1915. Soldaterna arbetade med att fördjupa skyttegravar och förbättra befästningsverk. Med tiden hade en "leva och låta leva-attityd" mellan trupperna utvecklats. Öppna strider förekom sällan denna sommarmånad. Terror i form av beskjutning och spionage mot fiendens linjer pågick däremot ständigt, men utan att orsaka särskilt stor skada.

Anteckningen för den 21 juli anger bara att "en soldat dödats" utan vidare detaljer. Ingen annan ur bataljonen dödades alltså den dagen, vilket stämmer med att Franz var ensam på kullen. Det var faktiskt bara enstaka tyska soldater som skadades eller dödades den månaden, vilket kan ha bidragit till Franz förvåning över att ha blivit träffad.

Jag beställde litteratur och dvd-filmer om slaget vid Somme, som ägde rum ett år senare. Denna vedervärdiga offensiv dödade över en miljon soldater och iscensattes av engelsmän och fransmän för att bryta dödläget på västfronten. Kanoner förvandlade krigsområdet till ett månlandskap av grus och lera. All växtlighet och alla hus förstördes. Antalet soldater per ytenhet var högt och mängder av taggtråd fanns överallt.

Min dödsscen innehöll inte dessa ingredienser. Miljön var inte alls så förstörd. Mer än någonsin var jag nu övertygad om att jag – liksom Franz – dödats en sommardag en tid *före* det stora slaget vid Somme.

Jag skaffade en fotografibok från 1926 som skildrade "mitt" regementes öde i kriget. Bokens första kort gav mig en déjà vu-upplevelse. Soldater marscherade på precis samma sätt som i min "minnesfilm". I kolonnen gick fem soldater i bredd med pickelhuvor på huvudet och enkla gevär över axeln. De tog upp halva kullerstensgatans bredd. Enligt texten var de på väg till kasernen efter inkallelsen i augusti 1914. Det regnade, men min minnesbild är att vädret var vackert när Franz gick samma marsch två månader senare.

Första bayerska infanteriregementet marscherar längs Briennerstrasse till sina kaserner nära Hauptbahnhof i München. Augusti 1914.

Ny litteratur som strömmade in gav information om var de olika "filmerna" kan ha utspelat sig. Tyska krigsarkivet utgav på 1920-talet en serie regementshistorier som klart utsade var Franz hade varit förlagd. Från mitten av januari till slutet av mars 1915 fanns hans bataljon vid Curlu, ett synnerligen litet samhälle vid floden Sommes strand en halvmil söder om Montauban. Där förbättrade soldaterna skyttegravar och genomförde, som boken säger, ett ställningskrig. Från slutet av mars var Franz i stället förlagd till en frontlinje framför Maricourt, som är ett litet samhälle två kilometer närmare Montauban.

Fler scener behövde placeras i geografin. Scenen där fiendesoldater hoppar över kanten in till min skyttegrav var skräckfylld. Jag flydde genom att ta några steg bakåt och springa undan åt höger. Kan detta ha inträffat? Svaret är ja. Det enda öppna fältslag som Franz deltog i ägde rum vid Serre i norra delen av Somme-regionen i början av juni 1915. Mitt i dödläget på västfronten samlade fransmännen krafter till en drabbning vid denna strategiskt viktiga lilla bruksort. Tyskarna skickade förstärkningar från flera regementen. Franz regemente bidrog med två av sina 12 kompanier. Fransmännen anföll på bred front och erövrade tyskarnas två första skyttegravslinjer. De lyckades dock aldrig med den tredje, varför anfallet kunde slås tillbaka.

Tråkigt nog hade jag inte lyckats att dokumentera exakt hur Franz dog och var han då befann sig. Var det på dagen eller på natten, och *var* orsaken verkligen en granat? Eva Fintelmann sa att händelsen troligast inträffade under patrullering på natten. Hur döden ägde rum var mitt viktigaste minne och nyckeln till känslan av bekräftelse.

Jag bad min andlige ledare att ge mig ytterligare en scen från mitt tyska liv. Franciskanermunken Askedun hade ju följt mig under tre liv och var möjligen närvarande när Franz dödades av granaten. Han kunde väl berätta hur det gick till! Under en meditation frågade jag rent ut – var fanns *du* när detta skedde?

Efter en stund kom svaret trevande: bakom dig! Samtidigt fick jag en vision av Franz dödsögonblick från en annan position. Den var belägen ungefär tre meter upp i luften och strax bakom en skyttegrav som Franz klättrat upp från. Bilden visade att han inte var ensam. Vi var *tre* stycken och gick tillsammans mellan olika spanarplatser. Två kamrater hade stannat kvar nere i skyttegraven. De fick mängder av jordstänk på sig när granaten briserade. Jag misstänker att jag fick följa händelsen från Askeduns position.

Jag frågade honom i upprörd ton:

– **Varför gjorde du inget för att förhindra detta?**

Här bröts kontakten mellan oss två. Jag hade svårt att fortsätta. Men när jag någon halvtimme senare kom för att lägga mig att sova så berättade Marie-Louise att min andlige ledare fanns i rummet.

– Han viftar med en vit flagga. Han vill ha fred! Vad har du sagt till honom egentligen?

Jag förklarade situationen, och Marie-Louise förmedlade munkens berättelse. Han sa att andevärlden var lika bestört som människorna över detta hemska krig. Slagfälten var fyllda av förtvivlade andliga ledare och andra andeväsen som försökte hjälpa och lindra lidandet.

Men kriget var en karmisk process som människorna måste genomleva, sa han. Det var inte förgäves utan har grundlagt dagens tänkande om det moderna krigets fasor och meningslöshet. Tänk på, sa han, att *Gud inte stoppar något som människorna kan lära sig något av.*

Askeduns ord riktades nu direkt till mig:

– Sluta älta och tänka negativa tankar! Du valde sida för det goda under ditt liv med oss franciskanermunkar. Det var ett bra liv. Innan detta levde du i förtryck och misär. Därefter har du visserligen gått ner i två krigarliv, men du har inte dödat någon. Det skall du vara glad för. Sådant skapar dålig karma under lång tid.

9

Att utvecklas i lidande

Aviron ville beskriva en praktisk meditation som man kan ut-
föra i syfte att kontrollera sin upplevelse av lidande. Det
finns också konsekvenser av lidande som han ville förklara. Avi-
ron sade:
– För att utvecklas i lidande behöver vi få de verktyg som
underlättar denna process. Ett av syftena med lidande är
att *stanna tiden*. Det är nödvändigt att försätta oss i ett
noll-läge när vi skall gå djupare inom oss själva. Samma
sak gäller för meditation. När vi mediterar är vårt huvud-
uppdrag att stanna klockan. Medvetandet skall befinna sig
i ett enda "nu". I detta tillstånd kan total sinnesfrid infin-
na sig.
När vi utsätts för lidande så kan vi *tvingas* att stanna ti-
den. Enda skillnaden är att vi då inte frivilligt gått in i den-
na process. Befrielse från tid ger lindring i sorg. Därför är
meditation ett verktyg som ni kan använda för att under-
lätta för er själva i svåra stunder.
Jag skall nu ge ett exempel på hur man kan meditera
när man befinner sig i svår sorg. Var och en av er kan ock-
så själva prova er fram och söka egna vägar med ledning
av det vi beskrivit.
Börja med att sitta i en totalt avslappnad ställning, gär-
na i en bekväm stol. Låt inte blodflödet hindras på något
sätt, och låt händerna vila i knäet med handflatorna vän-
da uppåt. Detta är en signal till andevärlden att ni är mot-
tagliga för stöd, information och hjälp. Att tända ljus är
nödvändigt. Börja med att bara sitta en stund. Det syftar
till att ta emot inkommande tankar och sedan släppa taget

51

om dem. Denna rensningsprocess kan ta olika lång tid för olika personer, från några minuter till en kvart. Fokusera på din fysiska kropp med stängda ögon när du känner att tankarna börjar sina och ett lugn infinner sig.

Försök att "känna in" din egen fysiska kropps behov och *var* du är som allra mest sårbara just nu. Det kan upplevas som en djup ångest eller en smärta någonstans i kroppen. Försök att fånga upp var den smärtan sitter, exempelvis i magen, hjärtat eller i huvudet. Där du känner smärtan som intensivast skall du försöka få lindring. Lägg händerna på det området och försök visualisera att vitt ljus strömmar ner från kosmos. Låt det vita kosmiska ljuset strömma genom händerna! Låt dem vara redskapet.

Denna meditation syftar till att i tankeverksamhet fokusera på helandets process, och att gå in i den processen till 100 procent. Detta gör att övriga tankar rensas bort automatiskt. Utlämna dig i bön om hjälp och kraft om du känner dig otillräcklig för att utöva denna egen-healing. Känn att du inte själva behöver styra processen utan att något större griper in och hjälper dig.

I detta totala utelämnande är du sårbar men i allra högsta grad öppen för den helande kraften. När du märker att du uppnått ett lugnare tillstånd och känner att det vita ljuset lindrar smärtan, så kan du ta tre djupa andetag och blåsa ut så mycket luft du kan vid varje utandning. Detta är ett sätt att frigöra negativa energier och sorg, och att släppa taget om smärtan.

Fokusera på det tidlösa i hela denna process! Tänk att du har all tid i världen och att inget skall hindra dig från att ta emot healing i detta enda tidlösa "nu". Öppna återigen handflatorna och låt händerna vila i knäet. Nu har din kropp landat i ett tillstånd av lugn. Genom denna process har du själv öppnat upp för att nås av kosmisk healing. I detta lugn kan vi ovanifrån hjälpa och hela dig.

Var öppna för alla skeenden när du sitter med handflatorna uppåt. Låt inte dina egna tankar begränsa det som kommer. Tänk så här: "Jag har öppnat upp och är nu en mottagare för andlig hjälp. Jag behöver inte, i mina tankar, påverka hur detta skall gå till. Jag utelämnar mig i förtroende till andevärldens kraft. Jag öppnar mitt hjärta för dess stora nåd."

I detta tillstånd kan man börja se ljus i olika färg. Det ljus och den färg som kommer till en är det som bedöms vara rätt för just den personen. Oftast använder sig andarna av den ljusblå färgen. Den och det vita ljuset helar oss allra mest.

Skicka upp en bön av tacksamhet när du uppfattar denna stråle av ljus! Det är i bön av tacksamhet som healingen kan gå djupt in i oss själva. Då har vi en dialog med Gud, då har vi öppnat en helande kanal, och i den kan mirakel skapas.

Sitt i detta ljus så länge du känner dig uppfylld av det, och ha hela tiden bönen av tack som mantra. När du känner dig uppfylld och lättare i din fysiska kropp så kan du återigen ta tre djupa andetag och sakta blåsa ut luften. Släpp sedan taget och låt denna energi lämna er. Ett bra sätt är att tankemässigt låta det ljus du sitter i få vandra ner genom hela din fysiska kropp för att sedan dras ner i marken.

Om man lider av svår sorg kan denna procedur göras flera gånger om dagen. Fem–sex gånger är inte ovanligt. Syftet är att lära sig att komma in i ett tillstånd av total öppenhet där vi bäst kan tillgodogöra oss de andliga krafter som vill hjälpa och hela oss. Pröva gärna denna meditation för vi försäkrar dig att den har effekt.

Hur skiljer sig då detta förfarande mot vanlig bön? Vi vill inte på något enda vis förringa bönens kraft och bönens betydelse för er människor. Bönen har ni fått som ett verktyg att använda så ofta ni kan och vill i kommunikation och i dialog med Gud. Det vi nu har beskrivit är ytterligare ett steg i att kommunicera med Gud. Det är ett kraftfullare sätt att ta kontakt med än bön, och det är ett sätt som samtidigt hjälper oss att få frid i våra hjärtan.

Sorg och lidande som drabbar människorna blir en

drivkraft till att ta kontakt med Gud. Saknas drivkraften så saknas motivationen för denna kommunikation.

Vi önskar alltså att ni skall träna er i denna öppenhet *utan* att behöva gå igenom lidandets alla faser. Att vara så öppen som möjligt för denna kommunikation är också ett sätt att undvika lidande.

10

Förlåtelse, empati och medkänsla

Aviron sade:
— Ni människor har en tendens att lägga skulden för inträffade händelser på er själva. Säg att ni åkt till Thailand och förlorat anhöriga i tsunamin. Här är det lätt att ta på sig skuld för det inträffade. Exempelvis varför man var där, varför man inte sökte sig till högre höjder, varför man inte gjorde si eller så, och varför man släppte taget om den personen.

Om man sitter fast i skuldbegreppet så är det svårt att ta sig ur svår sorg. Det är här *förlåtelsen* kommer in. Att förlåta sig själv innebär att man frikopplar sig totalt från all skuld eller upplevelse av delaktighet. Det kan vara svårt. Men det kan gå lättare om man vet att andevärlden tillåter oss att frikoppla oss från skuld.

Det räcker inte med att man själv tankemässigt befriar sig från skuld. Man måste få den andliga dimensionens hjälp och godkännande. Skuldfrågan kanske är så stor och betungande att man inte kan ta sig ur den själv. Om man under bön ber att få befrias från skuld så kommer bönesvar i form av förlåtelse, som är en av hörnpelarna i att hitta ut ur sorg. Vägen till förlåtelse inbegriper att aktivt söka den.

— Det här resonemanget påminner om kristendomens tankar.

— Det är viktigt att skapa en aktiv och bestående kanal till Gud. Inte för att göra sig beroende av Gud, som många kanske tror, utan som ett sätt att få *förlåtelse, befrielse och välsignelse.* Kan vi söka de tre målen i dialog med Gud så kan vi också hitta tillbaka från svår sorg till glädje.

Behovet av syndernas förlåtelse hör också ihop med *karma*. Vi kommer ner till jorden för att anta utmaningar och prövningar av olika slag. Det ingår i den karmiska processen att vi utsätts för effekterna av vårt eget handlande. Men för att kunna utstå de prövningarna så måste vi också få hjälp. Andevärlden vill ge oss nycklar och vägvisning som gör vår svåra väg lättare.

Att få syndernas förlåtelse är ett sätt att lyfta ett tungt ok från axlarna. Det innebär att vår resa genast blir lite lättare. Det innebär en hjälp att nå våra mål. Men det innebär *inte* befrielse från karma. Förlåtelsen är en hjälp att utstå prövningar och en hjälp att hitta vägar till Gud. Det är en hjälp till att skapa en dialog med Gud. Och kan vi det i våra fysiska kroppar så blir det lättare att utstå våra karmiska prövningar.

En liknelse: du föds i en familj – det ena scenariot är att du har en underbar mamma som kärleksfullt tar hand om dig och lyssnar till dina önskningar och behov. Du har en ren kanal till henne. I denna trygga uppväxt skapas förutsättningar för att du själv blir en glad och trygg och medkännande individ. Kanalen till din kärleksfulla mamma gör att du blir starkare och kan utstå prövningar bättre.

Motsatsen är att du har en kall, otrygg och frustrerad mamma som du inte har någon dialog med. Hon är inte med dig på det sätt som du behöver. Ur denna avsaknad av kontakt blir du mer hänvisad till dig själv. Du kan uppleva tillvaron som mer hotfull och begränsande, och du har svårt att uppfatta andras kärlek. Prövningar och lidande förstärks och du kan ha svårare att hjälpa dig själv.

På samma sätt vill vi berätta att om du skapar en kanal till Gud så skapar du också en kanal till en kärlekskraft som kan hjälpa dig att, på ett positivt sätt, möta hindren på din väg.

För vissa människor är detta fullständigt naturligt. För andra skapas dialogen först när den människan utsätts för olika former av lidande. Den som tidigt får en dialog med Gud skapar alltså förutsättningar för att *minska* lidandet.

Om vi människor arbetar med att intellektualisera allt och att vetenskapligt bevisa allt så rör vi oss bort från vårt andliga uppdrag och vårt andliga hem. Ju mer isolerade och ju mer avskärmade vi blir desto svårare får vi också att hantera tillvarons prövningar, och vi blir mer utelämnade till oss själva.

Andevärldens uppgift är att hjälpa oss att hitta tillbaka till vår andlighet, tillvarons mysterier och till det som vi på rationellt vis inte kan förklara. Den vill öppna våra sinnen och få oss att se de stora sammanhangen, och för att göra det måste vi bredda vårt perspektiv. *När vi för in andliga dimensioner i vårt tänkande kan vi förstå oss på oss själva och vårt lidande.*

Aviron fortsatte nu med att diskutera empati och medkänsla.

– Vi har pratat om hur vi utvecklas i lidande och hur det egna lidandet ökar medkänslan med andra.

Den här helgen ber vi er att tända ljus för alla som förlorat någon älskad anhörig. När vi är många som tänder ljus och ber för varandra skapas en kärlekskraft som sprids likt en våg av empati och medkänsla. Om den som sörjer känner en sådan våg så blir sorgen mindre tung att bära. Det är mycket svårt att på egen hand hjälpa sig själv ur svår sorg om man upplever sig stå ensam och utanför glädjens gemenskap. Därför bör vi skapa en gemenskap av medkänsla, positiva tankar och kärlek. Det hjälper till att lyfta sorgsna själar.

Att tända ljus är ett sätt att i tanken skapa dialog med andra. Vi kan också på ett praktiskt plan dela med oss av vårt överflöd och av vår tid. Det är viktigt att ha ett sätt att förhålla sig till mänskligt lidande och att inte stänga dörren. Även i den egna sorgen uppmanar vi er att ta kontakt med andra i samma situation, för det är i gemenskap med andra som vi helas bäst.

I ett tillstånd av inre frihet kan vi uppleva större medkänsla. Ett bra sätt att skapa sådan frihet är genom inre dialog. Man kan fråga sitt undermedvetna om syftet med ens liv. Det handlar inte om att kritisera eller skuldbelägga sig för det egna handlandet utan mer om att se möjligheter till ny självutveckling, nya tankar och nytt skapande där vi inte låser oss fast vid gamla mönster.

Om vi kan förhålla oss såsom ett barn till omvärlden, där allt finns kvar att upptäcka, så skapas ständigt möjligheter i den inre dialogen. Tänk dig att varje dag är som att påbörja en ny resa där du på förhand inte vet hur den skall sluta! Det innebär att vi lever i total tillit till den kosmiska ordningen och att något större än oss själva håller sin hand över oss. Att på detta sätt släppa taget är en resa till inre befrielse och frihet från skuld och låsningar.

Hur vi förhåller oss till oss själva är alltså en förutsättning för hur vi kan skapa medkänsla med andra. Utan den egna inre dialogen är det svårt.

Medkänsla är ett så viktigt ord i denna upplysningens tid. Det handlar också om medkänsla med djurens lidande. Medkänsla med alla som har en själ.

11

Själsliga minnen från Schwabing

Jag vaknade upp på ett litet hotell på Occamstrasse i norra München. På samma gata bodde familjen Müller när Franz föddes år 1894. Därefter flyttade de ett hundratal meter bort, till Haimhauserstrasse. Där bodde Franz fram till sin olyckliga inkallelse till militärtjänst.

Området heter Schwabing och dit flyttade många människor från landet under Münchens industrialisering i slutet av 1800-talet. Sociala ambitioner yttrade sig i att staden byggde billiga och rymliga bostäder i form av flerfamiljshus som sträckte sig tre våningar upp ovan markplanet. Hit kom Xaver och Crescentia Müller från den lilla orten Burgheim norr om München. Xaver kan ha fått arbete i områdets läderfabrik eller i handskfabriken. Paret hade då den 2-årige sonen Georg och familjen skulle någ-

Occamstrasse i München. Franz växte upp i en lägenhet långt ner på vänster sida av gatan. Han sprang hem från lekplatsen längs denna trottoar.

Den lätt högersvängda gatan Haimhauserstrasse. Här bodde Franz mellan 14 och 20 års ålder.

ra år senare, med kort intervall, utökas med sonen Franz och dottern Creszenz (Centa). Ett decennium senare föddes ytterligare en son.

Mitt syfte med att resa till Schwabing var att ostört få besöka de miljöer som Franz Müller måste ha mött under sin uppväxt 100 år tidigare. Känslor av igenkännande borde väckas om jag i ett tidigare liv verkligen *var* Franz. Dessutom ville jag undersöka om mina själsliga minnen kunde ha en verklighetsbakgrund.

På promenader längs gatorna erfor jag en tydlig känsla av att "vara hemma". Jag kunde mycket väl tänka mig att ha växt upp här. Familjen Müller var katoliker och jag vandrade nu kvarteret ner för att besöka kyrkan Sankt Sylvester, som låg mitt emot en stor katolsk skola. Var detta en kyrka från mina visioner? Jag var skeptisk mot kyrkans namn. När jag kom in i byggnaden blev jag ännu mer misstänksam. Den tycktes mig inte bekant alls. Jag köpte en broschyr om kyrkan, fick vänta tills regnet hade upphört, men gick sedan tillbaka till hotellet för att fundera. Avstånden var korta i Schwabing. Jag hade bara några hundra meter att gå från plats till plats.

Broschyren berättade att kyrkan hette Ursulakirche när Franz levde. Det namnet kunde jag mycket lättare relatera till. Turligt nog fanns den gamla kyrkan fortfarande kvar. Den var tillgänglig via en annan ingång. Den nya kyrkan, som blev färdig först 1925, hade byggts ihop med den gamla.

Jag promenerade dit igen. Den gamla kyrkan kändes bekant. Den var mindre och hade bara plats för ett 100-tal besökare. Ögonen gled över inredningens alla detaljer och fastnade plötsligt i åsynen av kyrkbänkarnas mörka ytterkanter, som var snidade i en ovanlig S-form. Jag stod länge och tittade på dem. Starka känslor överfor mig. De är svåra att beskriva. Jag tyckte att jag kände igen bänkarna, men en ännu starkare känsla var att tiden stannade upp och att jag, på ett märkligt sätt, höll på att förlora kontrollen över situationen. Det var som om emotioner väcktes utan att jag förstod vad de betydde.

Jag drogs till mittersta raden i den högra gruppen av kyrkbänkar. Jag slog mig ner och kände som om min kropps kraftfält hamnat mitt i ett annat kraftfält. Denna märkliga upplevelse, nästan elektrisk, avtog endast långsamt för att till sist ebba ut. Brukade familjen Müller sitta här? Kanske. Mitt huvud drogs nu uppåt vänster, och när jag såg krucifixet på väggen fick jag den märkligaste déjà vu-känslan på hela resan. Jesus avbildades naturalistiskt och hans kropp var vriden åt höger. Det var som om tiden stannade igen. Mina tankar gick till en händelse i mitt nuvarande liv. Jag hade stirrat på samma sorts krucifix när jag som 6-åring gjorde ett kyrkobesök i påsktid med mina föräldrar. Många gånger har jag undrat över varför just det krucifixet blev ett tydligt minne från min barndom. Här var Jesus avbildad på samma sätt.

Om människan lever många gånger är det visserligen rimligt att jag sett krucifix i flera tidigare liv. Men jag förhäxades av det här under minst femton minuter. Känslan var besynnerlig, omtumlande och påminde återigen om att jag förlorat kontroll över stunden. Utgjorde denna skulptur en länk mellan min två liv? Jag visste inte riktigt, men trodde det.

En diffus känsla av vagt igenkännande väcktes av flera gatunamn, såsom Hesseloherstrasse och Ursulastrasse. En bit bort låg den breda gatan Leopoldstrasse. Både namnet och själva gatan kändes bekant. Jag tror att den gatan var ett slags händelsernas centrum för Franz, som kanske sprang här och lekte. Han tyckte om att springa längs gatorna.

En intressant kontrast uppstod när jag besökte en annan kyrka, Erlöserkirche, som fanns i närheten. Jag drogs dit av att byggnaden verkade bekant. Vid ingången stod årtalet 1901 skrivet så här kunde Franz mycket väl ha varit. Men när jag kom in i kyrkan så kände jag inte alls igen mig. Jag kunde inte relatera till dess inre över huvud taget. Något besviken begav jag mig därifrån, men broschyren om kyrkans historia erbjöd snart en förklaring. Den berättade att Erlöserkirche är en protestantisk kyrka. Franz var ju katolik och borde då inte ha gått in här.

Det blev kväll och jag var tillbaka på hotellet. Jag ville se om munken Askedun fanns med mig. Jo, han framträdde tydligt. Jag uppmanade honom att säga något och tog fram penna och papper. Askedun berättade att han mindes Franz liv som barn i Schwabing:

61

– Ja, här sprang du som barn. Jag minns det. Du var livfull och lekfull och hade ett bra liv. Du älskade din mamma men hade svårt för din pappa.

Du var intresserad av allt som fanns i naturen, blommor, blad och fåglar. Du var egentligen en naturmänniska.
– **Vad tyckte jag om kyrkan?**
– Du fann ro där. Dina föräldrar var djupt troende och försökte få dig att bli präst. Men ditt intresse för prästyrket var inte så stort. Du ville hellre jobba med bilar. Du ville springa långt och färdas långt. Därför höll du på med bilar.

Prästyrket hade räddat dig från kriget. Du hade blivit en bra präst, då som nu.

Att komma till platser och miljöer som man har besökt i en annan inkarnation tycks ge känslor av att vara "hemma" och att omgivningen är bekant. Många igenkännanden saknar den distinkta skärpa som utmärker minnen som lagrats i hjärnan i ens nuvarande liv. Vissa konfrontationer ger dock en emotionellt stark upplevelse av tidsupplösning och förlust av kontroll snarare än lyckan över att ha kommit till klarhet om att ha stött på något välbekant.

Den känslan skiljer sig markant från igenkännanden man gör av händelser som inträffat i ens nuvarande liv. Ett exempel är att jag en kort tid före resan till Tyskland fann två inspelade band i min fars kvarlåtenskap som jag ofta lyssnade på som barn. De innehöll sagor, sånger och musik. När jag spelade banden igen, för första gången på 45 år, erfor jag ständigt klara signaler av igenkännande. Känslan var att, javisst, nu kom den sången och så lät den visan, även om jag sällan kunde minnas vad som skulle spelas härnäst. Mina minnen från Schwabing ligger dubbelt så långt tillbaka i tiden, men tiden saknar nog betydelse. Det avgörande måste vara att de inte lagrats i hjärnan utan i själen.

Två avvikelser från känslan att "vara hemma" i Schwabing kan nämnas. Jag gick in i två kyrkor som jag *trodde* att Franz hade besökt många gånger men som jag, i efterhand, förstått att han knappast kan ha varit i. Där var "hemmakänslan" helt bortblåst. Det talar för att det vaga igenkännandet knappast är inbillning.

Där jag låg på hotellsängen gick mina tankar till den trogne andlige ledare som varit min följeslagare både i mitt nuvarande liv och i Franz Müllers oavslutade liv. Jag bad Askedun att säga något om själsliga minnen. Han förklarade:
– Det själsliga minnet är till för att du skall reagera moget i känslomässiga situationer. När du upplever något framkallar du känslor från tidigare händelser i detta eller tidigare liv. Vi blir efter många liv mer sammanhållna känslomässigt. Vi reagerar på ett mer vist sätt och blir inte desperata i trängda lägen.

För att inte bryta ett bra flöde av information så sa jag, helt fantasilöst:
– Berätta något mer om själsliga minnen!
Askedun svarade:
– De fascinerar dig. Men de är också en byggnadssten i människans utveckling mot att bli en fulländad skapelse.
– Men själsliga minnen orsakade min stamning!
– Just det. Känslomässiga situationer måste bearbetas. Om man inte gör det kan felläkning uppstå i form av en mental blockering, som i ditt fall. Så är det alltid, och det spelar ingen roll om skadan skedde i detta eller i tidigare liv.

Min sura replik hänsyftade på den fruktansvärda granatsmäll som dödade Franz Müller och som väcktes till liv under ett åskväder när jag var barn. Jag fylldes av panik, gick troligtvis in i en sorts psykos och kunde inte tala alls på flera dagar. Det talfel, den stamning, som blev följden, har i varierande svårighetsgrad förföljt mig hela livet.

Jag minns fortfarande ovädret men inget av det som skedde efteråt. Det som skrämde mig var visserligen åskans dån men ännu mer att ljudet ekade och tycktes fortplanta sig på himlavalvet. Mullret fanns överallt och omringade mig. Det kändes otäckt verkligt och hotfullt. Jag spekulerar i dag, ett halvt decennium senare, över att artillerield och granater i krig kan ge upphov till liknande upplevelser.

Själsliga minnen kan alltså i olyckliga fall orsaka bekymmer i form av psykiska låsningar. De kan även ge upphov till återkommande mardrömmar, som tycks vara mest förekommande under småbarnsåren.

Jag forsatte att fråga Askedun:

– All right, bilderna som jag har från livet som Franz Müller, varför minns jag dem?

> – Du är en klok man. Du försöker utröna mänsklighetens hemligheter. Men nu får du känna efter själv. Du kommer att märka att det går lätt att koppla dina minnesbilder till känslor.

Jag gjorde som Askedun sa och gick igenom de viktigaste "minnesfilmerna" från livet som Franz.

Den första scenen, där jag som 4–5-åring såg min pappa tvärsöver vardagsrummet, förmedlar osäkerhet och olust kring oberäkneliga och stränga människor. Jag litade inte på far.

I den andra scenen springer jag som 7-åring hem från att ha lekt utomhus. Den associerar jag med frihet, lycka och trygghet.

Militärmarschen kombinerar stolthet med en osäkerhet kring att inte veta riktigt vart ödet för mig. Vad hade jag gett mig in på?

Dödsscenen visade att döden kan komma plötsligt. Den väcker tankarna "varför?". Franz visste att döden fanns i närheten men trodde inte att den skulle drabba honom just den dagen. Allt togs bort innan livet hade börjat på riktigt.

Det snöpliga slutet blev en stor besvikelse för honom.

12

Vishetens andra pelare: Rädslor

Aviron sade:
– Att leva på jorden innebär att ständigt konfronteras med utmaningar och val av olika slag. *Rädslor* gör att vi ibland väljer fel. De kan också hindra oss i vår utveckling genom att de får oss att stänga dörren för nya utmaningar. Här kan lidandet påverka oss i positiv riktning på så sätt att det hjälper oss att släppa rädslor. Lidandet gör att vi spränger gränser, utmanar oss själva mer och vågar kasta oss in i det outforskade. Vi tvingas till det för lidandet äter på oss och ger oss ingen ro. Med andra tankebanor kan vi så småningom hitta nya ljus, nya vägar att gå och nya kontakter att skapa.

När vi är andevarelser är vi befriade från rädslor och blockerande tankemönster. Vi är öppna och intresserade av undervisning på olika plan, även om vi som själar är olika och kan vara olika utvecklade.

Men när vi gått ner i vår fysiska kropp på jorden så skapas successivt rädslor inom oss. Vi har upplevelsen av att ha förlorat vårt andliga hem och vi känner oss utelämnade, vilsna och utan riktig samhörighet någonstans. När vi förlorat vår andliga trygghet är det inte konstigt att rädslor får fäste.

Vi kan inte släppa all rädsla för den hör ihop med vår vandring på jorden. Men vi kan utmana den och minska den så att vi inte hindras i vår egen utveckling. Rädslan gör våra liv begränsade på olika sätt. Vi tar exempelvis inte kontakt med människor som vi skulle kunna ha ett utbyte med. Vi tar inte in kunskap som skulle kunna hjälpa oss i vår medvetenhet. Vi är rädda för att bli styrda och rädda för att förlora vår egen självständighet. Vi är rädda för att bli sårbara och för att uppfattas som lättledda, okunniga och dumma. Vi är rädda för religiös fanatism, och vi är rädda för självutnämnda ledare.

Om vi arbetar med oss själva så att rädslan minskar så kan vi fatta klokare beslut. Det gäller alla val i livet, stora som små. Inre frid och balans minskar rädslan som vi upplever nu i denna tid av terror. Om rädslan styr våra beslut kan vi inte välja de makthavare som hjälper oss att få världen på rätt köl. I rädsla föds nya krig, våldsspiralen trappas upp och vi söker hela tiden hämnd. Detta leder oss fel. Vi kan inte styra jorden på grund av rädsla. *Vi kan bara styra jorden av kärlek till medmänniskorna och av lyhördhet för varandras behov.*

Vi är formade genom våra erfarenheter i det här livet men också av våra erfarenheter i tidigare inkarnationer. Det som tydligast skapar rädslor är det vi utsätts för i detta liv, men vi har också en minnesbank som ligger fördold för oss. Den innebär att rädslor kan dyka upp från vårt undermedvetna när vi minst anar det och styra oss, lägga krokben för oss och förpassa oss bakåt i tiden utan att vi riktigt förstår vad som händer. Så skapas *ångest.*

Rädslor vi upplevt i tidigare inkarnationer kan återuppstå när vi konfronteras med samma situation eller samma utmaning i detta liv. Det kan göra att vi, i en viss situation, plötsligt känner oss utelämnade, handlingsförlamade och förlorar kontrollen utan att egentligen förstå varför.[1] Då kan det handla om obearbetade rädslor från tidigare liv som vi ånyo konfronteras med för att lära oss att hantera på ett annat sätt.

När man blir rädd för något men inte vet varför så bör man fråga sig: "Finns det någon synbar orsak till att jag är rädd för just det här?" Ett exempel är rädsla för eld. Om

---

[1] Känslan av att vara utelämnad och att tiden stannar upp behöver inte vara kopplad till rädsla utan kan vara ett igenkännande från tidigare liv. Se Roberts känslor vid åsynen av kyrkbänkarna och krucifixet i Ursulakirche (kapitel 11, sid 61).

man bränt sig som barn så förstår man varför, men om man inte har en aning om varför rädslan uppstår så kan den ha sitt ursprung i ett tidigare liv.

Nu menar inte andevärlden att vi skall göra regressioner för att hitta förklaringen till alla våra rädslor. Vi *kan* göra det om vi vill, men det är inte nödvändigt. Man kan i stället fråga sig: "Hur skall jag göra för att hjälpa mig själv?" Första steget är då att konfrontera rädslan och jobba *mot* den i stället för att till varje pris undvika den. Principen är att acceptera rädslan och därefter börja en stegvis process där man arbetar med sig själv för att minska dess kraft.

En rädslas makt minskar om man kan känna att man själv styr över situationen utan att förlora handlingskraft. Då tar man makten över rädslan. Om man däremot ser sig som ett hjälplöst offer för sina rädslor så kan man förlora kontrollen. Den bästa metoden för att ta kontroll är att våga möta dem bit för bit. Den som är rädd för mörker bör alltså träna sig i att sova i mörker.

Om man är väldigt rädd för att dö ung, vilket kan vara ett minne från tidigare liv, så är rädslan ett uttryck för en brist på tillit till att livet vill en väl, en kärleksbrist. Man kan få en känsla av att vara utkastad i universum, att ha förlorat kontrollen, och då kan man lika gärna dö ung eftersom vad som helst kan hända. När rädslan tagit över så uppstår meningslöshetskänslor och dålig självkänsla. Man tror sig inte klara av saker.

Att hjälpa sig själv handlar mycket om att återta kontrollen. Man måste arbeta med tillit och att stärka sin självkänsla. Hur återtar man då kontrollen? Jo, genom jag-stärkande övningar. Positiva affirmationer för den som är rädd för att dö ung kan vara följande:

"Jag är stark. Jag har gudomligt ursprung. Jag styrs av en kärlekskraft. Jag strävar efter att uppnå det som är gott för mig och för andra. Jag känner kärlek till mig själv och mina medmänniskor. Jag ger inte upp. Jag låter mina demoner komma och gå. De kommer in genom ena dörren och går ut genom den andra. De får komma in i rummet men passera ut igen.

För varje rädsla jag möter med tillit och kärlek så stärks min självkänsla och min vilja till överlevnad. För varje utmaning jag klarar så stärks min vilja ännu mer att överleva. Så småningom befästs min tro och jag vet att jag kommer att leva ett längre liv!"

Om kraften i rädslan är så stark att man inte kan möta den så kan man be en bön om beskydd. Man överlämnar sig då i det godas energi i tron på, och tilliten till, att få den hjälp man behöver.

En annan viktig sak är att inte alltid se rädslan som en fiende utan som en möjlighet för dig att växa i styrka och handlingskraft. *Varje rädsla du möter lär dig att hitta tillbaka till helheten inom dig.* Du är som en frukt som sakta mognar, och du måste få mogna i din egen takt. Du måste få möta rädslorna på ditt eget sätt. Detta kan inte påskyndas utan är en process som tar olika lång tid för olika personer.

Vi är dock inte skapade för att leva helt utan rädslor. De kan också vara ett skydd så att vi aktar oss för händelser och skeenden som är uppenbart farliga för oss. Då blir rädslan mer en klokhet.

Men principen är att rädslor utmanar oss och skakar om oss i grunden. Rätt hanterade gör de oss till visa, kloka och lyckliga människor.

Vi ber er, kära vänner, att i meditation fokusera på det vita ljuset! Låt det vita ljuset uppfylla er kropp och auran runt omkring er. I detta vita ljus kan klarhet i tanken uppstå. När våra tankar klarnar så kan vi lättare bearbeta de rädslor vi har inom oss.

Ju mer vi uppfylls av det vita ljuset, som också är ett helande ljus, desto mindre plats finns det för rädslan att befästa sig. Se den som en mörk energi som inte får plats i ljuset. Vi säger detta på ett enkelt sätt: skicka mycket vitt ljus till er själva och till de människor som behöver det! Då kan vi gemensamt minska de rädslor som styr oss in på fel väg. Det låter enkelt, men detta tillhör en viktig andlig princip, och är ett sätt att arbeta bort de mörka krafter som hela tiden hotar att få fäste på jorden.

Om ni människor kan skapa ljusa tankar på jorden så blir ni också mer mottagliga för ljuset som kommer från andevärlden. Vi kan lättare nå er och påverka er om ni själva är uppfyllda av det vita ljuset. Vi kan då leda er, ge er positiv kraft och hjälpa er att fatta rätt beslut.

13

Tillbaka till skaparkraft och glädje

Aviron sade:
– Vi har pratat om lidande och om rädslor. Vi har pratat om krafter som till synes håller oss tillbaka i vår andliga utveckling. Men ur lidande och rädsla kan något nytt födas. När vi nått, som vi uppfattar det, tillvarons djupaste botten, när vi tvingats vända ut och in på oss själva och när vi genomgått processer där vi formligen skriker ut vår smärta och tycker att vi trampar runt i ett evigt träsk, då vill vi berätta för er att precis här, i detta tillstånd, kan något nytt födas.

Det nya är att vårt *inre barn* plötsligt väcks till liv. Med det avses den rena själ som vi en gång inkarnerade med och som är fri från den fysiska kroppens blockeringar. När vårt inre barn väckts till liv så väcks också glädje och skaparkraft. Om vi kan vara ödmjuka och toleranta för vad vi har gått igenom så kan vi också hälsa den nya skaparkraften och glädjen som en källa till ny kunskap i våra liv. För den kommer! Och den kommer när vi genomgått processer av djupaste förtvivlan. Det är ett löfte vi ger er från himlen.

Denna glädje och skaparkraft kan väckas hastigt eller långsamt beroende på personen som tar emot den. Det beror på hur många dörrar en människa kan öppna till andevärlden på en och samma gång. Om man i sin djupaste förtvivlan förstår att det så småningom kommer en våg av lindring så kan man också mentalt förstå fördelen med att vara öppen för olika skeenden och olika scenarior. Om vi däremot är tvivlande och skeptiska i vår egen sorg, och låter förnuft råda över känsla, då kan hjälpen kanske bara tränga fram på en smal väg, och processen går långsammare. Men det finns *alltid* en väg bort från lidande och sorg.

Lidandet som ni utsätts för är en karmisk process, något som hör livet på jorden till. Det är inte vi i himmelen, det är inte Gud, som utsätter er för hårda prövningar, rädslor och sorg. Vi arbetar med att ge er tröst i lidande och sorg. Vi vill guida och undervisa er och vi vill hjälpa er att skapa kanaler, både till oss, men också till er egen intuition där så mycket kunskap finns.

Vi skickas alltså ner till jorden för att utstå olika prövningar. Vi har från början sagt "ja" till, eller varit positiva till, de olika scenarior av lidande och sorg som vi kommer att utsättas för. Som själar vet vi om detta, men när vi är i våra fysiska kroppar så begränsas våra möjligheter att se klart. Då förstår vi helt plötsligt inte varför vi måste lida. Somliga tror, att Gud i himlen skickar sitt straff till oss människor, eller att någon djävul skapar en ondska som vi inte kan råda över. Men lidandet, och allt som är förknippat därmed, finns som en del av människans vandring på jorden. Om vi kommer ihåg den kunskap vi hade när vi gick ner i våra fysiska kroppar så förstår vi också lidandets ursprung. Då kan vi lättare hjälpa oss själva och sluta fundera i skuld och strafftänkande.

Det finns processer som hjälper oss att styra hur vi så småningom hittar tillbaka till glädjen och skaparkraften. Precis som en kirurg behöver rätt instrument för att operera så behöver vi också rätt instrument för att hjälpa oss i svåra situationer. Vi har talat om *andliga vägar uppåt* som kan öppnas. Vi har också pratat om att hitta tillbaka till vårt *inre barn*. Vi *kan* finna det oförstörbara inom oss, den rena sanningen och den rena själen.

Vägen dit går genom meditation där vi stannar tiden och även går tillbaka. När vi vrider tillbaka klockan så skapas en process av inre läkning. Man kan medvetet backa 5–10 år varje gång man mediterar. Till slut kommer vi till vår själs första möte med vår fysiska kropp.

Man kan då få lindring i sorgen genom att *expandera* det inre barnet. Det är en inre tankeprocess som går ut på att man aktivt ger barnet vitt ljus. Bäst är om man upplever att ljuset ständigt fylls på. Ju mer det fylls på desto mindre blir möjligheterna för mörka tankar att hålla sig kvar.

Ett annat instrument är *bön*. Ni behöver aldrig tänka på hur ni formulerar er, hur ni sitter eller hur ni praktiskt skall göra för att nå oss. Men vi ber er att förhålla er ödmjuka i bön. Ju ödmjukare ni kan vara, desto större är möjligheterna till bönesvar. Det ödmjuka innebär att ni är utan förväntningar och lämnar öppet till de gudomliga krafterna att svara för när och på vilket sätt bönesvar kommer. Om ni i bön kan känna er tacksamma för att ni får hjälp, då kommer bönesvaret till er i någon form.

Sömnen är vår läkare och vän. Det ligger mycket sanning i det gamla uttrycket att "sova på saken". När vi sover är vi mer mottagliga för de läkande krafter som finns inom och utanför oss själva. När vi sover kan vi också lätt förflytta oss i tiden. Det betyder att vi lättare kan gå bakåt och hitta läkning i vårt inre barn. Vi kan också lättare få information och ledning från andevärlden. I sömnen är vi öppna och avskalade och har inte de blockeringar och skeptiska tankar som förföljer oss i vaket tillstånd. Därmed är vi också mer påverkbara när vi sover. Så sömnen är viktig för alla kroppsliga funktioner och även för själen. I sömnen kan vi på ett underbart sätt trösta oss själva utan att vi är medvetna om det.

Skaparkraften – om man finner en länk till sin skaparkraft så kan man, via processen i skapandet, nå lindring i sorg. Här talar vi om allt som ger vår själ ett uttryck, såsom exempelvis musik, konst och teater. Om vi går in i en skaparprocess som så småningom fyller oss helt så kan vi också få god lindring i svår sorg.

Om vår själ inte hittar ett uttryck så stängs vi inne som i en egen bur. Då får sorgen lättare att bygga bo. Men om vi hittar ett uttryck för vår själ så kommer vi ut ur vårt eget inre fängelse. Då blir vi inte lika påverkade av lidande. Det tär inte och äter inte på oss på samma sätt. Det finns en väg till, nämligen *medkänsla med andra*. Vi kan få lindring i vår egen sorg om vi går ut ur oss själva, blir uppmärksamma på vår omgivning och tar fram medkänsla med andra, både i den lilla världen men också i den stora. Om vi börjar engagera oss aktivt för att lindra andras lidande, och därigenom flyttar fokus från oss själva, så förvandlas vårt eget sorgearbete mirakulöst till en positiv, kärleksfull energi. Detta är kanske det svåraste redskapet, men det ger störst lindring och har effekt över en längre tid. Det kräver mycket av oss men utbildar oss allra mest.

14

Kritiken från Tekniska Högskolan

Jag fick ett oväntat telefonsamtal från en kvinna som presenterade sig som pressekreterare på Karolinska institutet, som är Stockholms medicinska universitet och min arbetsgivare. Hon varnade mig för att journalister kunde ringa. Nästföljande dag skulle det nämligen hållas ett seminarium på Kungliga Vetenskapsakademin om oseriös forskning på universitetet, och där var mitt namn nämnt.

Seminariet hölls av en grupp personer från Kungliga Tekniska Högskolan (KTH) i Stockholm. De hade skrivit en bok med titeln *Vetenskap eller villfarelse* som de berättade om och även sålde. Den sades granska fenomen i vetenskapens utkanter. En recension av författaren PC Jersild menade att den här boken är så viktig att den borde vara obligatorisk läsning i skolan.

Jag läste vad som stod om mig. Professorn i filosofi på KTH, Sven Ove Hansson, hade författat ett kapitel som i ingressen sägs beskriva "de mest uppseendeväckande fallen av pseudovetenskap som förekommit vid våra universitet och högskolor". Där kritiserade han vår bok *Klara svar från andevärlden* från 1997.

Innan jag slog upp kapitlet ilade en olustig känsla genom kroppen, nämligen att detta är en missuppfattning. *Klara svar från andevärlden* är ju en andlig bok. Det framgår i varje kapitel, och även av titeln. Om man skriver vetenskap, vilket jag gör till vardags, är det fråga om en helt annan process.

Med pseudovetenskap avses att man framställer något som vetenskap fast det inte är det. Man kan knappast använda detta epitet för andliga böcker som ju inte aspirerar på att vara vetenskapliga. Sven Ove Hanssons skriver att pseudovetenskap "frodas på universitetet", vilket ger sken av att jag och andra sysslar med oseriös forskning på arbetstid. Men inga av Marie-Louises och mina seanser har ägt rum på universitetet. För att förebygga just sådana missuppfattningar så talar jag aldrig om andlighet på jobbet.

Klara svar från andevärlden är ju dessutom en intervjubok, men Hansson gör genomgående den Helige Andes svar till mina personliga åsikter. Vad jag tycker och tror framkommer ibland, men inte alltid. I det kapitel som Hansson främst angriper, nämligen kapitlet om andevärldens syn på sjukdom och läkning, så var jag särskilt noga med att, i min egenskap av läkare, inte ange någon personlig uppfattning. Men den nyansen blev för svår för professorn i filosofi.

Jag ringde upp Karolinska institutets presschef. Jo, han kände till *Vetenskap eller villfarelse* och även kritiken mot mig. Han berättade att även rektor och dekanus fått en föredragning i ärendet. Alla tycktes veta. Mina kollegor informerades av någon som tryckt upp bokkapitlet om mig och placerat ut det i klinikens kafferum. En representant för fackföreningen spridde nyheten till dem i min forskargrupp som till äventyrs inte redan visste om saken. Man är rätt ensam när kalla vindar blåser.

Sven Ove Hansson anser att endast den vetenskapliga uppfattningen om sjukdomar får uttryckas. Enligt den är varje sjukdom att likna vid ett fel på bilen. Den utgör något negativt och bör repareras snarast, om så är möjligt, och det är ju också läkarens roll. Uppfattningen som andevärlden framför är i stället att varje negativ händelse har positiva biverkningar av andlig natur, och därför kan sjukdomar ha en mening och till och med ett syfte. Denna tes kan inte studeras vetenskapligt men den uppmärksamme kan skönja konturerna av dess verkningar i sin omgivning.

En vanlig erfarenhet bland läkare är exempelvis att svår sjukdom utvecklar personligheten i en riktning som lovprisas av andliga tänkare, nämligen mot större empati med andra, större tolerans, ödmjukhet, förmåga att leva i nuet, att uppskatta vardagen och även att uppskatta små resurser. Egots sökande efter bekräftelse avtar liksom betydelsen av pengar. Sådana förändringar är ofta betydelsefulla för hela livssynen. Sjukdom kan också vitalisera konstnärligt skapande, vilket är en tanke som för övrigt omhuldades av förre rektorn för Lunds universitet, Philip Sandblom. Dessa synpunkter fördjupar synen på sjukdom genom att ge dem en mer komplex innebörd i en människas liv.

Andevärldens utsagor om att sjukdomar kan ha en mening förlöjligas dock av Hansson som, hör och häpna, tar deras publicering som intäkt för att jag är oseriös i min dagliga vetenskapliga forskargärning på universitetet.

En annan del av kritiken gäller den Helige Andes förklaring av orsaken till plötslig spädbarnsdöd, som gick ut på att det inte är något kroppsligt fel på dessa barn. Om man placerar ett spädbarn på mage i sin säng så att det fjärmas från modern, eller ensamt i barnvagnen utomhus en kall höstdag, så ökar risken för att barnet slutar andas. Anden säger att barnet då upplever sig vara ensamt och övergivet, varvid mekanismen som håller själen kvar i kroppen kan komma i olag. Jag förtydligade påståendet med att skriva att även om föräldrar och omgivning *är* kärleksfulla, så når dessa signaler inte fram om man tekniskt placerar barnet så att det fjärmas från mänsklig värme. Det har alltså intet med föräldrarnas personliga karaktärer att göra. Anden tillägger dessutom att föräldrarna inte får skuldbeläggas. Ingen är ju ansvarig för det man inte vet.

Det hjälpte inte. Sven Ove Hansson skriver att jag omotiverat skuldbelägger patienter och anhöriga och brister i vetenskapligt tänkande. I våra böcker finns dock inget vetenskapligt tänkande alls. Där finns bara andligt tänkande.

Inte nog med det. I tidningen "Universitetsläraren" skanderar Hansson, i sin iver att ge ett exempel på dåliga vetenskapsmän och fuskare, att "det finns en medicinsk professor som gör gällande att plötslig spädbarnsdöd beror på kärleksbrist". Återigen görs andevärldens ord till min personliga åsikt.

Jag anser att varje text skall bedömas efter sin utgångspunkt. En vetenskaplig text måste följa vissa regler och normer. Men man kan också publicera en historisk, juridisk, andlig eller filosofisk text. Dessa kan inte bedömas utifrån en vetenskaplig mall bara för att en vetenskapsman deltagit i processen, eller för att texten behandlar något som vissa bedriver forskning kring. Så länge utgångspunkten är tydlig borde detta vara möjligt. Sven Ove Hanssons ger också sin egen förklaring till varför jag sysslar med pseudovetenskap. Att jag sammanställt andliga böcker sägs bero på bristande kvalitetsarbete inom universitetet. Han skrivet att man måste "lyfta fram den pseudovetenskapliga universitetsverksamheten i ljuset och utsätta den för en kritisk, vetenskaplig granskning". Det är just en sådan granskning som han själv anser sig ha gjort.

Hanssons påståenden om våra böcker är dock absurda. Han gör inget ärligt försök att förstå vad som står där. Man kan inte göra den intervjuades åsikt till intervjuarens, inte tro att en så tydligt andlig bok är en vetenskaplig bok, och inte påstå att våra böcker har någonting alls med universitetet att göra. Man gynnar inte vetenskapen genom att skriva så.

Denna historia blev dock startskottet till avvecklingen av min forskargrupp. Vid den här tiden hade vi fyra större ansökningar om forskningsmedel inne för bedömning, men efter Hanssons beskyllningar fick vi inga av dem beviljade. Det finns inget så illa för en forskare som att bli anklagad för att inte vara seriös.

Jag skickade Sven Ove Hansson mina drygt 200 forsknings-publikationer som verkligen skrivits på Karolinska institutet med önskan om att få veta vari pseudovetenskapen består. Det var helt tyst, och jag förstår varför. Han saknar helt enkelt kompetens för att bedöma kvaliteten på min forskning.

Sven Ove Hansson är en framstående opinionsbildare. Han är drivande i föreningen *Vetenskap och folkbildning* som jag vill beteckna som vetenskapsextremistisk. Flera ledande namn i föreningen uppträder även som författare och förläggare av *Vetenskap eller villfarelse*. Man arrangerar möten och har en egen tidning. I notiser och artiklar tillrättavisas namngivna personer som inte betett sig tillräckligt "vetenskapligt" medan man själv anser sig stå på fast vetenskaplig mark. Texterna är dock ensidigt skrivna och fastnar ofta i en jargong som tyvärr bagatelliserar viktiga grundpelare i den vetenskapliga processen.

En sådan grundpelare är objektivitet. I föreningens texter synes det vara vanligt att man läst andras verk med en förutfattad mening. Vetenskapliga förklaringar övertolkas på ett stundom lätt desperat sätt. Ett exempel är att andliga upplevelser, såsom att själen kan lämna kroppen, förklaras som hallucinationer, epileptiska anfall eller syrebrist. Detta är luftiga hypoteser, och hur det verkligen förhåller sig vet de förstås inte. Men man vill gärna få den okritiske läsare som önskar bli "folkbildad" att tro att vetenskapen äntligen förstår vad det är frågan om. Att det finns en själ som verkligen skulle kunna lämna kroppen har man avfärdat redan från början.

Ett annat problem är att material förbises som inte stödjer de slutsatser föreningen vill föra fram. Ett exempel är att Hansson framställer medialitet som en otvetydig bluff då fuskande medier avslöjades för 50–60 år sedan. Han förbiser samtidigt väldokumenterat skickliga medier som levde under samma tid, såsom Edgar Cayce. Under de senaste åren har flera serier med duktiga medier visats på tv. Vissa enskilda program kunde ha räckt för en intressant statistisk analys av deras förmåga visavi slumpen. Men man väljer att vara blind för material som inte stödjer förutfattade åsikter, vilket är ett konstfel inom vetenskapen.

För det tredje är vetenskapliga förklaringar motiverade främst då de är så väl underbyggda att man kan tala om ett klart bevisvärde. Annars bör man uttala sig mer ödmjukt eller, vilket jag lär mina doktorander, erkänna att vetenskapen saknar en väl underbyggd förklaring. Är bevisföringen långsökt handlar det snarast om vetenskapstro, och det kan lika gärna vara fel som rätt. Men i sina skrifter skiljer *Vetenskap och folkbildning* inte mellan vetenskapstro och vetenskapliga bevis. För dem avgör arbetssättet och inte bevisvärdet. Denna brist på nyans medför att föreningen ofta framför så löst grundade resonemang att man själv skapar riktigt usel vetenskap samt det man faktiskt säger sig vilja bekämpa, nämligen pseudovetenskap.

En fjärde regel är att bete sig som en akademiker. Notiser och artiklar är ofta raljerande och stundom rejält cyniskt skrivna. Man bryter även mot publiceringsetiska regler, såsom att självmant erbjuda kritiserade personer möjlighet till genmäle i sin tidning. Jag upptäckte själv av en tillfällighet att Sven Ove Hansson skrivit en artikel om mig kallad "Spiritismprofessorn på Karolinska institutet". Enbart titeln motiverar en replik då den lurar vanligt folk. Karolinska institutet har intet med mina andliga böcker att göra och har heller ingen professur i spiritism.

Jag berättar den här historien då jag tror att synen på andligt tänkande är tidstypisk. Lärda människor förstår inte, eller vill inte förstå, vad det är frågan om. De önskar inget hellre än att troende personer skall erkänna att de innerst inne är tvivlande humanister, vilket är en slags religiositet som högaktas av vetenskapsmän. Att man kan göra en pilgrimsresa fylld med så många andliga upplever som vår färd till Assisi uppfattar de som illusioner eller skojeri. Ja, vi skall ändå berätta om den resan senare i den här boken.

Jag vill också visa att vetenskapsmän inte alls alltid syftar till att ge dig sanningen, utan lika väl kan argumentera för sin personliga tro – även om det är en vetenskapstro. Detta gör föreningen *Vetenskap och folkbildning* snarast till en tyckarsmedja och aktivistörelse.

Ett exempel är cellbiologen Dan Larhammar som skriver att hjärnan helt enkelt gör en feltolkning om man upplever att själen lämnar kroppen. "Beviset" är att samma fenomen kan uppkomma när man tar droger, såsom LSD, eller stimulerar vissa hjärncentra. Att just dessa droger eller stimuleringar skulle kunna ge upphov till att själen faktiskt lämnar kroppen finns inte ens med som en möjlighet i hans agenda. Larhammar säger även att tidigare liv-upplevelser troligtvis beror på svårigheter för hjärnan att skilja på riktiga händelser och drömmar, vilket är en ren spekulation iklädd vetenskaplig skrud.

Men det fanns en fråga som fortfarande var obesvarad. Vad får man skriva på fritiden om man är forskare och läkare? Osäkerhet hade uppstått. Jag ställde därför frågan om min forskning är pseudovetenskaplig till Vetenskapsrådet. Detta statliga organ finansierade min forskning och borde ha haft intresse av att utröna vad de gav pengar till. Etikrådet som utreder forskningsfusk ville dock inte åta sig uppgiften. Jag noterade att Dan Larhammar var medlem där. Frågan löste sig ändå smidigt för Vetenskapsrådet genom att jag inte fick fler anslag från dem.

Jag skickade också ett par frågor till Karolinska institutets etikråd. De funderade noga och svarade ett drygt halvt år senare. Mitt skrivande av andliga böcker hade inte påverkat mitt arbete på universitetet, menade de. Jag fick också berätta vem jag är i böckerna, vilket gav svar på en annan märklig del av Hanssons kritik. En bok blir heller inte vetenskaplig bara för att författaren är vetenskapsman, så länge man förklarar sin roll. Så långt tyckte etikrådet som jag. Men de ansåg också att jag är ansvarig för de missuppfattningar som kan uppkomma när människor läser våra böcker. Det lät konstigt. Jag tycker att en bok bör bedömas efter vad som faktiskt står i den.

Etikrådet diskuterade även med Sven Ove Hansson som tycks ha fått gehör för sitt missnöje med att jag utfört healing. Det gällde duvan Tekla, som vi berättar om i vår första bok, och som komplement till vanlig medicinsk behandling när Marie-Louise hade cancer. I båda fallen var det på uppmaning av den Helige Ande som säger att jag har en utmärkt healingförmåga. Här var det inte alls fråga om att erbjuda sådan behandling till allmänheten. Men det hjälpte inte – att göra så är ändå oetiskt, tyckte de. Det mest etiska hade alltså varit att inte följa andens råd och låtit bli att försöka hela duvan och min fru.

Det var också fel av mig att skriva att autism kan ha något med upplevelser från tidigare liv att göra. Jag anses framföra detta som en medicinsk slutsats trots att varje text som handlar om autism börjar med "Den Helige Ande sade" följt av semikolon, ny rad och ett talstreck där anden börjar tala.

KTH saknar etikråd. Därför skrev jag ett brev till KTH:s dekanus, Folke Snickars, och uttryckte missnöje över att en framträdande professor och ledare hos dem trakasserat mig på grund av min trosuppfattning genom att påstå att den är en del av min yrkesutövning. Hanssons kritik är illvillig och hans påståenden väsentligen falska. De framförs i en bok som används som kurslitteratur på flera universitetet i Sverige, inklusive KTH. Det tycker *jag* är oetiskt!

Jag undrade också om författarna skrivit *Vetenskap eller villfarelse* på arbetstid eftersom många av dem är anställda på KTH.

När inget svar kom på två månader skrev jag också till skolans rektor, Anders Flodström. Efter ytterligare en tid skickade dekanus och rektor ett gemensamt skriftligt svar. De hade inget alls att invända mot att boken *Vetenskap eller villfarelse* skrivits på arbetstid. De menade att KTH uppmuntrar sina anställda att kritisera andras forskning. Nja, det var ju just kritik av min forskning som Hansson aldrig vågade sig på. Man hänvisade också till sin etiska policy enligt vilken det "självklart" är förbjudet att trakassera kollegor och studenter på KTH på grund av trosuppfattning. Detta är dock redan straffbart enligt svensk lag. Av svaret tycks det vara fritt fram att för skattepengar trakassera andra medborgare på grund av deras tro.

Vetenskapligt extremistiska föreningar finns i många länder. Deras medlemmar har slutit sitt sinne för andliga dimensioner, och till det vill man fostra nästa generation. I mina kontakter med deras verksamhet kan jag skönja ett tema. De tillåter inga yttringar av icke-vetenskapligt ursprung inom områden där det är möjligt att bedriva forskning. De områdena är tabu. Nu är det visserligen omöjligt att bedriva forskning om sjukdomars mening och syfte och inte heller om spädbarn känner sig övergivna eller inte, men det förstår inte Sven Ove Hansson som själv inte är läkare. Det är ändå tillräckligt nära för att ropen om pseudovetenskap skall höjas. Det hjälper inte att man förklarar att utgångspunkten inte är vetenskaplig. Inte ens KTHs rektor förstår skillnaden.

En intressant aspekt är förstås hur den Helige Ande vill kommentera Hanssons kritik. Vi ställde den frågan först ett halvt år efter skriftväxlingen med KTH. Anden framförde:
– Vetenskapen har många nya dörrar att öppna. Den har inte monopol på sanningen.
När man kritiserar något som han gör så stänger man dörren för nytt vetande och ny utveckling. Man målar in sig i ett hörn genom att skapa strama ramar för mänskligt tänkande. Man binder egentligen ris åt sin egen rygg. Ur andligt perspektiv är man en bakåtsträvare.
Vetenskapen borde inrikta sig mer på att hjälpa männi-

skor framåt i stället för att stänga in och begränsa deras möjligheter att tänka fritt. Annars vågar ingen tänka på annat sätt än det som är vetenskapligt. Det är väldigt konservativt och inte liberalt. Det skapar blockerade människor och människor som bara styrs av sina egon till att vilja förlöjliga andra och deras idéer.

Under mina diskussioner med Karolinska institutets etikråd undslapp det en av ledamöterna att mina "åsikter om sjukdomar" även diskuterats i Socialstyrelsen. Det Marie-Louise och jag skrivit om sjukdomar är emellertid kanaliserad andlig kunskap och aldrig medicinsk faktakunskap. Även på Socialstyrelsen har man alltså problem med att förstå hur våra texter är konstruerade och vad de står för. Därför skall jag i ett kommande kapitel förklara vad som utmärker respektive åtskiljer andlig och vetenskaplig kunskap.

15

Andlig brytningstid

Aviron sade:
– Jag vill diskutera olika förhållningssätt till en värld som
är så sekulariserad. Vi står inför en brytningstid. Man kan
ju tycka att det andliga informationsflödet har pågått un-
der en längre tid, men det är ändå så att de allra flesta av
oss är rädda för att ta in den nya kunskapen. Därför blir
det vår uppgift, vi som kanaliserar, att bygga broar mellan
människor. Det är kunskapsbroar där så många som möj-
ligt får ta del av andlig visdom.

Det är svårt att veta hur man skall förhålla sig till män-
niskor som upplevs som avstängda inför denna nya tid.
Andevärlden vill ge några råd och tips om hur man tänka
och hur man kan förvissa sig om att det man gör är rätt
och riktigt.

Andlig visdom, andlig kommunikation, om den kom-
mer från rena kanaler, är *beskyddad*. Det betyder att det
inte är lika lätt att attackera eller förringa dess värde. För
hur det än är så kan även riktiga skeptiker känna igen sig
i delar av budskapen. Problemet är bara att de inte nås av
den här typen av böcker.

Så ett första steg är att förvissa sig själv om att denna
kunskap har ett evigt värde, och att den är lika aktuell i
dag som för 2000 år sedan. Vi formulerar den bara an-
norlunda. Det heliga värdet består i att kunskapen samti-
digt innebär ett beskydd för dem som *tar del* av den. För
alla vi människor har ju en själ, och oavsett hur blockera-
de vi är tankemässigt så behöver vår själ kunskap och
igenkännande för att orka leva på denna jord.

Kunskapen träffar rätt om vi kan vi se bortom människans intellektuella blockeringar och styra den direkt till själen och själens medvetande. Det betyder att man själv, som förmedlare av dessa sanningar, inte på förhand får antaga vilka som är blockerade eller inte. Det kan man inte veta med säkerhet. Det är bättre att anta att själen hos varje människa man möter har samma behov av kunskap som alla andra.

Så låt er inte hejdas av att tro att vissa personer är helt avstängda från att ta in denna typ av information! Om ni själva blockerar er i tanken så försvårar ni för processen att leda denna kunskap vidare. Låt oss i stället mer förutsättningslöst tala om andliga sanningar, och låt oss med bestämdhet få säga att alla själar har behov av andlig upplysning.

Det vi ofta möter som en blockering är djupgående rädslor för religion. Mycket ont har framförts i religionens namn. Många makthavare har använt detta verktyg i felaktigt syfte för att styra och manipulera människor. De som är rädda kan ha omedvetna minnen från tidigare inkarnationer som skapat blockeringar och rädslor. Dessa personer är kanske de som allra mest tar avstånd från andligt tänkande. Därför är det viktigt att i alla sammanhang framhålla att denna kanaliserade kunskap är till för att hjälpa oss att på bästa sätt leva våra liv.

Andliga sanningar kan inspirera människor till nytänkande och eget sökande efter vägar till fysiskt och psykiskt välbefinnande. Tänk så när ni vill delge andra den kunskap som ni själva har fått! Tänk att ni vill så frön men inte ge en färdig världsbild. Om människor förstår att de själva har kontrollen över sina liv så kan man förhindra att rädslor skapar hinder för denna kunskap.

Innan vi går ner på jorden talar andliga mästare och guider med oss upprepade gånger och ger oss råd och ledning inför vår kommande jordefärd. Syftet är att vi skall få verktyg att skapa bättre förutsättningar för oss själva och andra. Men det innebär *inte* att vi under vår jordevandring är helt styrda från andevärlden. Vi har den egna fria viljan och vi är fria i att bestämma över oss själva och att gå i vilken riktning vi än väljer. När ni talar till människor om det som ni själva fått information om så kan ni inte veta hur andras reaktioner kommer att bli. Men om ni fokuserar mycket på den fria viljan, och att varje liv skapas av själens drivkraft och själens behov av utveckling, så kan det inte bli fel.

16

Vishetens tredje pelare: Karma

Aviron sade:
– Kosmos styrs av en lagbundenhet. Det betyder, att det finns ett kosmiskt system som består av rätt, sanning, visdom och kärlek. Det hjälper människorna att komma vidare i sin andliga utveckling. När vi talar om karma så avser vi människans inordnande i detta system.

Det finns ingen motsättning mellan den fria viljan och karma, som kan liknas vid ett hjul som ständigt behöver näring i form av kärlek och visdom för att fortsätta rulla. Ytterst styrs hjulet av kärlek – all lagbundenhet i kosmos styrs av kärlek.

När vi är i himlen, mellan våra inkarnationer, är vi medvetna om denna lagbundenhet. Då är vi också tacksamma för att den finns. Den beskyddar oss, den leder oss framåt, och den gör vår väg mer rak. Utan denna lagbundenhet skulle kaos råda. Tryggheten skulle försvinna och själar kastas ut i ovisshet om sin framtid.

På samma sätt som lagar och förordningar på jorden skapar grunden för en rättsstat och en demokrati så skapar lagbundenheten ordning i universum. Karma är en del av denna lagbundenhet. Det betyder, att varje själ tar personligt ansvar för alla sina handlingar i alla jordeliv. Ju snabbare en själ kommer till insikt om denna ordning i kosmos desto snabbare kan en personlig utveckling ske.

Om vi accepterar karmalagen och dess följder så görs vi snabbare till medvetna människor. För att enklast beskriva karma så kan man säga att varje själ har en helig, himmelsk bok kallad "Den gyllene boken". Där finns alla handlingar, positiva och negativa, nedtecknade. Nyckeln till denna bok har du själv. Det betyder, att ju mer medveten du blir som själ desto lättare får du tillgång till denna bok, och desto lättare kommer insikterna till dig om vad som är rätt och fel.

Denna bok är ingen domedagsbok utan skrivs i kärlek till dig som själ. Du skall kunna göra erfarenheter som leder dig framåt. Allt vi gör, positivt som negativt, vägs mot varandra i en vågskål. Det betyder, att om en människa gör många kärleksfulla handlingar så kan det förminska effekten av de negativa. Detta låter enkelt, men är i själva verket ganska komplicerat. Det är därför vi ibland råkar ut för negativa händelser när vi tycker att vi är så goda. Den komplicerande faktorn består av att boken innefattar alla våra gärningar i alla våra liv, och när vi lever våra jordeliv så är det ju inte självklart att vi har hela den sammanfattande bilden av oss själva.

I slutfasen av våra inkarnationer på jorden så har vi ett viktigt uppdrag. Uppdraget består i att rensa *all* negativ karma från alla tidigare liv. Vi kan alltså inte sluta vår inkarnationskedja utan att all negativ karma är rensad. Därför förstår man att själar som hunnit långt i sin andliga utveckling också kan utsättas för svårigheter och sorg.

När vi är i våra inkarnerade kroppar kan vi aldrig begäras att förstå detta orsakssamband fullt ut. När vi inte klart kan se våra tidigare inkarnationer så kan vi heller inte dra slutsatser om konsekvenser av vårt handlande. Det finns ett talesätt, att "ju mer man närmar sig ljuset desto större blir utmaningen". Därför ber vi er att inte uppfatta negativa händelser som skadliga eller hämmande för er. De är i själva verket en rejäl skjuts framåt på väg mot klarsyn och insikt. Se dem inte som ett straff som syftar till att skuldbelägga er eller hålla er tillbaka utan som något som rensar er från det förflutnas bojor.

– Vårt liv kan påverkas av dålig karma men också av att vi inte funnit vår livsväg. Vad är det för skillnad?

– En intressant fråga. De går delvis in i varandra. Dålig karma är en tung ryggsäck att bära. Den kan göra det svårare att hitta din livsväg och att du upplever livet som tungt och motigt.

Man kan bli kraftfullt styrd om man bär på negativ karma och själv inte valt rätt i förhållande till sin livsväg. Traumatiska och dramatiska händelser gör att man ändrar kurs, vilket kan uppfattas som att "ödet griper in".

Utan negativ karma så styrs man mot sin livsväg genom mer diskreta händelser som sker under längre tid.

Som vi just berättat kan svårigheter du möter också bero på att du just nu rensar karma från många liv. Då är du inne i en viktig fas i din vandring mot ljuset.

– **Skrivs det i boken även när man är i himlen?**

– Mellan inkarnationerna arbetar man med att komma till insikt om vad man gjort. Det skrivs upp i Den gyllene boken. Som medförfattare till sin egen bok bestämmer man själv vilka insikter som behöver göras i nästa liv.

Den vetskapen kan underlätta för oss. Vi har själva bestämt, i samråd med höga andliga guider, vad vi skall få för utmaningar i nästa liv. Ett problem är ju bara att vi glömmer dem när vi är i vår fysiska kropp. Vi kan tycka att livet är hopplöst och orättvist för vi kommer inte ihåg vår egen livsplan.

Om vi *inte* hade en livsplan, en drivkraft och en önskan att utveckla oss själva till ett högre medvetande så skulle motivationen att gå ner på jorden vara mycket låg. De allra flesta själar skulle stanna kvar i himlen.

Aviron fortsatte med att kortfattat berätta om vilka handlingar som skapar mest positiv respektive mest negativ karma.

– Vissa handlingar är mer effektiva än andra i att sudda ut negativ karma. Det väger allra tyngst att hjälpa någon med fara för sitt eget liv. Att sälja allt man äger för att ge till de fattiga väger också tungt i vågskålen. Det skapas mer positiv karma ju mer man utför en handling i den kravlösa kärlekens namn och ju mer man kopplar bort den egna bekvämligheten, självbevarelsedriften och sina världsliga begär.

Det som ger sämst karma är medveten planering av massmord. Jag menar inte dödande som man kanske dras in i av en tillfällighet, eller en våldshandling i desperation eller panik. Terrorister som medvetet gör upp planer på att skada andra ligger illa till. Likaså de som planerar folkmord och etnisk rensning.

– **Vad säger du om bombningarna av Irak?**

– De bedöms på en annan skala. Bush trodde på fullt allvar att han skulle skapa en säkrare värld. Han drevs inte av en önskan att ta livet av människor utan av drömmen om en bättre värld.

– **Gör inte terroristerna det?**

– Oklart. De drivs av kortsiktiga mål. Ren ondska och hämndbegär finns med, men de drivs också av en vilja att rubba den rådande världsordningen, skada demokratins grundvalar och att skapa kaos.

– **Hur är det att med krigets hjälp befria ett land som förtrycks?**

– Den nya tiden ställer oss inför svåra val. Ett svar på din fråga är att undvika krig till varje pris. Om ett land lever under förtryck så är vår uppgift att till 100 procent försöka hjälpa detta land med hjälp av diplomati och att förhandlingsvägen skapa frihet från förtryck. Det är en av våra allra viktigaste uppgifter just nu. Det är inte lätt och tar oftast längre tid, men det tålamodet måste vi ge oss själva. Om vi startar krig kommer konsekvenserna av kriget att ta ännu längre tid att läka.

17

Vetenskaplig och andlig kunskap

Vetenskaplig kunskap skapas genom en intellektuell och rationell process. Forskaren formulerar en tanke eller idé om hur verkligheten ser ut. Den kallas *hypotes*. Därefter används olika metoder för att samla information som antingen styrker hypotesen eller säger att den är felaktig. Metoderna följer tidigare kända principer, och resultatet är *kunskap*.

Men en viktig bit kvarstår. Forskaren måste tolka resultatet med hjälp av vetenskaplig logik och göra en *slutsats*. Om slutsatsen stämmer med vår världsbild kan den jämställas med andra vetenskapliga fakta. Om slutsatsen däremot inte stämmer med världsbilden brukar den snabbt glömmas bort.

Att vara *andlig* betecknar ett sinnestillstånd och en attityd till omvärlden som gynnar personlig utveckling. Andlighet bygger på känsla och förutsätter snarast att man stänger av sitt intellekt. Då öppnas sinnet för inre signaler. Att fånga upp dem kräver träning och tålamod. Flyktiga tankar som stör sinnet får passera förbi, och i tomheten gör sig en tidigare okänd värld påmind. Alla människor kan lyssna till sina inre signaler, men vissa får även in signaler från dimensioner utanför sig själva (*medialitet*). Information som uppstått genom seriöst inre lyssnande är *andlig kunskap*.

Syftet är att varje människa skall utsätta sådan kunskap för en egen inre prövning. Om vi instinktivt känner att den stämmer med vårt hjärtas mening så kan vi acceptera kunskapen som en del av vår *trosuppfattning*. Bibeln, Koranen, Talmud och många andra skrifter innehåller alltså andlig kunskap, men det är först när vi solidariserar oss med den som en trosuppfattning uppstår.

Detta bör inte ske genom uppfostran eller tvång.

En framgångsrik inre prövning innebär att vi *känner igen* den andliga kunskapen. Igenkännandets glädje och känslan av att vi nått en djupare sanning är tecken på att den härrör från en gudomlig källa. På så vis blottläggs varje individs egen själsliga sanning och vishet. Belöningen kan bli stor. Livets dimensioner fördjupas på ett spännande sätt, och i den processen lär man känna sig själv.

Uttrycken "skapa vetenskap" och "blottlägga andlig kunskap" är valda med omsorg. Vetenskap skapas genom det sätt på vilket forskare formulerar sin hypotes, bestämmer hur de genomför sina studier och vilka slutsatser de drar. En annan forskare kan komma till andra slutsatser, vilket kanske förklaras av ett annat val av metoder, storleken på studien, eller på forskarens tolkning. Motstridiga resultat är vanliga, särskilt inom medicinsk forskning. Den som försöker få en överblick av ett ämnesområde kan ibland tvingas räkna hur många studier som pekar i en riktning och hur många som säger tvärtom. Den tolkning som styrks av flest studier brukar anses vara mest korrekt just då. Idealet är samstämmighet, men det uppnås sällan. Objektivitet och stor integritet krävs för att man på ett meningsfullt sätt skall kunna värdera andras forskning.

Andlig kunskap skapas inte utan har en evig karaktär. Det krävs dock ett arbete för att göra den synbar, på samma sätt som en arkeologisk utgrävning är arbetskrävande. Andlig kunskap behöver också formuleras på olika sätt beroende på vilket samhälle man lever i. Värderingar och symbolism i gamla berättelser kan ha förlorats genom historien, vilket ger felaktiga referensramar. Människan är i dag även mogen för att få fler detaljer än förr. Därför behöver andliga texter förnyas.

Vetenskaplig och andlig kunskap skiljer sig alltså åt med avseende på syfte, ursprung, metodologi, karaktär och implikationer. Så vitt skilda former av kunskapsbildning måste bedömas efter sina respektive meriter och i sitt eget sammanhang. Att blanda ihop dem kan få absurda konsekvenser. Så kan ske på grund av bristande kunskap men också av illvillighet, inspirerat av ideologiska motiv. Det finns en anti-andlighet i dagens svenska samhälle som man måste konfronteras med. Vi kan inte låtsas som att den inte finns.

Det finns stötestenar som gör att vetenskapsmän har svårt att acceptera andlig kunskapsbildning. En vanlig uppfattning är att inre kunskap kan liknas vid åsikter eller fantasi, så samma sätt som drömmar ibland är en lek för sinnet. Andliga tänkare anser dock att våra inre signaler är stabilare än så. Människan bär på erfarenheter från både detta och tidigare liv. Arketypiska minnen från tiden mellan liven är mer enhetliga vilket medför att gemensamma teman kan skönjas. Alla större religioner har exempelvis förstått att människan har en själ som fortlever i en annan dimension efter vår fysiska död. Den tron är spridd över hela jorden.

En annan anmärkning är att andlig kunskap bör bevisas med hjälp av vetenskapliga metoder. Om vi skall tvinga in andliga teser i den vetenskapliga fållan så blir de hypoteser. Men där hör de inte hemma. Deras giltighet låter sig sällan studeras med standardiserade metoder. Omvänt så finns inga hypoteser i den andliga sfären. Vandringen på den gudomliga vägen börjar i stället med ett sinne fritt från idéer och tankar. Man kan visserligen få en skjuts framåt genom att inspireras av andras erfarenheter. Men det står var och en fritt att välja.

De stora andliga frågorna – vem jag egentligen är, varifrån jag kommer och vart jag är på väg – kan bara besvaras med andliga synsätt. Här ger vetenskapen tyvärr endast begränsad vägledning. Jag har visserligen många gånger upplevt andliga *fenomen* som borde kunna påvisas med hjälp av vetenskap. Men andevärlden ger oss ingen hjälp med det. De säger att sådant arbete inte gör människorna mer andliga, utan endast skänker forskarna nya saker att undersöka och "leka med". Det finns också en tveksamhet inför att släppa fram nya fenomen i ljuset. Att vidga perspektiven kan nämligen vara skrämmande. Andlig utveckling är en resa som alla inte är mogna för. Skeptikerna och de som är rädda bör hellre vänta.

Det finns också orsaker till att andliga tänkare har svårt för vetenskapsmän. En vanlig åsikt är att de är begränsade i tänkande och synsätt. Många uppfattas som enkelspåriga och inåtvända. En förklaring kan vara att det krävs stora personliga uppoffringar för att etablera sig som vetenskapsman. Den som faller av från den erkända vägen förlorar snabbt i prestige, blir utstött och försvinner från hierarkierna. En helt ny aspekt måste nu läggas till detta, och det är att forskare kanske inte ens känner till vad andlig kunskap är — trots att den funnits i alla tider.

Andra klagomål är att vetenskapsmän saknar ödmjukhet och gärna vill förklara även sådant de absolut inte begriper med vetenskapliga termer. De jämställer därmed vetenskap med vetenskapstro och blygs inte heller för att rida på vetenskapens goda anseende när man hävdar sin egen trosuppfattnings överlägsenhet.

Intellekt och känsla är varandras motpoler. Känslomässiga upplevelser förbleknar lätt när man slår på intellektet, som också kan tjäna som försvar mot jobbiga känslor. När vi lever i intellektet fördunklas våra själsliga signaler så att de blir svåra eller omöjliga att uppfatta. Skepticism är ett exempel på en intellektuell process, och det är väldigt svårt för ett medium att "tona in" en person som är skeptisk. Marie-Louise beskriver det som att möta en tjock mur. Det behövs en öppenhet i sinnet för att kunna nås av andevärldens signaler och för att framgångsrikt kunna tränga in i djupare andliga resonemang. Denna förutsättning har vetenskapsmän svårt att förstå, trots att saken egentligen inte är konstigare än att den som är ointresserad av matematik får svårt att lära sig räkna.

Det finns områden där vetenskaplig och andlig kunskap kolliderar. Ett sådant är de historiska uppgifter som finns i Bibeln. Vilda spekulationer förekommer om vad som egentligen skedde för länge sedan. När Marie-Louise tonar in den frågan så erkänner den Helige Ande att mycket som står i Bibeln är felaktigt. På frågan om vad som är mest riktigt så får vi svaret att det är "Jesu lidandes historia". Jag tolkar svaret som att det gäller Jesu liv från och med framträdandet som helig man i vuxen ålder. Men, säger anden, det är inte *er* uppgift att rätta Bibeln! Det är ändå en bok som innehåller mycket andlig kunskap.

En annan kollision kan uppstå om andevärlden talar om världsliga saker. Vi anser att det finns skäl att lyssna på vad som sägs, även om man förstås måste vara medveten om textens ursprung. Jag skall ta några exempel.

År 1997 genomförde Marie-Louise och jag en seans där den Helige Ande förutspådde en klimatförändring i världen beroende på växthuseffekten. Man talade om översvämningar och andra naturkatastrofer. Seansen står att läsa i vår andra bok. För tio år sedan var dessa oroande tankar nya för oss, men samma farhågor uttrycks allt oftare av forskare i dag. Med tiden kommer troligtvis allt fler vetenskapsmän att inse att denna klimatförändring är en realitet.

Samma bok framförde tanken att FN måste göras om och stärkas för att kunna uppfylla sin fredsbevarande roll. Den frågan har gradvis blivit mer aktuell alltsedan vår andra bok gavs ut. Anden berättar också *hur* FN bör förändras.

I boken *Den rena källan* kritiserar anden det andra kriget i Irak och framhåller att det startades mer av rädsla än av nödvändighet. För att bäst lösa problemen i Irak borde man ha gjort på ett helt annat sätt. Nu har fyra år förflutit sedan dessa seanser. De flesta krigsentusiaster har tystnat. Irak står på randen till inbördeskrig och över en halv miljon människor har dödats. Vi tror att många skulle vilja skruva tillbaka klockan och åtminstone lyssna till andens alternativa lösning.

Man kan mycket väl låna sitt öra till andevärldens syn på sjukdomar såsom den framförs i *Klara svar från andevärlden*. De kan med tiden visa sig vara helt korrekta. Tio år efter den boken har forskningen kring kroppsliga orsaker till plötslig spädbarnsdöd till stora delar ersatts av ett sökande efter riskfaktorer. Det arbetet har varit framgångsrikt. Om man lägger barn på rygg i stället för på mage minskar risken för plötslig spädbarnsdöd med 90 procent. Anden sa att små barn känner sig övergivna om de ligger på mage, vilket ökar risken för att de dör. Att röka eller att klä in barnet i varma filtar och lägga det ensamt i en vagn utomhus en kall höstdag är andra riskfyllda situationer. Plötslig spädbarnsdöd uppkommer aldrig i mammas famn utan när barnen lämnas ensamma i vissa specifika situationer. Ser vi ett mönster?

Så småningom hoppas vi att även forskarna gör det.

Forskning kring kroppsliga förklaringar förekommer fortfarande, men pekar i alla möjliga riktningar. För några år sedan lanserade forskare från Uppsala att plötslig spädbarnsdöd orsakas av salter i dricksvattnet. En annan teori är att serotonin-halten är för låg i barnens hjärna. Hos vuxna sjunker denna halt vid depression. Samma sänkning kan troligtvis uppkomma hos små barn som känner sig övergivna. Det är sedan länge känt att spädbarn som på stora barnhem inte får personlig kontakt med en vuxen kan bli deprimerade och dö. Inom psykologin betraktas därför barnets tidiga anknytning till modern som ett livsnödvändigt behov.

Vid tolkningen av detta så halkar man lätt in i en resonemangsfälla om vad som är "orsak". Om vi placerar en vuxen människa på en öde ö utan mat så dör han efter ett par månader. Kroppsliga förändringar utvecklas till följd svält och kanske depression. Den biologiskt troende skulle säga att de kroppsliga förändringarna var dödsorsaken. Andevärlden skulle i stället säga att orsaken var att han sattes på en öde ö. Dessa förklaringar kan synas olika, men ingen behöver vara fel. Skillnaden mellan dem är att *den som har hela bilden klar för sig kan ge en mer övergripande förklaring.*

Vi tror att mycket lidande skulle kunna förhindras om forskarna visar ett mer öppet sinne och större nyfikenhet för vad andevärlden kan hjälpa oss med. Jag tänker även på andens påstående om att forskningen kring schizofreni är "inne på fel spår". Vad är då rätt spår? Ja, det kan vi säkert få fram under våra seanser, förutsatt att någon vore intresserad av att pröva den vägen och inte anklagar oss för forskningsfusk.

Dessa blockeringar är tydliga i den vetenskapsextremistiska rörelsen. De vill ju att enbart den nu gällande vetenskapssynen skall få uttryckas, hur klent bevisad den än är. Allt annat anses det vara klandervärt, även när det gäller andliga texter. Samma personer brukar märkligt nog anse det vara självklart att olika trosuppfattningar skall respekteras, men det förklaras av att den officiella kulturen är sådan på universitet och högskolor där många organiserade vetenskapstroende är verksamma. De är bara ett par tusen i antal med deras inflytande är stort.

Raden av märkliga påståenden från dem är mycket lång. Sven Ove Hansson tycker att jag inte skall ha rätt att ange min identitet som läkare och forskare i våra andliga böcker. Det anses skapa "falsk legitimitet" åt pseudovetenskap. Han förstår inte läsarens intresse av att få veta vem författaren är, vilket brukar vara stort när det gäller självupplevda berättelser. Hans enda intresse är att, på sitt eget sätt, vårda vetenskapens rykte.

Min bakgrund *har* dessutom ett värde, men det ligger *inte* i att våra andliga texter automatiskt förvandlas till vetenskap. Värdet ligger i att jag är tränad i att observera och beskriva det jag är med om. Allt i våra böcker är självupplevt. Vi har inte hittat på något och heller inte censurerat något som andevärlden framfört. Det är viktigt för oss. Däremot lämnar vi ibland kommenterar om vi tycker det behövs. Till sist är det självklart så att Marie-Louises kommunikationer med andevärlden har förändrat vår trosuppfattning. Men i böckerna fungerar vi främst som förmedlare av andliga visdomar.

Det största problemet med den vetenskapsextremistiska rörelsen är att den själv inte tycks förstå hur ideologiskt färgad och hopplöst subjektiv den är. Jag hörde Dan Larhammar tala om komplementär (alternativ) medicin på Svenska Läkaresällskapet i slutet av oktober 2006. En stor del av föredraget lovprisade föreningen *Vetenskap och folkbildnings* kamp mot pseudovetenskapen, och till den räknades bland annat homeopati, akupunktur, healing och kristallterapi.

Ämnesområdet framställdes som helt svart och hopplöst. Larhammar kritiserade som väntat de alternativa metoderna för att de inte tillräckligt stöds av forskningsresultat. Samtidigt menade han att man inte alls *bör* bedriva forskning kring flera av metoderna då de är så "absurda". Som exempel på en absurd idé förde han fram homeopatins princip att "lika botar lika". Att man kan ge något för att bota samma sak är orimligt, menade Larhammar. Nu används visserligen den principen redan inom skolmedicinen, vid hyposensibilisering mot allergi, men det vet knappast Larhammar, som själv inte är läkare. Vaccinationer bygger också på en liknande, om än ej identisk, princip. Där ger man låga doser av det smittämne som man vill att patienten inte skall bli sjuk av i syfte att initiera en immunreaktion.

I andra sammanhang har Larhammar erkänt att en systematisk genomgång av 89 forskningsrapporter om homeopati som publicerades i den prestigefyllda tidskriften *The Lancet* (1997; 350; 834–843) visade att sådan behandling faktiskt *har* effekt. Men han är snabb med att förklena budskapet genom att hänvisa till andra tolkningar och "motstudier" som alltid dyker upp när någon kontroversiell medicinsk nyhet publiceras. Denna diskussion låtsades han inte alls om under sitt föredrag på Läkaresällskapet. Då var homeopati bara absurt.

Akupunktur har använts för att lindra smärtor på svenska sjukhus i 20 år. Metoden har ett vetenskapligt underlag men räknas märkligt nog fortfarande till de "alternativa metoderna". Här gjorde Larhammar något som är typiskt för en person med en förutfattad mening. Han höjde kraven på bevis. Effekten borde vara *större* för att metoden skall få användas, ansåg han.

Som jag tidigare sagt så måste vetenskapliga värderingar vara objektiva. Görs de av personer med en förutfattad mening så har de inget värde alls. Särskilt snedvridet riskerar bedömningen att bli om författaren sedan många år förfäktar en vetenskapssyn som har starka ideologiska inslag. Jag vet själv efter många år som fackgranskare åt flera internationella tidskrifter hur lätt det är att avfärda nya rön. Den som varit med ett tag har lärt sig hur man gör för att strö salt i resonemang och underkänna bevis. Man kan vända på det mesta och ständigt kräva nya, starkare bevis för att slippa ändra på en eventuellt förutfattad mening.

Vetenskapsmän måste ständigt arbeta för att vidmakthålla sin objektivitet. Det finns fler möjligheter till subjektivism än allmänheten förstår. Men när man målat in sig i ett hörn såsom den vetenskapsextremistiska rörelsen gjort så förblir man tyvärr ohjälpligt subjektiv. Den person som byggt upp ett ego kring att alternativ medicin är strunt och att andlighet bygger på missuppfattningar i hjärnan kommer ensidigt att söka stöd för sina ståndpunkter. Då ser man det man vill se. Att tro något annat måste bero på bristande inblick i mänsklig psykologi.

Under december 2006 tillsatte föreningen *Vetenskap och folkbildning* en kommitté för att granska medier, som man tyckte fick framträda alltför ofta i tv. Användningen av orden "kommitté" och "granskning" ger intrycket av objektivitet och allsidighet. Men kommittén visade sig tyvärr bestå av tre välkända vetenskapsextremister från föreningens egen styrelse. Självklart kommer denna grupp inte att finna några som helst bevis för att medier kan ha övernaturliga förmågor. Det vill man ju inte heller, då föreningens fundament bygger på att medialitet är humbug. Syftet är i stället att få allmänheten att tro att en objektiv utvärdering genomförs. Så luras vetenskapsmän.

Vid samma tid blev problemen med tester av medier tydliga i en engelsk tv-serie. Jag räknade statistik på mediernas skicklighet i det första programmet. I samtliga tester var de bättre än det vetenskaplig accepterade måttet för att utesluta slumpen, som är 1 på 20. Det *är* ett bevis. Men vetenskapsmän sa i samma program att detta inte alls utgjorde bevis, eller att de helt enkelt inte *trodde* på att medierna hade speciella förmågor. Det visar att förutfattade meningar, mentala blockeringar och ego avgör tolkningen av sådana test. Endast personer med forskningsbakgrund som saknar eget intresse av utfallet kan dra korrekta slutsatser.

Aviron kommenterade:

– Att få sin personlighet och sin egen historia blottlagd är det bästa sättet att bli övertygad om ett mediums förmåga. Tester kan alltid motbevisas, men att berätta om en person, det går inte att motbevisa på samma sätt. Döda ting är svårare att tona in än levande personer med en själslig utstrålning, och av dem är blockerade personer svårare än dem som är öppna till sinnet.

18

Vishetens fjärde pelare: Arbete

Aviron berättade:

– När vi inkarnerar på jorden har vi alla en plan, en karta, med oss. Det är en andlig karta, en andlig visdomskarta. Den finns i vårt bagage, men vi är inte medvetna om den. Där finns olika möjliga vägar utvisade. Visserligen har vi en röd tråd, men vägen dit är inte spikrak. Det finns olika vägar att nå målet, och de vägarna finns med på vår karta.

Det är vi själva, tillsammans med andliga guider, som har varit med om att konstruera denna vägvisare innan vi gick ner på jorden. Vissa kartor är mer komplicerade än andra, mycket beroende på vilken utvecklingsväg vi själva har valt. Därför går det inte att jämföra kartorna inbördes. De är unika för varje person. Men *arbete* finns alltid med på denna karta.

Arbete kan definieras på många sätt. Den första är vad vi gör för att skaffa oss en inkomst, eller för att tjäna vårt uppehälle. Den andra definitionen är arbetet vi utför inom oss själva som ett led i vår personliga utveckling. Den tredje är det sociala arbete vi gör för att skapa kärleksfulla relationer runt omkring oss.

Vi arbetar alla för att skapa oss en plattform, en identitet. Om vi kan få denna plattform tidigt i livet så stärks vår självkänsla. Då har vi lättare att se till våra egna behov och vad vår själ behöver i processen att identifiera "Vem är jag? Var står jag?".

Om man av olika skäl har svårt att finna en plattform så tar det ju längre tid att identifiera vem man är, och likaså vad ens själ behöver för att utvecklas på bästa sätt. Arbe-

99

tet är alltså en del i en *identifikationsprocess*.

När man förstår att det arbete vi utför i den fysiska världen bör gå hand i hand med våra inre själsliga behov så kan arbetet bli en källa till positivitet och glädje. Det kan då även stimulera inre drivkraft och skaparförmåga. Men om vi ser arbete som något utanför oss själva, och som man bara tjänar pengar på, så släcks så småningom vår entusiasm.

Arbete är en del av ett *helhetstänkande*. Man kan likna det vid en del av en kostcirkel. Arbete är en ingrediens som ger oss näring på samma sätt som mat gör. Den symbolbilden visar att arbetet också måste tillföra oss näring för att vi skall må bra. Om vårt jobb bara innehåller socker och tomma kalorier så blir vi så småningom sjuka.

De tankar vi har kring arbetet påverkar oss positivt eller negativt. Om man uppfyller sitt arbete med glädje så smittar det också av sig på arbetskamraterna. De får en del av denna glädje, som alltid har en väldig förmåga att dupliceras i det oändliga. *Gud vill att vi skall vara glada*. Att hitta tillbaka till den sanna glädjen, alltså tillbaka till den glädje vi kände i andevärlden, är en viktig uppgift.

Om vi tänker väldigt negativt är det en signal till oss att verkligen hitta något annat. Vi bör då försöka välja något som ger mer näring. Det är inte bra att år efter år stanna kvar i en arbetssituation som tär på oss och som gör att vi finner livet meningslöst.

Alla kan ju inte ha ett stimulerande och engagerande arbete, även om vi så skulle önska. När man är ung och skall hitta sin väg så är det naturligt att man hamnar i arbeten som känns fullständigt meningslösa. Just den känslan är då en fingervisning, en kunskap, som vi bör ta med oss i sökandet efter vår riktiga plattform. När vi känner att vi hittat vår arbetsväg så har vi stora möjligheter att inte bara hela och läka oss själva, utan att också hjälpa andra att hitta sin rätta väg. Det kan ta tid att finna ett arbete som ger näring och stimulans, på samma sätt som att barn äter mycket godis under uppväxten innan de lär sig att näringsriktig kost är viktigare för dem.

Om vi har fastnat i ett arbete där vi inte har några möjligheter att förändra vår situation så kan vi få hjälp av att ändra vårt *tänkande* kring arbetssituationen. Det gäller det att ändå försöka skapa en positiv syn på det vi håller på med. När vi har gjort allt vad vi kunnat för att skapa en förändring, men ändå inte lyckats, så bör vi försöka ändra vår mentala inställning till arbetet.

Ett sätt är att skapa *positiva affirmationer*. Även om man själv på ett personligt plan inte får ut något av arbetet så tänker man på sin roll i samhället och försöker medvetet att förstärka den. Andra får ut något av det man gör. Att se en större helhet och att tillföra andra något positivt är värdefullt också för en själv. På så sätt åsidosätts de egna behoven till förmån för andras, och man känner att man gör "nytta". Den känslan är viktig för att hitta en meningsfull drivkraft i arbetet. Den positiva affirmationen fokuseras alltså på *andra* människors upplevelse av det man själv gör.

Ett annat sätt är att försöka hitta och förstora upp det som uppfyller en med glädje i jobbet i stället för att stirra sig blind på det som man tycker är trist. Om man exempelvis har ett monotont arbete men ett bra *kamratskap* så bör man tankemässigt lyfta upp det ännu mer.

Om du försökt att analysera din arbetssituation, men misslyckats med att skapa positiva affirmationer, så är rådet att ta dig därifrån. Du bör använda alla dina resurser och all din kraft till att ta dig bort. Om du inte kan finna något i arbetet som ger glädje så är risken annars stor för att du bli deprimerad eller utbränd.

Ytterligare en typ av positiv affirmation får dock inte glömmas bort. Vid sidan av att fokusera på nyttan av sitt arbete och att leta fram och förstärka positiva saker så är det viktigt att ha en *meningsfull fritid*. Om det inte är möjligt att förändra arbetssituationen så bör man göra fritiden mer behaglig. Den näring man inte fått på sitt jobb måste man nu få på fritiden. Det förutsätter att man har förmåga att klippa av banden med jobbet *helt*. Detta är särskilt viktigt för dem som av olika skäl inte *kan* byta jobb.

Vad är då meningsfull fritid? Jo, det innebär aktiviteter som ger själslig näring. Många finner glädje i *kreativitet och skapande*. Det man inte kan skapa i sitt arbete får skapas på fritiden. Man kan fråga sig: vad är det som verkligen glädjer mig? Om det är att baka kakor eller att arbeta med färger så gör det! Om man inte orkar äta upp alla kakor så kan man ge bort dem – det fyller en med ännu mer glädje. Ofta är det så att det som fyller *dig* med glädje också fyller *andra* med glädje.

Att *meditera* är ett sätt att undersöka vad vår själ behöver. I meditation kan vi lära oss att känna oss nöjda och tillfreds med oss själva, oavsett hur vår arbetssituation ser ut. Att *känna sig tillfreds med sig själv* är en utgångspunkt för att hitta tillbaka till den sanna glädjen och lyckan. Man kan exempelvis finna glädje i att meditera i en stark ljusstråle, och att affirmera att denna ljusstråle ger en tillbaka all den positivitet och kraft som man tycker går förlorat i ens arbete.

Glädje och lycka hör ihop. Att hitta glädje och lycka har en enorm potential i det egna utvecklingsarbetet. Det innebär också ett beskydd för den personen. Beskyddet gör att man inte lika lätt blir sjuk. Hemligheten med det är att *glädjen fyller oss med en positiv utstrålning som fyller vår aura med kraft*.

En del människor kan uppleva skuld- och strafftänkande om de är *för* lyckliga, för de tror att det då kommer ett straff. Men det är världsliga tankar och inget som himlen säger. Det är arketypiska tankar som skapats av människors rädslor.

– Vad avgör om man blir en bra chef och ledare?
– Det är avgörande hur man hanterar känslor och hur mycket man låter egot styra i positiv eller negativ riktning. Ett stort ego gör en sårbar, och en sårbar ledare är far-

lig för sig själv och andra. Ledaren kan då styra med järnhand för att skydda sig själv. Att släppa egot är alltså viktigt för en bra ledare.

Om ledaren utvecklar sin empati så sprids det till andra. Då kan mobbning på arbetsplatsen förhindras. Ledarens möjligheter till att hjälpa och stötta sina medarbetare ökar också.

När vi vågar blotta rädslor och ser varandras likheter uppstår en befriande känsla. Då minskar rädslan för varandra, som annars kan driva upp maktkamper.

Människor vill bli sedda som själar. Om så sker minskar deras misstro mot varandra och blockeringar får mindre kraft.

Om själsliga behov inte får utlopp så blir arbetsklimatet hårdare och dessutom uppkommer risk för utbrändhet och depression.

Ju mer isolerad man är i ledarskapet desto större är risken för dålig stämning.

Det är också bra att ledaren arbetar med att öka sin självkännedom, vågar göra fel, vågar stå tillbaka för andras åsikter och vågar få debatt.

Utvecklingen i världen går mot ökad kärlek, omtanke och medkänsla. Den ledare som försöker stoppa den energiströmmen får problem.

Det är viktigt att alla på arbetsplatsen upplever glädje i att vara människa. Ledaren kan låta medarbetarna berätta om speciella intressen och göra aktiviteter tillsammans med dem. Målet är att inse att vi är väldigt lika varandra. Då skapas en trygghet som gynnar medkänslan med andra.

Kraften förstärks i gruppen genom att vi utvecklar själsliga sidor tillsammans. Medarbetare som mediterar tillsammans får en speciell samhörighet.

– Vad tycker anden om människors syn på arbete i dag?
– Många av er håller bokstavligen på att arbeta ihjäl sig. Och andra, som inte har arbete, har oerhört svårt att hitta

meningsfullhet i vardagen. Här finns en obalans. Men det som hänt genomgående i utvecklingen är att vi har ett allt större behov av att bekräfta oss genom arbete och att vi har ett större behov av att tjäna mer pengar genom arbete. Vi har låtit egot få bli en allt större drivkraft i våra liv.

Ju större plats egot tar, ju mer vi låter det styra, desto mindre utrymme får våra egna själsliga behov. Vi torkar ihop inifrån för att egot äter upp all näring som vår själ behöver. Det är som en tickande bomb för hela samhället. Om vi inte lär oss att stanna tiden och vrida klockan tillbaka så kommer det att explodera, inte bara inom oss själva utan också i samhället i stort.

När det exploderar *tvingas* vi vrida klockan tillbaka. En explosion kan exempelvis vara en naturkatastrof som tvingar oss att börja från noll. En explosion kan också vara en sjukdom som får oss att börja om. Allt handlar om att vrida klockan tillbaka, bort från den skenande samhällsutvecklingen. Att meditera är återigen ett sätt att vrida klockan tillbaka för att komma underfund med sig själv utan att först behöva bli sjuk.

Att finna sina källor till sann glädje är viktigt. Sådan glädje uppfyller en inte med skuld. Att ge till andra av hjärtat är exempel på en sann glädje som "håller länge". Man kan ge av sitt välstånd, av sin energi eller av sin kraft.

Jag ger dig en bild – tänk dig att det är stenålder och du bor i en mörk grotta. Då kämpar du för att få in ljuset och värmen. Men där vi lever nu, i det industrialiserade samhället, så lever många som om de bodde i en mental grotta. Vi borde söka lika ivrigt som om vi vore stenåldersmänniskor efter ljuset och glädjen i våra mentala grottor.

Fyll era egna grottor med glädje och ljus. Då ger ni så mycket till andra, och då lever ni längre!

19

Hur man talar med sin själ

Aviron sade:

– När tillvaron känns tung och hopplös så beror det ofta på de ständigt ökade förväntningarna på att ekonomin skall gå framåt och att hjulen skall snurra fortare. Det är resultatet av ett typiskt västerländskt tänkande. Tungsintheten kommer av att förväntningarna och påfrestningarna på oss som individer också ökar. Särskilt då har vi, som själsliga varelser, ett behov av att *stanna tiden* och att gå tillbaka i den.

Även om vi alla ekonomiskt vill få det bättre och få ägodelar som underlättar våra liv så finns det en gräns för de krav som vi mentalt bygger upp och som vi av omvärlden förväntas leva upp till. Det själsliga inom oss tar strid. Vår själ vill ha en annan utveckling, en utveckling som ger oss mer tid till fria aktiviteter och skapande. Det är som att vi sätter vår egen själ i fängelse. Vi frågar oss inte vilka behov vi har på djupet utan vi pressas hela tiden av tidens profittänkande.

När vi under tillräckligt lång tid har kvävt vår själs behov så ger detta utslag i någon form. Depression och även kroppslig sjukdom kan bli följden. Enkelt kan man säga att *om vi kväver vår själsliga längtan tillräckligt länge så blir resultatet påfrestningar på våra fysiska kroppar.* Vi behöver lära oss att lyssna till vår egen själ. Vi behöver instrument för att förstå oss på våra behov. Vi behöver få stanna tiden och ge oss själva mer livsrum innan det är för sent.

Själen är ju det oförstörbara inom oss. Den bär på minnen av alla våra inkarnationer. Själen håller oss levande på djupet och, i kontakt med andlig kraft, ger den oss mycket mental styrka. Att skapa kontakt med sin egen själ är en förutsättning för fysiskt och psykiskt välbefinnande. Vi borde se till vår själs behov lika mycket som vi ser till det nyfödda barnets behov. Men om vi inte tror på själens oförstörbarhet, och om vi förkastar dessa andliga principer som "flum" och oseriöst tänkande, så har vi förlorat ett viktigt redskap till att förstå oss själva.

Ett enkelt sätt att lyssna på själens behov är genom stilla meditation. Den bästa tidpunkten för detta är på morgonen, gärna tidigt innan den övriga familjen vaknat. Man sätter sig ned bekvämt och tänder ett ljus. Syftet med detta är ju nu att skapa en inre dialog med sig själv. Det är inte så svårt som många tror.

Fokusera på området runt naveln genom att böja huvudet och titta nedåt mot den med stängda ögon! Detta är en symbolhandling för att gå tillbaka till oss själva som foster. Vi går tillbaka till den tid när vi som unga själar kom ner till jorden, fulla med önskningar och förväntningar inför vårt nya liv. Vi försöker skapa en inre bild av känslan av att vara nyfödd. I den situationen bör vi också tänka oss att vi tas emot av vänliga leende människor med varma händer. Gå in i känslan av att vara riktigt önskvärd, gå in i känslan av att människor vill dig väl, gå in i känslan av att hela din framtid ligger för dina fötter och att du har alla möjligheter i det här livet.

Tänk dig också att bakom välvilliga människor finns andekrafter som lovar att följa dig och inte släppa taget om dig, vad som än händer! Tänk dig in i denna totala situation av trygghet. Försök uppleva att allt är gott, varmt och kärleksfullt.

I denna känsla av total trygghet kan man rådfråga sin egen själ om dess behov. Man kan få svaret som en känsla, en längtan, en plats eller en uttrycksform av kreativt skapande. Man kan alltså få upp *tankemässiga nycklar* som leder en rätt. Själen är inte tyst. Den är levande och verklig inom oss och har ett behov av kommunikation.

Den vill tala om känslor och behov. Den vill gråta ut sin sorg och den vill få oss att släppa skuld och tvång.

Om du inte tillåter dig själv att ha en kommunikation med din själ så finns det risk för att du sakta torkar bort som ett visset löv i vinden. Lägg upp en plan för att skapa denna dialog med din själ! Och lär dig att ställa frågor om vad din själ behöver. Lämna inte över detta ansvar till någon annan. Det är *ditt* ansvar och ditt uppdrag mot dig själv. Och det är ett uppdrag som skall hjälpa dig att övervinna svårigheter och lidanden av olika slag. Det är dessutom ingen komplicerad procedur.

Innan vi inkarnerade på jorden var det fullständigt självklart för oss med denna kommunikation. Men vi begränsas när vi går ner i våra fysiska kroppar. Därför måste vi nu *lära* oss att ta själsbegreppet på allvar.

Om vi anstränger oss och övar upp denna kommunikation så ger vår själ tillbaka inspiration, glädje och kärlek. Den kan också tala till oss med hjälp av *bilder*. I den meditation vi beskrivit kan vi få information i form av bilder som visas för vår inre syn. De ger oss tröst och vägledning.

Vi provade denna meditation för att se om vi själva fick in några bilder. De kom på bara några sekunder. Marie-Louise såg penslar och färgtuber. Det är mycket riktigt måleri som hon uppfattar som avkoppling. Robert fick bilder av semesterön i skärgården där han var under barndomens somrar.

– När vi får bilder har vi också lättare att koppla bort intellektet, som kan skapa tvivel och stoppa dialogen med själen. *Tänk vad sorgligt det vore att gå omkring ett helt liv utan att ha kontakt med sin själ!* Vilken otjänst gör vi inte då oss själva! Och vilket torftigt liv lever vi inte då.

Om man inte får några bilder och inte upplever någon kontakt så får man inte ge upp. Övning hjälper till att få in känslan av trygghet i situationen. För i total trygghet kan den här kontakten mellan människan och själen skapas.

Vi har ju gått in i den nya tid som innebär själens uppvaknande och att vi människor erkänner oss som andliga varelser. Behovet av att finna svar på sin egen existens kommer bara att öka. Själen gör sig allt mer påmind. Vi kan inte längre stoppa den i malpåsen.

Som ni redan vet så väcks vi själsligt och andligt av lidande och katastrofer. I skuggan av katastrofer blir vi varse om vår egen skörhet och vi söker oss till de stora livsfrågorna för att få svar. I dessa stunder utvecklas vi allra mest och har lättare än annars att uppfatta själens signaler.

De bästa förutsättningarna för att få kontakt med sin själ skapas dock i tillstånd av lugn och harmoni. Om vi exempelvis är stressade och sitter på tunnelbanan så är det mycket svårare att få upp rena bilder av vad vår själ behöver. Så skapa en positiv och lugn miljö för dessa meditationer, som inte behöver ta lång tid.

Samhället i övrigt blir ju allt mer komplicerat och vi blir allt mer beroende av teknisk utrustning. För andens enkla kommunikation behövs inga dyrbara apparater. Vi behöver bara ert godkännande och er kärlek.

20

Mor Crescentia

Under en meditation försökte jag registrera de känslor som kom när jag tänkte på den tyska familjen Müller. Jag kände inget speciellt inför de manliga medlemmarna men stor kärlek till systern och en alldeles enorm kärlek till modern Crescentia. Hon dog i hög ålder år 1954, bara några månader efter min födelse i mitt nuvarande liv. Vi fick alltså aldrig träffas i andevärlden. Jag skickade ut kärlekstankar till henne och försökte visualisera hur hon såg ut. Jag såg en smal kvinna med rakt mörkt hår.

Nästa dag skedde något märkligt. När jag duschade uppfattade jag en blänkande vit boll som spann runt i luften i höger del av synfältet. Bollen fanns med mig hela dagen, och dök även upp spontant vid spridda tillfällen under den kommande veckan. Jag slogs av en vild tanke – kunde detta vara Crescentia? Det lät visserligen konstigt, men ljusbollen måste vara *något*. Själen är ju en energiform. Jag kunde uppfatta Askedun som en strålande avlång ljusboll, som dock var större än den här.

Jag bestämde tid med henne. Jag sade, att jag sätter mig klockan 8 för att meditera. Hon kan försöka att kommunicera med mig då. Marie-Louise tyckte att det lät som en bra idé och lovade att komplettera via sin andliga kanal.

Efter en meditation med tända ljus bad jag att min ande skulle förmedla Crescentias ord till mig via min intuition. Det var min möjlighet då jag inte är medial och därför inte kan kommunicera direkt med andeväsen. Framför allt tar min metod längre tid. Jag skrev ner följande text:

– Min son! Du får hedersbetygelser för att du fann vårt släktskap! Många missförstånd har nu retts upp.

Jag var en enkel mor som uppfyllde plikterna med

hängivenhet. Vi var en enkel familj med ideal. Ordning, rent och snyggt skulle det vara!

Du borde ha fått ägna dig åt kultur, sång och musik. Där hade du ditt hjärta. Min kärlek till dig var enorm! Du var mitt favoritbarn, kanske för att du var så känslig. Det var en stor olycka att kriget kom.

Du kan undra vad som hände med oss när du hade dött. Din bror gick också ut i kriget, men överlevde. Din far åldrades fort. Familjen fick det svårare och levde på gränsen till svält. Många gånger har jag undrat vad det hade blivit av oss om vänner inte hjälpt till. Sorgen efter dig läktes aldrig helt och hållet, trots att jag blev så gammal. Mycket av det som var kärt togs ifrån mig.

– Vad gör du nu?

– Jag vilar mig fortfarande i andevärlden. Min lycka är stor för att jag fått kontakt med dig igen! Vi skall alltid minnas varandra.

Ja, så avslutades min kommunikation. Jag berättade för Marie-Louise att jag fått en text av min mor i det tyska livet men avslöjade inget om innehållet. Hon lovade att komplettera senare.

Redan nästa morgon väcks jag av Marie-Louise som säger:

– Hon är här!

En åldrad, smal kvinna finns i rummet. Marie-Louise uppfattar, för sin inre syn, att hon bär glasögon. Det raka håret är uppsatt med knut i nacken. Hon tar sig åt hjärtat och visar att hon dog i någon form av hjärtsjukdom.

Hon hade alltid en förkläde om midjan. Det är inte så viktigt att ha i köket nu, säger hon, men det var viktigt då. Familjen var fattig och hon bakade brödet själv. Hon visar upp egna limpor, klappar Robert på huvudet och säger:

– Du var en snäll liten gosse! Jag var väldigt mån om dig. Du var mammas favorit och gjorde ingen förnär. Det var min stora sorg att du skulle ut i krig.

Crescentia var här. Marie-Louise kommenterar att hon inte längre tycktes ha så mycket kontakt med sin make från det livet.

De bråkade i äktenskapet ibland. Han kunde bli arg, avvisande och svår att prata med. Han var sträng mot er barn. Du var lite rädd för din pappa och höll dig undan.

– **Hade jag mycket kontakt med bröderna?**

– Inte så mycket som med systern. Den äldre brodern var sträng, som pappan. Det gillade inte du. Den yngre brodern skrek mycket, och det gillade du inte heller. Han hade ont i magen. Därför gick du ofta ut.

– **Säg något om mig som jag kan komma ihåg!**

– Du var förtjust i hembakat bröd. Det är därför jag visar bröd för dig.

Du tyckte om att vara ute och leka. Du tyckte om att röra dig fysiskt och springa på gatorna. Ibland kunde du dock vara lite inåtvänd och tvär.

Du var vetgirig. Vi hade inte så många böcker att läsa. Därför frågade du om allting. Ofta kunde jag inte svara utan skakade bara på huvudet.

Du förstod inte kriget och hade ingen aning om vad det innebar. Där var du naiv. Du förstod inte att människor kunde vara så onda. Det kom som en chock.

– **I militären hade jag bilmekaniker som yrke. Var det något jag ville bli själv? Hade jag utbildning för det?**

– Ja, du hade utbildning. Du kunde det! Du lärde dig snabbt att arbeta med bilar. Du var kanske naiv när det gällde människor, men inte dum i huvudet.

Du hatar sådant mekaniskt arbete nu för det påminner dig om kriget.

– **Berätta om min syster!**

– Hon var godhjärtad och väldigt förtjust i dig. Ni hade starka band. Hon var moderlig och mer lik mig. Du var utsatt och inte så handlingskraftig. Systern styrde och ställde en del. Hon lyssnade inte på mina förmaningar utan gjorde mer som hon ville.

Hon blev förtvivlad när du inte kom tillbaka från kriget. Det krossade hennes hjärta. Ingen orkade riktigt prata om det. Hon förändrades och blev hård och tuff.

Hon gifte sig, flyttade bort och fick barn. Hon fick jobba hårt, både ute och hemma. Hon hjälpte någon familj med städning eller barnpassning.

Din syster är skyddsguide till dig i dag. Det är därför jag vet att du bör "lugna ner dig". Maria har du fått för att lugna ner dig! Du tvingas till det med henne.

21

Franz Müllers sista timmar

Jag ville klarlägga Franz Müllers öde genom att besöka både München och Västfronten. Den första dagen slutade med fiasko. Jag anlände under den årliga Oktoberfesten och München var upp och ned. Krigsarkivet var stängt och Stadsarkivet höll på att byggas om.

För att fördriva tiden låg jag i hotellrummet och samtalade med Askedun. Jag frågade:

– Vad kan jag hitta i München?

– Du finner dina rötter. Du kan försonas med ditt gamla öde och med förluster. Men bli inte ledsen om du inte hittar allt. Det behöver du inte göra.

– Vad jag kan jag mer uträtta här?

– Arbeta med tankar kring försoning.

Ett år tidigare hade jag mediterat ensam och verkligen bett om tips som kunde leda mig till den plats där Franz dog. Under meditationen spratt det plötsligt till i hela kroppen, och jag blev på helspänn. En oväntad fråga slog ner som en blixt i huvudet:

– Hur kom ljuset?

Jag minns att den gröna backen, i min vision, belystes av sol som kom från sidan. Hur mycket jag än försökte kunde jag inte avgöra om ljuset kom från vänster eller höger. En tid senare frågade jag därför Askedun hur solen egentligen stod. Han förtydligade:

– Det var inte motljus.

En ny dag randades och jag promenerade från hotellet till krigsarkivet. I underlaget för krigsdagboken fanns ingen exakt beskrivning av hur Franz dog. Det framgick bara att han stupat ensam. Men en central fråga var ju om Franz dödats på dagen eller på natten. Min bild är ju att det hela skedde på eftermiddagen. Jag erhöll viktig information av vaktschemat. Vid tiden för sin död så njöt Franz kompani av månadens enda viloperiod. Det betyder att de enbart befann sig i stridlinjen mitt på dagen, mellan klockan 10 och 15. Då arbetade soldaterna med att förbättra skyttegravarna. Kvällar och nätter befann de sig inne i själva Montauban, som inte var beskjutet. Min slutsats är att Franz måste ha dött under dagen då det officiellt skedde "i krigsställningen i närheten av Montauban".

"Förlustboken" visar att Franz aldrig rapporterades som skadad. Han måste alltså ha dött omedelbart. Små handritade skisser avslöjade var Franz kompani var förlagt.

Resan till Västfronten gick med tåg. Stridslinjen vid Somme utgjordes av ett två mil långt jordbruksområde i norra Frankrike. Jag hade bokat "bed and breakfast" hos Peter och Hilary Smith i samhället Flers helt nära Montauban. De var engelsmän. Parets farföräldrar deltog båda i slaget vid Somme 1916. Peter hade varit yrkesmilitär och kunde allt om första världskriget. Han försörjde sig på att guida turister på dessa historiska slagfält.

Den första dagen skjutsade han mig till Somme-museet i Pe-

Tyska soldater ur Franz bataljon hämtar mat år 1915.

Ett matkärl som 90 år senare hittades på slagfältet vid Somme. Samma kärl finns i den svenska armén.

ronné. Bland mycket annat visades de tyska, franska och engelska soldaternas uniformer.

Av tyskarnas utrustning fick jag förklaringen på en gammal händelse som beskrivs i vår första bok. När jag själv ryckte in till svensk militärtjänst som 19-åring var jag först entusiastisk och tyckte det hela skulle bli spännande. Men jag drabbades av svår ångest när matkärlen visades under genomgången av soldatens utrustning. Det var som om en inre röst sa till mig att jag kastar bort mitt liv om jag sysslar med detta. Denna märkliga reaktion ändrade hela min inställning till det militära. Men vad var så speciellt med matkärlen?

Jo, jag såg nu att den tyska krigsmaktens matkärl från 1915 såg precis ut som de svenska anno 1973. Båda hade samma form och även mörkgrön färg. Peter visste om likheten. Han berätta-de att skojare till och med hade försökt sälja svenska arméns matkärl till samlare via internet med den falska antydningen att de kom från den gammaltyska armén. Fransmännens och eng-elsmännens matkärl såg däremot helt annorlunda ut.

Efter besöket på museet hyrde jag Peters tjänster som guide. Det var inte en slump att jag bad om dem mellan klockan 13 och 15 på eftermiddagen. Jag ville att vi gemensamt skulle identifie-ra tyskarnas stridslinje framför Maricourt. Med de ursprungliga skyttegravskartorna i handen var det inte särskilt svårt. Miljön ser i stort sett likadan ut i dag som 1915. Man orienterar efter de många samhällena och efter ett antal små skogsområden som ligger utspridda på vidsträckta fält. Skyttegravarna fylldes vis-serligen igen av traktens bönder efter kriget, men samhällen och vägar byggdes upp för att se ut som förr. Träden har växt upp och är lika höga som då. Artillerielden gjorde dock att miljön förlorade en del smärre kullar. I övrigt är det som om tiden stått stilla.

Ett gammalt fotografi av fältet framför Maricourt bekymrade mig. Det visade ett flackt landskap. Oron bekräftades när jag själv stod på platsen. När man stod mitt i tyskarnas stridslinje fanns träd och hus långt bort. Min vision av dödsscenen visade i stället att Franz tittade ner längs en gräsbeväxt backe, och jag

115

minns inga hus alls. Det var dessutom jobbigt att speja mot Maricourt då solen lyste mig i ansiktet. Jag kom då att tänka på Askeduns tips. Jag stod just nu i motljus! Detta måste alltså vara fel plats.

Promenaden gick vidare mot den avlånga skogsdungen Talus Boisé, som låg ungefär en kilometer bort.

Peter och jag försökte åter finna den främsta skyttegravslinjen och samtidigt trampa ned sädesfältet så lite som möjligt. Jag tittade på mina skisser från krigsarkivet. Franz kompani hade även ansvar för stridslinjen just här där den förlöpte parallellt med skogsdungen. Jag vände mig om och tittade bort mot Talus Boisé. Jag trodde att jag skulle tappa fattningen. Det här var *precis* bilden från min vision. Solen kom från sidan, jag såg en lång sluttning och det var ungefär 300 meter ner till dalgången. Den täta skogsdungen Talus Boisé med sina höga träd fanns på vänster sida, spridda lägre träd till höger, och ett stort grönt fält bakom. Skyttegravskartan visade till och med att en fientlig skyttegrav funnits i skogsbrynet drygt 100 meter nedom skogsdungens topp. Jag kände mig så omtumlad att jag knappt trodde att det var sant. Jag hade funnit platsen! Det var ingen tvekan om det.

Vad fanns då längst ned i backen? Jag visste ju att något speciellt förlöpte längs med dalgången, och att gräset växte lite högre just där. Ända sedan min hypnos för 15 år sedan har jag und-

Utsikten ner mot dalgången vid Talus Boisé enligt Roberts vision.

Samma dalgång i verkligheten 90 år senare, fotograferad från en plats 30–50 meter längre bak.

rat vad det var. Jag frågade Peter, och han svarade:
– En smalspårig järnväg. Den användes före och efter kriget, men i dag är rälsen borta.

Han pekade ut järnvägen på min skyttegravskarta från 1915. Jag frågade honom också om närvaro av gräs i backen, som alltså utgjorde ingenmansland mellan de tyska och franska ställningarna. Peter sade, att fälten vid tiden för Franz död inte hade brukats på två år. Här måste det ha växt rikligt med grönt gräs.

Jag fotograferade men visade aldrig min glädje över att ha funnit vad jag sökte. Peter visste ju inte varför jag kommit hit. Han begrep förstås att det måste finnas någon särskild orsak till att jag sökte i spåren efter en tysk soldat som jag inte ens var släkt med. Men jag svarade ännu så länge undvikande.

Nästa dag cyklade jag tillbaka till Talus Boisé för att se hur scenen såg ut från dalens botten. Här framgick det vilken mäktig kulle Franz förskansat sig på. Det måste ha varit svårt att sikta och skjuta med gevär uppför den sluttningen. Franz kände sig nog relativt trygg uppe på kullen. Han skådade ner över dalen från en sned vinkel, och fransmännens anfall skedde alltid på en annan ledd.

Jag mediterade lätt och fick kontakt med Askedun.
– Var det här?
– Ja, här var det. Du kröp upp för att spana och spionera.

Samma kväll berättade jag äntligen för Peter varför jag sökte i spåren efter denna tyska soldat. Han tog historien förvånansvärt lugnt och sansat, ja, till och med *för* lugnt. Det var i stället jag som skulle bli förvånad. Peter sade:
– När vi åkte runt i går och tittade efter den tyska stridslinjen så tänkte jag aktivt på en dokumentärfilm jag såg på tv för länge sedan. Den handlade om hypnotisören Bloxham som tog människor tillbaka till tidigare liv. Jag tänkte hela tiden – varför fortsätter ingen med det här? Så när du började berätta så *visste* jag vad du skulle säga.

Peter såg detta som ett otroligt sammanträffande. När han berättade om innehållet i programmet minns jag faktiskt att jag läst om dessa hypnoser i en bok på svenska. Den heter "Ett liv –

många liv" (Lidelövs Förlag). Där anges att en dokumentärfilm med samma innehåll spelades in av BBC i början av 1970-talet. Peter förnekade att han tänkt på filmen – förrän nu. Jag berättade om mina minnesbilder från kriget. Peter hjälpte mig att tolka dem. Varför kunde jag fly undan soldaterna som hoppade ner i skyttegraven i Serre genom att springa bakåt och åt höger? Det var ett enkelt problem. Skyttegravarna grävdes antingen i zig-zag-mönster eller i ett rektangelmönster för att undvika att fiender sköt längs med hela dess längd. Skadorna av en granat som kastades ner i graven begränsades också genom den grävtekniken. Kartor från Serre visade att man där använde sig av rektangelmönster. Genom att springa bakåt och åt höger tog jag mig alltså till nästa sektion. Min flykt borde normalt sett ha medfört att anfallaren kastade en handgranat över krönet in i sektionen intill, men så skedde aldrig.

Nästa fråga gällde om anfallare obemärkt kan ha smugit sig upp i backen för att kasta en handgranat på mig. Jag har alltid misstänkt det. Nej, sa Peter. Det fanns ingen anledning till det. Man sköt upp granaterna med gevär från motstående skyttegrav. Granater och skyttegravsmörsare (engelska "trench mortar") var de enda vapen där projektilen kunde ses med blotta ögat innan den detonerade. I min minnesfilm såg jag ju tydligt att något kom genom luften ovanifrån mig. Med tanke på skadornas omfattning trodde Peter mest på att det var en granat.

Det enda Peter tyckte var konstigt i min historia var varför Franz över huvud taget klättrade upp på skyttegravens kant. Han måste ha förstått att det var farligt. Det var en fråga som jag ofta kom att fundera på under de kommande månaderna. För att finna sannolika svar var jag tvungen att sätta mig in i förhållandena vid stridslinjen i större detalj.

22

Vishetens femte pelare: Utveckling

Aviron sade:
– När vi pratar om utveckling så handlar det både om jorden och om de förändringar som sker inom oss människor. Intellektuellt så har vi kommit en lång bit på väg, så pass långt att vi nu är kapabla att fråga oss själva om den vägen leder oss på rätt eller fel spår. *Vår andliga utveckling hålls tillbaka då våra intellektuella strävanden har tagit överhanden.* Man bör fråga sig själv: vad skall ta mest plats i mitt liv? Kan jag genom att följa mitt intellekt uppnå det jag vill åstadkomma i mitt liv? Eller finns det nu tid för att låta min andliga sida ta mer plats så att jag skall kunna bli en mer harmonisk och fridsam människa?

Vi i himlen vädjar till er som läser detta att fylla era andliga rum och att sträva efter att låta er eviga längtan att släppa era själar fria få uppfyllas i denna inkarnation. När man släpper sin själ fri så låter man samtidigt andligheten växa i sitt liv. Det är som om en skrumpen frukt, ett ihoptorkat äpple, plötsligt får liv och växer sig friskt och starkt inom oss. Vi står inför en utvecklingsmässigt kritisk tidpunkt där vi snart bör göra ett vägval. Det vägvalet kommer att bli avgörande för vår fysiska och psykiska hälsa samt för vår överlevnad på denna jord.

Det är *inte* att vara bakåtsträvare när man låter sin andliga kapacitet få växa. Det gynnar utvecklingen på jorden att vi börjar fråga oss själva vart intellektet för oss och hur den tär på jordens resurser. Någonstans där vi befinner oss just nu måste vi stanna tiden för att vi inte senare skall komma in i en återvändsgränd där utvecklingen inte går att hejda.

– *Går* den att hejda?
– Det finns fortfarande möjligheter att med kunskap och information hejda en utveckling som kan bli katastrofal för oss. Miljöförstöringen utgör ju ett globalt hot sedan länge. Och det vi talar om här är att hejda den från att skena iväg oproportionerligt. *Tvivla inte på att vi står inför en rejäl miljökatastrof och att den kan komma snabbare än vi anar.*

Den här jorden kommer inte att överleva om vi bara styrs av intellektet, av vår önskan att tillfredsställa egot och av våra fysiska behov. Det är därför många nu blir mediala eller på annat sätt får information som stärker deras övertygelse om att jorden kan gå åt fel håll om vi låter marknadsmässiga och ekonomiska intressen helt få styra utvecklingen.

Vi har en bön från himlen, och det gäller att på något sätt ta vara på jordens resurser och våra egna inre kvaliteter på ett respektfullt och vördnadsfullt sätt. Vi som bor här påverkas, oavsett om vi vill det eller inte, av de marknadskrafter som styr och som försätter jorden i obalans. När jorden är i obalans upplever vi också en strid inom oss själva, en strid som påverkar oss mentalt och som gör att vi fysiskt och psykiskt mår sämre.

Vi har uppmärksammat, bara i ert eget land Sverige, en stegrande psykisk ohälsa. Många unga människor mår extremt dåligt. Och det är de ungas ohälsa som vi måste ta på allvar. De ungas ohälsa är signalen till oss andra att vi planerar fel, att vi gör fel val, och att de val vi gör har en stressande effekt, både på de unga men också på jorden.

Genom att titta på hur våra unga mår så kan vi också förutspå åt vilket håll vi är på väg. Vilken skola har andlig utveckling på schemat? Vilken skola har förmåga och kunskap att ta hänsyn till elevens själsliga utveckling och själsliga behov? Många elever skriker efter att bli sedda och bedömda, inte efter sin intellektuella förmåga utan efter sin *själs innersta önskan att bli sedd.*

Aviron fortsatte:

– Även om det vetenskapliga tänkandet har gjort att andligheten fått allt mindre utrymme så behöver vetenskapen inte vara det andligas fiende. Den skall kunna fungera hand i hand med ett andligt uppvaknande. Vi vill inte skapa ett krig mellan dessa två ytterligheter. Vi vill skapa en förening där vetenskap och andligt tänkande kan se på varandra på ett mer ödmjukt och tillåtande sätt.

Vetenskapen har inte mandat att fylla alla rum i våra hjärnor. Den har en skyldighet att lämna plats åt en annan utveckling, åt en annan strävan, där vi människor får erkänna oss själva som själar med oändlig kapacitet som vill utvecklas på ett inre plan. I förlängningen kommer det också att gynna vetenskapen.

Det här är en lång resa, men vi vill att vetenskapen och andligheten gör den tillsammans. På vissa områden har också vetenskapen rätt, och det är när det gäller att säga ifrån när det andliga har fått dimensioner av flum och ospecifikt tänkande som inte gynnar en inre personlig utveckling.

Aviron övergick nu till att tala om personlig utveckling.

– En central fråga för varje person i utveckling är vad som egentligen fungerar som *motiv* och *drivkraft*. Vari består vår hunger att utvecklas här på jorden? I vilket syfte har vi kommit ner till denna planet? Vad är det som gör oss lyckliga, harmoniska och glada? Vad är det som gör att vi känner kärlek till oss själva men också till andra i vår omgivning? Vad är det som gör att vi kan utvecklas till medkännande och empatiska personer? Vari består vår egentliga drivkraft? Hur tog den sin form?

Om vi utgår från att vi alla är delar av samma energi som lösgjorts från sitt rätta hem i en explosion ("big bang") så kan vi hitta svaret på vilken vår drivkraft är. *Vår drivkraft är att hitta tillbaka till vår ursprungliga helhet, enhet, totala harmoni i manligt och kvinnligt, och vår upplösning i kärlekens energi.* Vi har ett evigt behov av att komma hem och att på nytt återuppstå i Gud.

121

Vi längtar alltså efter *enkelhet, renhet, godhet, visdom, harmoni, medkänsla och kärlek.* Dessa sju fundament strävar vi efter att uppnå i vår utveckling på jorden. Om vi tänker på dem varje dag så kan dessa ord hjälpa och stärka oss i vår egen utveckling. Varje ord kan spela olika stor roll för olika människor.

Vi har inte förmåga och kapacitet att ta in alla dessa ord samtidigt och lika starkt, men de kan sammanflätas och stärka varandra för att så småningom forma en helhet i vårt tänkande. Om vi förstår att de här hörnpelarna bildar en kraft, en drivkraft, som för oss framåt, så kan vi förstå att vi styrs av goda energier som vill hjälpa oss till en högre medvetenhet. Men det är bra att fråga sig själv vilken eller vilka av dessa ord jag vill släppa in i mitt liv och låta påverka mig mest här och nu!

Man kan meditera över dessa ord. Det ord som framträder tydligast behöver vi arbeta med allra mest här och nu – inte om tio år. Det kan också vara ett par tre ord som framträder samtidigt. Varje visdomsord skapar en känsla, och när den faller på plats lämnas utrymme för en ny känsla. Det är så visdomsorden flätas in i varandra.

Marie-Louise och jag diskuterade vad Aviron just hade sagt. Vi provade båda meditationen och de viktigaste orden bland de sju framträdde snabbt. Marie-Louise fick "visdom" och jag fick "godhet och harmoni". Dessa ord skulle alltså vara våra främsta drivkrafter i livet just nu. Vi hade en aning om att det var rätt, men vi bad ändå Aviron att ge dem en innebörd för att illustrera andevärldens tänkande i frågan. Han började med Marie-Louise.

– Det är visdom som kan ge dig allra mest kraft just nu. Ordet hjälper dig att göra kloka saker. Visdom kan leda dig framåt och skapa harmoni. Så lyssna noga till visdomar, både från ditt eget inre och från oss, så kan du hjälpa dem som kommer till dig ännu bättre.

Visdom höjer ditt sinne, och när visdomarna faller på plats kommer du att känna en sann glädje. När den sanna glädjen känns i hela kroppen så uppfylls du också av en kärlek och en medkänsla med allt och alla på denna jord.

Avirons förklaring till mina (Roberts) val av ord blev helt annorlunda.
– Din själ längtar efter att få släppa loss det goda inom dig. Du är en god person som vill människor väl. Låt det goda inom dig få lysa ännu mer för då skapas också den harmoni som du så väl behöver.

Jag kommenterade:
– Jag tror att jag håller inne med godhet och snällhet för jag tycker att jag utnyttjas av andra!
– En rädsla för att bli utnyttjad har följt dig genom väldigt många inkarnationer. Men din egentliga drivkraft är att låta godheten som du har hållit tillbaka nu få släppas loss. För att uppnå harmoni inom dig så kan du inte tränga undan din längtan efter godhet.

Här bör du ifrågasätta dina egna motiv. Du måste förstå att även om du i vissa fall blivit utnyttjad för din snällhets skull så är detta inte tillräckligt för att du skall lägga band på din godhet. Det skadar dig i förlängningen och det gör dig oharmonisk.

– Vad är skillnaden mellan att vara god och att vara snäll?
– En god person gör saker som gynnar människor långsiktigt. En god person ställer också krav på andra i sin omgivning. En god person drivs inte av egenintressen och egots irrgångar. En god person gör något utan personlig vinning.

Ordet "snäll" är ett ytligare ord som lätt kan misstolkas. Snäll kan man vara i rädsla för vad andra människor skall tycka. Snäll kan man vara för att kortsiktigt gynna egenintressen. Snäll kan man vara för att kortsiktigt gynna andra, men det är inte säkert att de gynnas av det i längden.

Du har varit mer snäll än god – ja.

Aviron fortsatte med en annan aspekt på sökandet efter våra drivkrafter till utveckling. Han sa till Marie-Louise:
– Du kan också i meditation fråga dig varför du behöver visdom. Vad är det som håller dig tillbaka så att du inte kan uppnå det du saknar? *Det finns alltid hinder för vår egen utveckling.*
Marie-Louise, du måste lita på det du får. Du brister i tillit. Du har fortfarande en viss dålig självkänsla och saknar ibland kraften att tro på detta. Du behöver tillit till att din andliga förmåga kan införlivas i ditt dagliga liv, i förhållande till dina barn och till dem som vill ha hjälp.

Det finns en drivkraft, egot, som hämmar vår personliga utveckling och som även hindrar oss från att finna vårt sanna jag. Genom att bli medveten om hur egot styr våra liv kan vi lära oss att hantera dess inneboende problematik. I nästa kapitel kan du läsa vad Aviron berättade för oss om detta.

23

Egots väg till självförverkligande

Aviron sade:
– Vi själva har nyckeln till att våra egna liv. Vi har också nyckeln till att skapa ett hälsosammare klimat för oss själva. För att lyckas med det behöver vi förstå de drivkrafter som styr oss i vardagen.

När vi går ner i våra fysiska kroppar har vi uppdraget att hitta vägen till vårt sanna jag, vårt gudomliga jag, vårt helande och läkande jag. Vägen dit kan vara snårig beroende på egots störningar.

Egot är det som hela tiden vill bekräfta oss på ett yttre plan. Egot när vårt egocentriska jag och tillfredsställer våra ytligare behov. Våra drömmar och våra mål kan vara mycket styrda av egots önskan att hela tiden få bekräftelse.

Det behovet styrs av *hjärtats sårbarhet*. Ju mer vi har sårats känslomässigt desto större blir egots behov av bekräftelse på grund av att vår självkänsla blivit extra låg. Då försöker vi på alla sätt att kompensera denna dåliga självkänsla. *Vi vill göra oss värdiga och värda att vara människa.*

Vi bör erkänna egots påverkan på våra personligheter och vi kan även dela in personligheten i olika delar beroende på egots styrning. På så sätt kan vi finna en förklaringsmodell till egots påverkan på oss, och då blir det lättare att träna sig i att acceptera egots alla delpersonligheter. Man kan exempelvis se sig själv som den effektiva, som den framgångsrika, eller som den populäre.

Om vi förminskar styrkraften i egots delpersonligheter

så kan vi underlätta för oss i vår jordevandring. Vi kan lära oss att hindra dessa från att helt ta kontrollen över våra liv genom att se dem i ett större perspektiv av helhet och sammanhang. *Vi inser då att dessa delpersonligheter bara är en liten del av vårt egentliga gudomliga jag.*
Här behöver vi arbeta med att komma till insikt om vårt högre jag.

Andliga tänkare brukar dela in människans "jag" i det *högre*, det *medvetna* och det *undermedvetna*. Det undermedvetna står för drifter och reaktioner vars ursprung vi inte till fullo förstår. Det medvetna jaget är den person vi uppfattar oss som i vardagen. Det högre jaget sägs vara sammanbundet med alla andra människors högre jag.
Men vad innehåller det? Vi tyckte att uttrycket kunde förtydligas. Aviron jämställde då det högre jaget med vårt "sanna jag". Det ger en intressant dimension åt de inledande kapitlen i *Gudomlig väg* samt en förklaring till hur Marie-Louise kunde uppfatta sin döende mors högre jag som en röst. Jag frågade:

– Vad är det "högre jaget"?
– Ditt högre jag, eller ditt sanna jag, är inte beroende av erkännanden och beröm. Ditt högre jag är oberoende av makt och inflytande. Det är rent från alla tvivel på själens odödlighet. Ditt högre jag är din själs renhet, det som är rensat från allt som håller dig fången i din fysiska kropp. *Ju oftare du kan uppleva förening med ditt högre jag, desto lättare kan en kommunikation med anden ske.*
Ditt högre jag är också din länk till universum. Det gäller att låta kanalen vara öppen utan tankens tvivel och begränsning. Ju mer vi kan identifiera oss med vårt högre jag desto lättare kan kommunikationen breddas och underhållas.
Detta högre jag har en kraft, en kärlekskraft, som kan styra och omdirigera de olika delpersonligheterna av egot. Om vi förstår att det är vi själva som styr över den möjligheten så kan egots negativa påverkan på oss förvandlas

till en positiv drivkraft som hjälper oss *utan* att styra in oss i olika "hörn".

Om egot styr oss för hårt så hamnar vi lätt i tillstånd av blockeringar som också kan yttra sig i sjukdomar av olika slag, såsom utbrändhet, depression och cancer.

– Men många lyckas ju väldigt bra! Det är exempelvis många forskare som är mycket framgångsrika och därmed tillfredsställer sina egon. Är det fel?

– Att "lyckas" betyder olika saker. Att lyckas i sin karriär är en sak och att lyckas i sin andliga utveckling är en annan. Det betyder att den som lyckas i sin karriär inte automatiskt lyckas i sin andliga. Ofta står de här mer åtskilda åt än någonsin.

Ur ett andligt perspektiv kan det innebära att den som når höga mål inom sin profession också kan ha avgränsat sig ännu mer från kontakten med sitt högre jag. Orsaken till detta är att den person som fokuserar allt på karriär inte släpper in möjligheten till andligt tänkande. Sann lycka skapas inte av framgångsrik karriär.

Framgångsrik karriär skapar egots tillfredsställelse, men den är bara temporär och kan lätt tas ifrån en.

Aviron fortsatte därefter att tala om egots makt över oss.

– I kriser och svår sorg har vi lättare att släppa egots styrning. Vi skalar bort den mur eller fasad som vi oftast omger oss av. Vi blir utelämnade och sårbara. Men just då är vi som allra mest öppna för att ta emot kunskap från vårt högre gudomliga jag, som ständigt söker vägar att nå fram till oss. Om det inte hittar någon väg, för att vi är för blockerade eller för andligt ointresserade, så kan vi få någon form av sjukdom eller lidande som gör att vi öppnar upp för kontakt med vårt högre jag.

När så sker är det viktigt att bibehålla den kontakten. Man bör låta den bli en del i ens vardag, för om vi åter sluter oss inom oss själva efter olika kriser så har vi inte lärt oss hur denna kontakt kan bibehållas. Risken är då att vi på nytt råkar in i sjukdomstillstånd eller nya lidanden. Vi säger inte detta för att skrämmas. Vi säger det för att undervisa om nödvändigheten av att söka kontakt med sitt högre jag, som har gudsmedvetande och där vår rätta och mest kärleksfulla kraft finns.

– Vad tycker du om att se på jorden från himlen? Alla jagas ju av sina egon och vi lever i en materialistisk värld.

– Världen har aldrig varit så egofixerad som just nu. Egots sökande efter bekräftelse kan i förlängningen bli ytterst allvarligt. Det kan leda till storkrig länder emellan. Om vi kan minska egots påverkan på oss så kan vi också minska risken för krig.

Ju mer andligt intresserade vi blir, och ju mer medvetna vi blir om vårt eget förhållande till Gud, desto mindre styrs vi av negativ påverkan och desto mer fredligt inställda blir vi. Detta låter lätt, men det enkla är det sanna och kan ibland *tyckas* svårt.

– Vill du berätta hur man bäst etablerar kontakt med sitt högre jag?

– Det finns olika metoder, och har man hittat en som fungerar så skall man hålla sig till den. Men vi kan ge er ett exempel på en metod som ni också kan utveckla på egen hand, alltefter hur ni själva upplever hur denna kanal vidgas. Det är en typ av kärleksmeditation där vi arbetar med att göra oss *skuldfria.*

Det högre jaget hjälper oss alltså att erkänna våra delpersonligheter utan att dessa styr våra liv för mycket.

Första steget är att erkänna egots delpersonligheter och förstå hur vi styrs av dem.

Nästa steg är att också erkänna och att acceptera vårt högre jag som en källa till kärlek och läkning.

I meditation kan vi sedan öppna upp vägen till vårt högre jag. När vi aktivt ber om hjälp med att nå vårt högre jag så bör man rensa sig själv och sina energier med *vitt ljus.* Tänk på att det vita ljuset är ett viktigt instrument för att

128

nå total upplysning! Vi kan hitta olika vägar till att visualisera det vita ljuset, att fånga in det, att öppna upp oss själsligt så att hela vårt chakrasystem och hela vår aura lyser av vitt ljus. Enklast öppnar man upp i kronchakrat (hjässan). Man drar visuellt ner det vita ljuset genom hjässan och låter det sedan passera genom alla delar av kroppen, även ut i armarna och ner i benen.

Detta vita ljus har många funktioner. Dels är det den Helige Andes ljus som är till för att upplysa oss och ge oss kärlek, kunskap, information och tröst. Men det är också ett renande och rensande ljus, ett förlåtelsens ljus, som kan användas som en initieringsprocess i kontakten med vårt gudomliga jag. Det vita ljuset initierar alltså denna process och fungerar då som mantra till skuldbefrielse.

Det vita ljuset är också ett läkande ljus. Därför kan man i meditation känna hur ljuset *stannar* i olika delar av ens kropp. Där man tycker att det stoppar upp har man störst behov av läkning. Om ljuset stannar redan i pannan så behöver man arbeta med att inte intellektualisera den här processen, och att inte heller låta prestationer styra. Men om det stannar vid hjärtat så behöver vi mycket läkning orsakat av händelser som sårat oss, kanske inte bara i denna inkarnation utan också i många tidigare liv. *Om vi låter vitt ljus hela oss i hjärtat så blir vi mindre sårbara och vi kan också slippa egots behov av bekräftelse.* Ofta bör man jobba länge med detta chakra. Det vita ljuset kan också samtidigt rensa hela kroppen, även om man aktivt fokuserar just på hjärtchakrat.

Har man svårt att ta in det vita ljuset så kan det bero på att egot har fastnat i skuld. Då blir det mödosammare att visualisera ljuset. Det enklaste att göra i denna situation är att be om hjälp för att förstå bakgrunden till svårigheterna. Då gäller det också att acceptera att denna process får ta tid, men att det ändå alltid går att visualisera vitt ljus. Den möjligheten är inte stängd för någon.

Vi bör rensa alla former av skuldtänkande vi har mot

oss själva. Det kan vara ett stort arbete, för skulden sitter hårt fast i många av oss. Vi anklagar oss själva för saker vi har gjort, inte har gjort eller borde ha gjort.

Det betyder inte att vi skall förhålla oss totalt passiva till om vi har orsakat andra lidande. Men vi kan i bön be om hjälp att rensa oss från skuld. Om vi då samtidigt erkänner den och lär oss av den kan vi lättare undvika att göra om samma misstag.

Att rensa skuld är också att göras medveten om konsekvenserna av ens eget handlande. Det innebär inte att vi automatiskt slipper följderna av vårt handlande. Men det innebär att vi kan återupprätta en kanal till vårt högre jag och vår vilja att återställa och gottgöra det vi eventuellt har orsakat.

Om vi *inte* ber om skuldbefrielse så blir det mycket svårare att hitta nya öppningar till vårt gudomliga jag. Så börja med att i meditation be om vägar ut ur skuld. Be om att få se större sammanhang och att kunna omvandla skuld till positiva handlingar mot våra medmänniskor!

Här talar vi om skuld som orsakat lidande för andra. En annan typ av skuld är att vi många gånger har orealistiska förväntningar på vad vi kan åstadkomma i just detta liv. *Om vi inte uppfyller egots förväntningar så kan en skuldsituation uppstå* som har en självförbrännande karaktär på så sätt att den i förlängningen sliter ut oss och gör oss sjuka.

Skuld har också en tendens att förhindra all kontakt med vårt högre sanna jag.

I ett kommande kapitel beskriver Aviron hur man kan använda sitt högre jag för att vidga sitt medvetande i syfte att kunna få kraft, energi, visdom och kärlek från våra guider i andevärlden.

24

Familjen Müller

Jag hade Centas dotter framför mig. Hon hette Mathilde. Den här gången var det ingen hypnos eller medial resa. Franz Müllers systerdotter satt där livs levande. Trots sekretessen i de tyska arkiven hade Eva Fintelmann lyckats spåra hans nu levande släktingar.

Vi träffades på en restaurang i Perlach strax söder om München. Hon var 84 år gammal och väldigt pigg. Hennes son hade följt med som stöd och fungerade även som tolk. Han var lika gammal som jag och jobbade på ett tyskt storföretag. Eva var mitt stöd. Det behövdes. Jag var nervös. Släktingarna var varit tillmötesgående även om de förstås förbryllades över mitt intresse för deras familj.

Mathilde var först avvisande till att träffa mig. Hon sa sig inte ha några släktingar i Sverige. Jag skrev då ett brev och förklarade att jag ville berätta historien om hennes morbror i en bok. Bara hon kunde hjälpa mig med de historiska detaljerna. Min oro var att allt tal om tidigare liv skulle förstöra kontakten. Dessutom var hon nybliven änka och sörjde fortfarande. Eva ringde henne två veckor efter det att brevet skickats. Och Mathilde sa ja!

Före resan till Perlach funderade jag många gånger på hur mötet med dem skulle förklaras på bästa sätt. Jag tänkte först låtsas som om jag skrev en verklighetsbaserad roman där deras onkel tjänade som motiv. Jag var helt enkelt rädd för att kontakten skulle gå i kras. Men när vi satte oss vid bordet i Perlach kändes det som om falskspel skulle straffa sig. Sonen vände sig till mig och frågade kallt:

– Säg mig: *varför* är du intresserad av onkel Franz?

Jag valde att berätta sanningen. Jag sade, att mina minnen

från en hypnos för 15 år sedan utvecklats till ett livsmysterium som jag bara *måste* gå till botten med. Jag tror att jag faktiskt *var* deras onkel i ett tidigare liv. Namnet på honom hade jag fått av ett medium och ville nu se om mina minnen från hypnosen stämde in på honom. Jag vill skriva en bok där berättelsen om Franz fungerade som sidohistoria. Ja, boken var nästan färdig! Bara detaljer fattades.

Sonen nickade. Vad skulle han tro? Jag berättade lite mer och försökte förefalla så engagerad som det någonsin gick. Till slut tror jag att han tyckte synd om mig som skaffat mig ett så besynnerligt livsproblem. En tystnad uppstod. Så sa han:

– All right. Vi skall hjälpa dig. Vad vill du veta?

Familjens beslut kom att innebära det andra stora genombrottet i sökandet efter min identitet från det första världskriget. Jag fick uppgifter som jag aldrig kunnat drömma om att få på annat sätt. Vi kom först in på Franz pappa, Xaver.

– Han drack alldeles för mycket öl, sa Mathildes son och gestikulerade. Jag har sett ett fotografi av honom.

– Bar han skägg? frågade jag.

– I alla fall en mycket stor mustasch. Crescentia och Xaver var ett udda par. Han var kort och hon lång. Men hon var den starka personen i familjen.

Mathildes son förklarade varför familjen flyttade till München. Xaver hade ärvt sin fars garverirörelse i Burgheim. Den gick periodvis dåligt men inkomsterna räckte till familjens försörjning. Xaver blev dock tvungen att sälja rörelsen när hans syster ville få ut sin arvedel. Familjen flyttade då till München där Xaver fick jobb i en pälsfabrik. Det gick att spåra tragik i berättelsen då Xaver inte längre var "sin egen" utan blev tvungen att arbeta för andra.

– Hade man pension på den här tiden? frågade jag.

– Jovisst, sa Mathilde, men den var väldigt liten.

Hon tittade på mig, tog sig för ögonen och fortsatte:

– Franz grät stora tårar när han skulle in i det militära. Han var väldigt ledsen för att behöva gå ut i kriget.

– Talade ni ofta om Franz i familjen?

– Nej, nästan aldrig. Vi talade inte om honom.

Mathilde föddes 7 år efter Franz Müllers död. Hon hade alltså enbart indirekta minnen av honom. Hon kunde förstås inte minnas allt, särskilt som familjen uppenbarligen undvek öppen sorg efter Franz död. Men Mathilde berättade anekdoter som illustrerade familjens relationer. Franz byggde en symaskin åt Centa. Jag tror inte att en tonåring skulle göra så utan att tycka väldigt mycket om sin syster. Och efter Franz död bar mamman alltid svarta kläder. Hon gjorde så varje dag ända fram till sin död 40 år senare. Det säger mer än ord!

Jag undrade om Franz hade haft några flickvänner. Nej, det hade han inte. Familjen bekräftade att den äldre brodern också gick ut i kriget. Mina frågor kom därefter att kretsa kring gamla fotografier. Centa förvarade dem i ett album, men hon kastade bort allesammans en gång när dottern inte var hemma.

Franz dödsannons. Kompaniets adjutant noterade händelsen en dag för sent, vilket förmedlades till de anhöriga. Enligt alla officiella handlingar inträffade dödsfallet den 21 juli.

133

Nu lutade sig Mathilde fram och skänkte mig det enda foto-grafi hon hade på Franz. Otroligt! Nu fick jag äntligen se den man som jag sökt efter så länge. Fotografiet var tryckt på ett be-gravningskort som påminde om våra dagars dödsannonser. Så-dana kort delades ut som minne till de sörjande vid begravning-ar. En minneshögtid hölls kanske i München. Franz begravdes annars på krigskyrkogården i Montauban och hans kropp flyt-tades sedan till en massgrav i det näraliggande samhället Fri-court. Hans namn finns fortfarande inristat på stenen intill massgraven. Jag stoppade nu undan minneskortet för att få stu-dera det i lugn och ro lite senare. Jag satt ju fortfarande i ett möte där jag både ville göra gott intryck och få med mig så mycket information som möjligt.

Sonen inflikade att släktingar berättat att Franz kunde bli ag-gressiv när han drack öl. Men alla drack ju öl på den här tiden! fortsatte han urskuldande. Sonens uppgift väckte en misstanke hos mig om att alkohol även kunde göra pappan besvärlig. Re-aktionen på alkohol visar ju ärftliga drag.

Nu kom en fråga av principiell betydelse för en av mina vi-sioner. Var lekte barnen när Mathilde var liten? Hon sken upp i ansiktet och svarade entusiastiskt:

– Vid kyrkan! Vi lekte vid ett litet berg som togs bort när man byggde prästbostaden, berättade hon.

Det gick upp ett ljus för mig. Grönområdet från vilket Franz började sin språngmarsch i min barndomsvision måste ha varit baksidan av Ursulakirche. Vägen från kyrkan till hemmet på Occamstrasse var ungefär 250 meter. Så långt kan en 7-åring springa utan att bli utmattad.

Familjen lovade att söka efter fotografier på Franz, Xaver, Crescentia och Centa bland sina gamla minnen. Men strax in-nan vi skildes frågade jag efter något som jag faktiskt aldrig tänkt på förrän just då. Idén var stundens ingivelse.

– Skrev Franz brev från fronten? frågade jag.

– Jo, det gjorde han, svarade Mathilde.

– Finns de kvar?

– Kanske, sa Mathilde. Jag kan leta efter breven också!

Jag fick med mig en skatt – ett fotografi på mig själv från en annan inkarnation. Det kändes fantastiskt att jag nu höll ett sådant i min hand. Var vi lika varandra? Jo, jag tycker att det finns en likhet i utseendet, även om det givetvis är genetik som skiljer. Man bör dock främst leta efter likheter i själslig utstrålning när man jämför detta fotografi med bilder på mig från mitt nuvarande liv.

Hemma i Sverige visade jag kortet för Marie-Louise. Hon kunde mycket väl tänka sig att det var jag. Hon tonade snabbt in kortet. Aviron sade:

– Det var då du bestämde dig för att bli läkare.

Jag jämförde kortet på Franz med mitt officiella porträtt på Karolinska institutet. De uppvisade en god portion porträttlikhet. Mitt nuvarande liv har helat en del själsliga sår från kriget, men fortfarande kan man skönja samma utsatthet och vilsenhet som var så tydlig i Franz ansikte.

Aviron rådde oss också att jämföra det 90 år gamla kortet med fotografier av mig som barn. På så vis halveras ju tidsavståndet. Likheten i själslig utstrålning ökade men vi förlorade förstås möjligheten att jämföra porträttlikheten.

En detalj är att varken jag eller Marie-Louise någonsin visualiserat Franz i skägg eller mustasch. Det hade han inte heller, vilket annars var vanligt i den tyska armén.

Franz Müller 20 år och "smal i ansiktet som en ungräv".

Robert 48 år. Officiellt fotografi som professor på Karolinska institutet.

25

Stegen upp till himlen

Marie-Louise såg ett högt berg för sin inre syn. Vi undrade förstås vad det skulle betyda. Med tända ljus på bordet satt vi ner i husets meditationsrum och inväntade att Aviron skulle börja tala till Marie-Louises medvetande. Han sade:

– Berget står som symbol för er andliga resa. Det symboliserar visdom och styrka. När man står vid foten av berget kan man tycka att vandringen till bergets topp är oändlig. Resan kan tyckas motig för att ni måste bana ny väg uppför berget. När det känns motigt så är det inte andevärlden som motarbetar er utan det beror på att ni går igenom egna faser av tvivel.

Men se inte berget som en stoppkloss! Se det inte som ett hinder för utveckling utan som en visdoms- eller kunskapspelare. Berget är er hjälpare och vän och är till för att utforskas.

För att ta del av dess kunskap är det viktigt att lyssna till hjärtats röst. Ju mer öppet och mottagligt det är, desto lättare kommer informationen till er.

Att hålla på med konstnärlig verksamhet hjälper till att öppna hjärtat. Krav och stress har motsatt effekt och gör processen onödigt arbetsam.

Med ett öppet hjärta kommer andlig information ännu lättare till varje människa utan krav och skuld, och utan *materiens tröghet. Ni skall nu få ett verktyg för hur kommunikationskanalen med andevärlden kan vidgas ytterligare.*

När vi är i våra fysiska kroppar är vi begränsade på många sätt. Tänk på, att riktig frihet bara uppnås genom befrielse från den fysiska kroppen. Så länge vi är i den kommer vi alltid att uppleva hinder för vår egen andliga utveckling. Därför är det lättare att uppnå kontakt med anden om man mentalt försöker visualisera sig själv *utanför* den fysiska kroppen. Ju starkare andlig kraft man har, desto lättare är detta att åstadkomma. Ju mer vi befinner oss i den fysiska kroppens tröghet, desto svårare är det att uppnå en kommunikation, för vi hamnar lätt i tvivel om kontaktens riktighet.

Dörren till denna övning öppnas under meditation. *Man visualiserar alltså sig själv utanför kroppen* och kan börja med att försöka se sig själv sittandes på sitt eget huvud. Det är bra att göra det i steg eller stadier, för det är inte meningen att medvetandet skall flyga iväg och lämna kroppen. När man sitter på sitt eget huvud kan man känna sig ganska liten och lätt, men fortfarande med bibehållen förankring till sin fysiska kropp. Tänk dig att den nya lätta personen är ditt högre medvetande, ditt högre jag, som kan existera oberoende av din kropp.

Nästa stadium består i att *låta det högre jaget upplevas som att det ställer sig upp på ditt huvud.* Fortfarande är det en liten figur. Det står på huvudet och sträcker sina armar upp mot himlen. Detta är en signal till att du nu är mottagare och att du börjar släppa kontakten med din fysiska kropp.

Det tredje stadiet är att du upplever *en stege komma ner från himlen.* Ta tag i stegen och håll i den! Visualisera hur du börjar *klättra upp för stegen,* ett steg i taget. Detta kan bli en mycket spännande resa. Ju högre du vågar klättra, desto starkare kan du uppleva Gud.

Det här är ingen resa man kan göra med stor lätthet. Den förutsätter att man är trygg i sig själv, har en stabil grund att stå på och mår psykiskt bra.

Om man upplever ett stopp tidigt under övningen så beror det på att man inte är mogen för denna typ av andliga resor. Det är inte heller bra att forcera ett skeende som kan orsaka förvirring. Men om man känner sig trygg i denna övning så är den till för att vi människor skall kunna vidga vårt medvetande och alla så småningom kunna få information från guider och våra medarbetare i andevärlden.

När stegen fällts ner kan man stå på det första steget väldigt länge. Det är inte fel. Även på det första steget kan man ta till sig en hel del visdomar. Och det är heller inte meningen att denna process skall gå snabbt.

Syftet med övningen är inte att vi skall lämna kroppen och flyga iväg. Syftet är att vi fortfarande skall känna förankring i oss själva och, via stegen, till gudomen. Denna process är lättare om man förhåller sig som ett barn i anden. Stegen utgör vår sanna länk till gudomlig inspiration men är också till för att vi inte skall förlora vår verklighetsuppfattning. Stegen skall symbolisera att vi kan klättra upp och ner, men att vi av egen kraft och vilja också kan höja vår medvetandenivå.

– Kan man gå igenom alla tre stadierna vid samma tillfälle?
– Det beror på vem som gör övningen. För vissa kan det ta år att bara sätta sig på sitt eget huvud. Det styrs av hur öppna och medvetna vi är. Hur högt vi sedan klättrar på stegen beror helt och hållet på var vi utvecklingsmässigt står och vad som är meningen med våra liv. Men vi kan själva påverka vår andliga utveckling genom att förstå innebörden av att vi själva är våra egna redskap till att få kunskap.

Marie-Louise får se en bild av hur långt Robert kommit i denna utveckling. Aviron säger:
– Du kommer inte att ha någon svårighet att se att du sitter på huvudet eller att se att du står på huvudet. Sedan kan det ta ett tag, kanske veckor, innan du verkligen ser stegen. Du klättrar ganska lätt upp till det andra steget, men kommer då att uppleva något märkligt, nämligen att steg tre inte finns. Du måste då fråga dig själv – vad saknar jag för att uppnå steg tre?

Vad är det jag söker som jag inte har funnit? Detta

avsaknande gör att du inte kan gå ett steg till. Då tvingas du att vända dig in i dig själv och att rannsaka dina egna beteenden. Detta är hemligheten med stegen. *För varje steg vi skall ta tvingas vi att gå till botten med våra behov och våra drivkrafter.*

När du står där på steg två kommer du att uppleva att det blåser kraftigt, att det svajar och att du har svårt att hålla i dig. Detta är andens sätt att tala om för dig att du behöver hitta en ny förankring för att kunna gå vidare.

I vanliga fall hade du inte fått veta allt detta. Men ni får nu tjäna som exempel för andra. Alla skall förstå att ingens resa är lätt. Du, Robert, har fortfarande stora hinder när det gäller att släppa egots påverkan på dig. Det är alltså egot som gör att det blåser kraftigt. Du måste sudda bort är de ständiga frågarna om *syftet* med allting. Du måste frigöra dig och lösgöra dig från tankar om syftet och blicka in i det oförutsägbara. Det är svårt för dig som drivits hårt av kontroll och prestationer i alla år. Därför kommer du att uppleva att det blåser kraftigt. Du kommer också att uppleva din andlige ledare på så sätt att där det blåser som hårdast är han dig allra närmast.

Om vårt liv enbart syftar till att tillfredsställa egot så kommer vi aldrig längre än till det första steget. Om vi släpper egot kan vi klättra hur högt som helst.

Marie-Louise har två stegar som går in i varandra. En är för medialiteten, där hon springer upp och ner hur enkelt som helst, och en annan för sin personliga utveckling. Mycket av hennes problem handlar om att hon blandar ihop stegarna. På sin privata stege har hon fastnat på steg fyra, som avser problem med att inte i grunden känna sig älskad av andra. Lösningen på det är att lära sig älska sig själv till 100 procent och göra sig mer oberoende av andras kärlek.

Maria kilar upp och ner på stegen helt bekymmerslöst. Hon är just nu på det sjunde steget.

När vi arbetar med denna stege så höjs vårt medvetande. Det innebär inte att vi skall lämna jorden och flyta omkring i ett slags lycksalighetens rus. Det innebär att vi skall bli mer öppna för våra tankar och känslor, våra inre drivkrafter, och målet och meningen med våra liv. Det är inte en verklighetsflykt utan ett sätt att lära sig vara sann mot sig själv och att träna sig i att se sina egna inre behov. För de trappsteg du inte lyckats nå vill ju anden påvisa dig något, lära dig något om dig själv.

Om du är öppen och lyhörd så underlättas förstås resan betydligt. Men är du stängd och arg, och skuldbelägger dig själv, då blir det svårare.

Målet med övningen är att vi så småningom, om inte i denna inkarnation så i nästa, skall kunna klättra upp och ner på denna stege helt obekymrat. Och när vi klättrar upp så är syftet att ta ner så mycket gudomlig kraft till jorden som vi har möjlighet att göra. Detta är alltså en metod för att ge er jordemänniskor *kraft, energi, visdom och kärlek från andevärlden.* Använd den som ett redskap för att få tillbaka livslusten och energin igen.

Några månader efter denna seans insåg Marie-Louise att de olika trappstegen i Avirons stege måste symbolisera människans olika chakran. Det är ett ofta använt system som lokaliserar andlig energi till olika delar av människans kropp. Den tolkningen kan underlätta för oss i förståelsen av vad vi bör arbeta med.

Roberts svårigheter att släppa egot hör ihop med det första och andra chakrat (rot- och mjältchakrat).

Det tredje chakrat står för känslor och hur man bäst lär sig hantera dem.

Det fjärde symboliserar hjärtats öppnande och hur vi lär oss att älska oss själva och andra.

Det femte, halschakrat, står för kommunikation.

Pannchakrat symboliserar medialitet och det tredje ögats öppnande.

Det sjunde, kronchakrat, står för direkt förbindelse med andevärlden.

26

Roberts frigörelse

Vid flera tillfällen genom åren framförde andevärlden att jag yrkesarbetade alldeles för mycket. Objektivt sett hade de rätt. Jag var professor i anestesi- och intensivvård och djupt engagerad i forskning. Under ett par månader varje år jobbade jag även med utbildning av blivande läkare. Det blev väsentligt mycket mer arbete än 40 timmar per vecka och dessutom många resor.

I en uppgörelse med mig redan år 1997 förmedlade Marie-Louise varningsord från min andlige ledare, munken Askedun. Han manade till eftertänksamhet och ville att jag skulle fråga mig själv *varför* jag arbetade så mycket. Han sade:

– Arbetet tär på dig. Du arbetar som om du vill befria dig från sorg och skuld som belastar dig. I arbetets stund är du visserligen herre över dina handlingar. Du tror att arbetet kan göra dig osårbar. Men du bär på en rädsla för att upplösas, en rädsla för att inte vara någon. Detta är djupa inre mekanismer som du inte rår över själv.

Karriären har gjort dig osårbar till det yttre. I karriären kan du gömma dig och känna dig stark. Men du har spänt en taggtråd kring dig själv och släpper inte in någon, för du vill inte visa hur sårbar du är. Taggtråden är ditt skydd. Dina innersta drömmar och önskningar vill du inte berätta för någon. Välj själv att ta dig ur detta fängelse! Att våga vara sig själv och visa sig sårbar är grunden till all personlig utveckling.

Öppna dig för din själs sanning! Det är också ett led i att våga vara sig själv. Jäkta inte från post till post i vardagen – stanna upp och tänk efter!

Din uppgift är att leda andra, men du måste hitta *dig*

själv först. Hur skall du kunna leda andra om du inte vet vem du själv är? Ha inte så höga krav på dig! Livet är ingen tidsinställd bomb!

Jag fick flera tips om hur jag kunde påverka situationen, men det var svårt att följa dem då forskningen inte gav så mycket tid över. Meditationerna under en sabbatstermin år 2001 påbörjade dock en frigörelse. Askedun menade att forskningen var en del av mitt program på jorden, men inte den viktigaste. Mitt fokus på detta var tyvärr så kraftfullt att inget annat kom igenom.

Jag började gradvis uppfatta det som en omöjlig ekvation att göra karriär som medicinsk forskare och samtidigt utveckla mig själv, stötta hem och familj och författa andliga böcker.

Två år senare frågade jag vad jag skulle göra för att bli fri. Den Helige Ande sade:

– Det är ingen lätt process. För dig, Robert, startar det med att släppa all oro för världsliga ting, såsom arbetssituation och försörjningsplikt.

Gör upp med ditt jagande, din oro och med svårigheterna att identifiera dig med ditt kvinnliga jag! Erkänn det som innehåller intuition, känslor, ökad medvetenhet och icke-fokus på egot. Du vill ju öppna ditt "tredje öga" men utan denna process är det inte möjligt.

Du måste också släppa in en förlåtande energi till dig själv. Det behovet hänger ihop med tidigare liv. Saker du ej hann fullborda sätter press på dig i ditt nuvarande liv. När tankar om förlåtelse väcks startar en reningsprocess inom dig. Sänk också ribban så blir fallet inte så stort! Då kan du bara hoppa över den.

Tänk att du vilar som i en Noaks ark. Om det stormar runt omkring dig så sitter du tryggt i båten. Ge dig själv en meditationsbild av total trygghet, total tillit, total vila och tröst. När du tränat in denna bild om och om igen så kan en öppning av ditt själsliga öga ske.

Att uppfylla dessa råd innebar att sluta arbeta med forskning och sjukvård. Tankarna väckte dock starka inre motstånd. Det var en svår sak att ge upp en position som krävt så mycket av mig och av hela familjen under så många år.

Anden fortsatte med att ge mer personliga råd riktade till mig:
– Du har fortfarande mycket skuld inom dig. Den innebär att du ständigt grubblar över om du gjort rätt saker och valt rätt väg yrkesmässigt. Den gör det svårt för dig att släppa taget om det gamla. Förstå att skulden är egostyrd! Vi i andevärlden vet att du gjort allt efter bästa förmåga. Egot är som en parasit på dig just nu. Parasiten inser att den håller på att förlora greppet. Därför upplever du stor olust just nu. Men en del av din röda tråd *är* att successivt släppa taget om din profession.

Det är en kraftfull process att rensa i sitt ego. Det kan innebära att man måste omvärdera hela sitt liv och helt ändra kurs. Tänk på att det som du går igenom är något friskt och sunt. Det handlar om en process av förnyelse där du går på djupet med vilka drivkrafter som styr dig och vilken typ av behovstillfredsställelse du vill åstadkomma.

Nu när du inser att forskningen inte leder dig till lycka så börjar du omvärdera hela ditt liv. Vi ber dig att förstå tyngden i denna process, och vi ber dig hålla ut och inte ge upp. Låt detta nu ha sin tid, men som vi tidigare sagt, ta inte på dig nya uppdrag utan rensa och skala av.

Det kommer att öppnas ytterligare en dörr för dig. Meditera oftare och skriv ned allt du får så kommer du att få bevis på att en ledningsfunktion har öppnats.

Se också tiden an med förväntan inför det nya som skall komma. Men du behöver en vilotid först. Ju mer styrning egot har haft, desto svårare blir frigörelsen.

Så fort du känner meningslösheten och tyngden, försök då att öppna kanalen till ditt högre medvetande med hjälp av det vita ljuset, och låt det bara för stunden skänka dig lindring och tröst.

Denna seans gav mig insikt om hur mycket jag själv styrdes av egot i mitt yrke. Det var viktigt att få komma fram i ljuset, få visa vad man gjort, få hedersuppdrag, forskningsanslag och att bli inbjuden att hålla föredrag utomlands. Varje framgång födde önskemål om nya starka insatser som fick mig att sätta upp ännu högre mål.

Detta beteende stimuleras på alla nivåer i forskarsamhället där det framställs som vägen framåt i yrket. Heder, ära, andras uppmärksamhet och mycket pengar till forskning är viktigt, och det styr faktiskt allt. Forskarvärlden är starkt egostyrd, även om den inte gärna vill erkänna det. Utåt vill forskaren helst ge sken av att styras av idealism och humanism.

I denna situation beslutade jag att sluta arbeta som statligt anställd forskare. Från och med december månad 2005 minskades arbetstiden till 25 procent i syfte att avveckla verksamheten helt och hållet inom ett år. Inom forskningen ges ju många löften och avtal ingås hela tiden. En gradvis nedtrappning kändes därför mest sunt. Det var ju aldrig min mening att uppbrottet skulle skada någon.

27

Inre stress

Människor kan uppleva inre stress av många olika orsaker. Under perioder när det var mycket att göra i familjen så kände vi ofta otillräcklighet i förhållande till Maria. Hon behövde särskild tid då autistiska barn kräver mycket hjälp för att komma i gång med nya aktiviteter. Marie-Louise var särskilt illa plågad. I början av en seans fick hon en symbolbild: en kniv riktades mot hennes strupe! Aviron föreslog hur hon skulle hantera dessa känslor av otillräcklighet utan att själv ta skada. Han sade:

– När man upplever krav från alla håll, och när man känner otillräcklighetens börda och tyngd, som du gör just nu, så bör man arbeta med att bättre förstå sig på sina inre drivkrafter. Snarare än att se alla krav som ett utifrån kommande hot så fokuserar man alltså på sig själv.

Om man identifierar sig som ett jordklot, som en boll, så kan man välja att fylla den med positiv livskraft och energi. Ens inre symboliserar då alltet, en inre skapande kraft, en inre styrka och frid, det totala tillståndet av lugn, en slags ordning i kosmos till skillnad från kaos.

I detta tillstånd av totalt lugn kan man återskapa en förlorad länk till Gud. För när man känner tillvarons krav, som du nu gör, hotfullt och skrämmande, så är principen den att söka sig tillbaks till länken med Gud.

Så modellen är, i alla situationer av stress, att gå in i sig själv och söka kontakten med Gud – om vi förlorar den kontakten så påverkas vi mycket *mer negativt* av tillvarons krav, och vi känner oss hjälplöst utkastade i universum.

Ingenting sker utan djupare mening eftersom tillvarons krav och stress tvingar oss att söka i vårt innersta. Om vi inte gör det kan konsekvensen bli sjukdom. Långvarig inre stress ger alltså upphov till sjukdom i ens fysiska kropp. Det är därför *meditation, kontemplation och inre frid är så viktigt för att undvika att bli sjuk.* Men, säger du, en del blir ju stressade av att inte kunna meditera. Ordet "meditation" kan ju också uppfylla en med ännu fler krav. Men det finns inte något kravfullt över att meditera. Det är som att duscha sin själ på samma naturliga sätt som man duschar sin fysiska kropp.

Varje människa är unik och kan därför ha sitt eget sätt att skapa inre frid.

Själen behöver också rening och rensning. Metoden är att med tankekraft skapa en rensningsprocess för själen, och hur denna tankeprocess bör skapas och formuleras kan vara olika för olika individer. Jag ger några exempel:

Låt tankeprocessen drivas av en inre längtan att bli fri. Släpp alltså fram den drivkraften att vilja bli fri från stress och tyngd. Tillåt dig att säga: "Jag orkar inte med detta stresstillstånd längre. Jag vill bli fri! Jag vet också att stressen skadar min fysiska kropp. Min längtan är att finna ett annat tillstånd, och det är fyllt av harmoni och frid." Släpp fram denna längtan, denna önskan, och formulera den om och om igen för dig själv.

Befrielse från skuld. En orsak till svårigheter vid meditation är att vi är så fulla av skuld. Vi känner oss så små och otillräckliga. Det är som att vad vi än åstadkommer eller gör så blir vi aldrig befriade från skuld, prestationer och krav.

Skuld är som en parasit. Den har en förmåga att bita sig fast och växa. När den väl fått greppet om oss så sitter den fast. Det gör att många tror att det är normalt att känna skuld, och skulden blir då införlivad i ens vardag som ett nödvändigt ont. Vi har inte inkarnerat på jorden för att ständigt känna så. Skulden påverkar oss på så sätt att den hindrar intellektuella processer. Den skapar vakuum i tankeflöde och inspiration. Den hämmar oss känslomässigt. Den förtrycker och slår ner på oss. Den hindrar oss på alla sätt i vår personliga utveckling.

Skulden är inte ett andligt påfund. Den består av tanke-processer och inre krav på prestation, och dessa tanke-processer uppstår i våra hjärnor.

På jorden tävlar och mäter vi oss ständigt med varandra. Vi vill komma först, vara bäst, tillfredsställa alla våra behov, och skynda fort, mycket fort. Det är som om vår jordevandring är en tävling på en racerbana. Den som kommer först i mål får det högsta priset.

Himlen säger att den som kommer *sist* i mål får det högsta priset. Ha denna bild i huvudet, och tänk på att all utveckling på jorden måste få ta tid. Men då måste vi också få tillbringa en lång tid på jorden och inte dö för tidigt på grund av stress.

Vi hyllar de människor som har kommit till denna insikt. För det är med denna insikt som allt uppvaknande kan ske. Skynda långsamt och tänk på att tiden är evig! Detta liv ni lever nu är en del i en evighetscykel. Om ni kan dra ut på det så länge som möjligt så har ni goda förutsättningar för att gynna er själva, både i detta liv och i kommande inkarnationer.

Maria kom till er – hon är ett barn som prövar er i tålamod och tillit. För varje litet framsteg hon gör borde ni gläd-jas mycket mer, och inte genast önska nya framsteg. Förvalta de framsteg hon gör först, se på dem i ljuset av hennes själ och lär er tålamodets prövning. På samma sätt växer insik-terna. Vi får gå långsamt men säkert fram. Det kan bli bak-slag. Bakslag kommer för att vi inte riktigt förstår vårt bästa. Vi vill ju alla skapa perfekta liv och att allt skall gå fort.

Marie-Louise frågade:

– Varför har ni då sagt att Marias utveckling måste påskyndas?

– Marias utveckling sker i olika steg. Ett av de första var att bryta igenom isen och att få henne mer förankrad på jorden. Det steget var viktigt att fullfölja också tidsmässigt för att få henne att förstå att jorden är en bra plats att leva på. Den processen är hon fortfarande inne i. Men ni har redan brutit igenom en hel del av isen.

Det gäller att komma fram till hennes hjärta och få henne att förstå hur älskad och hur accepterad hon är av er oavsett hennes tankemässiga blockeringar. Att älska henne förutsättningslöst är således en viktig del i hennes helande. Ert uppdrag innebar att ni till en början hade en viss press på er att förankra henne på jorden.

Vi tycker att Maria utvecklas i den takt vi hade förväntat oss av er. Hon har utvecklat en djupare kärlek till er som var nödvändig för att hon skulle stanna kvar. Tänk på att varje dag med henne är meningsfull och det första steget, att *öppna dörren till hennes hjärta*, är i full gång och att detta är en ständigt pågående process.

Andra steget är att *jorda henne*. Det är att göra aktiviteter som för henne närmare jorden och människorna. Det innebär konkret sysselsättning och inlärning, som hon ju också får på sin skola. Att socialisera med andra barn är också en del av jordningen. Denna process får ni hjälp med av lärare och andra på skolan. Lägg inte detta ansvar för tungt på er själva.

Det tredje steget är det som ni undrar mest över, och det är *healing*. Den processen kommer att bli mer tydlig nu när Robert minskar sin arbetsbörda. Det helande han utför med sig själv kommer också att hjälpa Maria. Det är inkörsporten till ett nytt liv. Det är därför vi ber dig om, Robert, att inte ta på dig för många nya arbetsuppgifter.

Helandet innebär också ett livslångt arbete med er själva där ni tvingas att gå på djupet med era egna tankeprocesser.

Robert, du är den jordbundne i den här relationen. Du har kraften på jorden. Marie-Louise och Maria kan försvinna från dig om du inte håller dem kvar! Slutar du att älska dem så flyger de sin kos. Därför är du en viktig person för deras utveckling här och nu. Stå fast i din roll, fast förankrad i jorden, så hjälper du dem bäst.

28

Nya bitar i pusslet

En månad efter middagen i Perlach fick jag ett stort kuvert från Tyskland med posten. Pulsen ökade. Skulle jag få ett nytt genombrott i sökandet efter mitt tyska liv? Det kändes ju som om pusselbitarna börjat falla på plats, och nu blev den känslan ännu tydligare. Det var riktigt spännande!

Jag öppnade kuvertet. Det innehöll ett fotografi av utmärkt kvalitet på familjen Müller. Nu fick jag för första gången se hur Xaver, Crescentia, Centa och Josef såg ut i verkligheten. De två äldre bröderna var inte med. Fotografiet borde därför vara taget under det första världskriget.

Därefter föll den verkliga skatten ut på mitt skrivbord. Den bestod av en bunt med brev från fronten. Fem av dem hade Franz skrivit till sin syster och fyra var från den äldre brodern Georg. Breven *fanns* alltså kvar!

Jag bläddrade snabbt igenom den lilla högen. Franz skickade ett brev i månaden under våren 1915. Jag öppnade dem försiktigt. Texten var skriven med blyerts och omöjlig för mig att läsa. Det tycktes som om han skrev snabbt. Jag förstod att breven behövde tolkas av Eva Fintelmann, som ofta läste gammaltysk handstil i olika arkiv.

Centa hade sparat ett av Georgs brev för varje år av kriget. Han skrev något mer propert. Men jag kunde ändå bara följa korta delar av hans sista brev. Där såg handstilen helt annorlunda än i de första tre breven. Från att ha varit mogen, ordnad och bestämd så var den där betydligt barnsligare. Jag förstod inte orsaken.

Men redan nu satte sig Marie-Louise och jag vid köksbordet för att tona in fotografiet och breven. Först höll jag Franz sista brev, som var daterat den 28 maj 1915, i handen. Jag fick en känsla av instängd tristess och en vision av att Franz satt på botten av en skyttegrav med böjda knän. När han skrev lutade han ryggen mot dess vägg och stödde brevet mot en pappskiva. Under de följande två minuterna upplevde jag ett märkligt fenomen. Franz och skyttegraven växte och blev bara större och större, medan jag själv tycktes krympa för att bli liten som en mus. Jag fylldes av samma känslor som jag oförtjänt och obegripligt nog förföljts av under min svenska militärtjänst, nämligen meningslöshet, sorg och hjälplöshet. Till slut blev situationen overklig och lätt bisarr. Det var som att dimensionerna satts ur spel, vilket påminde om känslan jag fick av kyrkbänkarna i Schwabing. Jag lämnade över brevet till Marie-Louise.

Hon höll i Franz sista brev och fick en strid ström av information. Jag skrev ner allt. Marie-Louise talade oavbrutet i över en timme medan hon höll i det ena efter det andra av de hopvikta tunna breven. Det kändes tungt att hålla i dem, sa hon. Kriget var hemskt och djävulskt.

Marie-Louise berättade att livet vid Montauban präglades av tristess redan i februari. Kamraterna var snälla och gjorde sitt bäs-

Familjen Müller cirka 1915. Från vänster ses Xaver, Josef, Centa, Marie (Georgs flickvän) och Crescentia.

150

ta, även om humorn var rå, men Franz hade svårt för vissa befäl. Han fick gräva mycket och kände sig fysiskt trött. Det var blött. Kaffet var en höjdpunkt. Soldaterna fick också något att döva sig med, troligen alkohol, för att stå ut. De flesta rökte cigaretter. Mannarna sjöng ibland i skyttegravarna och Franz irriterade sig på att de sjöng falskt. Soldaterna led av diarré och dålig lukt spred sig.

Kylan på nätterna gjorde det svårt att sova. Han kände sig ensam och utelämnad och led av att inte kunna bada och få sköta hygienen ordentligt. Ibland fick han en känsla av att vara lurad. Under våren förlorade Franz allt mer livsenergi. Hemlängtan var svår. Han skulle kunna göra vad som helst för att få vara hemma i köket och baka bröd med mamman. Han längtade verkligen efter färskt bröd!

Han skulle vilja vara en giraff som kunde sträcka upp huvudet och se sig vida omkring i landskapet. Att befinna sig i en skyttegrav kändes som att sitta inlåst.

Breven hem till Centa var viktiga. Han uppfattade henne som stark, klok och förståndig. Hon var nästan som en extra mamma. Franz visste att hon skulle orka höra hans klagan. Däremot var han orolig för modern.

Franz längtade efter blommor och skönhet. Han fantiserade om barndomen med Centa. Han ville ge henne blommor! Han drömde sig bort och räknade stjärnor på nätterna.

Mot slutet av våren blev landskapet grönt men började också bli sönderskjutet. Det gjorde honom rädd. Han hörde fruktansvärda, hemska ljud. Alla explosioner skrämde honom. Nätterna var fortfarande värst. Han sov oroligt. Franz var rosslig i lungorna såsom vid en förkylning. Han hade ont i fötterna och tog av sig skorna för att kunna läka skavsåren. Det var svettigt.

Franz fick allt oftare en känsla av att han inte skulle komma levande därifrån. Några kamrater hade dött längre bort, men inte just där han var. Mot slutet av våren påstod Marie-Louise att Franz av okänd orsak blev svartsjuk på Centa. Han ville behålla hennes uppmärksamhet men fick tydligen inte det.

Några dagar före sin död drömde Franz att en ängel kom och visade vägen bort från detta helvete. Vad skönt det var! Drömmen blev en bekräftelse på hans känsla.

De mediala intoningarna visade att Franz bröts ned av tillvaron i fält. Brodern Georgs brev utstrålade mer stabilitet och viljestyrka. Vi tonade dock aldrig in hans sista brev, trots att handstilen förändrats.

Marie-Louise tog därefter familjen Müllers familjefotografi i handen. Hon började gråta vid åsynen av mor Crescentia. En sådan hjärtskärande sorg! Crescentia var smal, klädd i en svart klänning och hon hade mörkt hår som var uppsatt i en knut i nacken. En tidstypisk frisyr. Det var en vacker kvinna. Hon försökte strama upp sig, men zoomar man in hennes ögon avslöjas snabbt den stora sorgen.

Pappan Xaver var mager och hade ett ganska bistert ansikte som var prytt av en stor mustasch. När fotografiet togs bör han ha varit nästan 60 år gammal. Xaver var den enda medlem av familjen som ingått i en av mina visioner, även om den torde ha utspelat sig 17–18 år tidigare. Jag minns honom i yngre dagar som något rundare i ansiktet och att han även hade skägg. Marie-Louise sa att Xaver stängde av jobbiga känslor, vilket medförde att paret hade svårt att förstå varandra. Han kunde också vara arg, butter och skrika ibland. Detta ökade Crescentias sorg.

Centa var mörkhårig och kraftigare än mamman. Hon var mer ståtlig än vacker. Marie-Louise såg dimma runt Centa. Hon befann sig som i ett vakuum.

Josef var bara drygt 10 år gammal när fotografiet togs. Han var den ende som log. Josef lättade upp stämningen. "En skör själ men ändå ganska glad", sa Marie-Louise.

Hon berättade också att familjen just varit på en tågresa ut till landet för att träffa vänner och bekanta. Man ville förmodligen stärka familjebanden under en kaotisk tid.

Jag tror att fotografiet togs en kort tid efter Franz död.

Marie-Louise gjorde plötsligt ett uppehåll. Crescentia var i rummet! Hon bar sorgeflor med spets. Hon stod bakom mig och klappade mig på huvudet när hon sade:

– Sörj inte, min gosse. Maria kommer att bli mycket bättre!

152

Crescentia talade i över en halvtimme, men berörde aldrig förgången tid. Hon talade om framtiden. Hon berättade vad som skulle ske i vår familj, hur vi kunde förbättra våra liv och att vi så småningom skulle göra långa resor tillsammans med Maria. Jag fick en ström av personliga råd. Crescentia sa att jag inte borde göra mig onödiga besvär för småsaker utan i stället glädjas åt den fina kontakt vi har med andevärlden. Precis då hördes en mäktig duns från bokhyllan. Det var den typ av "spökeri" som vi hade vant oss vid.

– Jag kan träffa dig i meditation, sa Crescentia. Kännetecknet är sorgefloret. Då vet du att det är jag!

Marie-Louise hade redan tidigare samma kväll sagt att det fanns en sorgetagg mellan mig och Crescentia. För att mildra min egen nedstämdhet borde jag tala igenom sorgen med henne.

Det skulle dröja tre veckor innan jag kunde läsa vad som stod i breven från Västfronten. Först krävdes ju en tolkning av otydligt skriven gammaltyska och därefter en översättning till svenska. Jag anlitade experter för båda uppdragen. Det blev en spänd väntan!

Crescentia (detalj), 50 år gammal.

29

Vishetens sjätte pelare: Visdom

Aviron sade:

– Vi bär alla på ett frö inom oss. När detta frö gror öppnas vägen till ett högre medvetande, till en högre visdom. Det är en resa som för oss genom otaliga liv. Sakta med säkert formas och växer fröet till visdom inom oss. Även små barn kan vara visa. Det beror på att de öppnat porten till sin egen kraftkälla, till sin egen själs kunskap. Ett barn som har många livserfarenheter bakom sig kan födas klokt och vist och vågar kanske ta fram det redan från början.

Visa blir vi alltså av tidigare livserfarenheter, tidigare motgångar och vår förmåga att öppna kanalen till Gud. Att motgångar gör oss kloka i stället för förbittrade och arga visar att vi har öppnat en länk till vårt högre medvetande. Den är också en länk till Gud, och via den kan vi få de kloka, visa svaren, de svar som vi kan lita på i alla väder och söka tröst ifrån hur svåra våra liv än blir. Visdomar via denna kanal gör oss harmoniska och hjälper oss på vägen mot inre frid.

Uppdraget till er, mina vänner, är att *försöka hålla denna visdomskanal öppen och tillgänglig så ofta ni kan och hinner.* Den är ju vår sanningslänk till Gud, och den är också vår tröst och hjälpande hand i alla situationer i livet. Vi har ju olika erfarenheter bakom oss, inte bara beroende på vilka liv vi levt, utan också beroende på hur vi hanterat dessa liv. Men oavsett detta så är utgångspunkten att vi alla på ett eller annat sätt kan ta del av visdomskanalen. Vi kan ta del av den olika mycket, eller på olika nivåer, beroende på hur andligt utvecklade vi är. Det finns inga genvägar till sanningen, men det finns vägar, och vårt uppdrag som människor är att söka dem.

Hur definieras visdom? Vad är en vis person? Man kan vara vis på olika sätt och på olika nivåer, och det är svårt att ge ett enkelt svar.

Den visdom vi pratar om här definieras som att hitta sin länk till Gud och hitta sin länk till sanning, med andra ord, en vis man talar sant.

En vis man talar ett språk som alla kan förstå.

En vis man talar med ödmjukhet.

En vis man lever som han lär.

En vis man betraktar alla människor lika.

En vis man förstår konsekvenserna av sitt handlande.

En vis man tackar för motgångar och svårigheter för han vet att de är utmaningar som hör livet till. Han vet också att om han hanterar dessa på rätt sätt så blir belöningen rik inre tillfredsställelse, glädje och lugn.

Vi i andevärlden vill undervisa er mjukt. Vi vill inte skapa pekpinnar och dogmer som ni måste underkasta er. Vi vill vädja till er att söka er inre sanning och att ni alla, var och en av er, har en egen väg att gå. Om ni så bara upptäcker en enda sanning under er nuvarande inkarnation så kan det räcka som mål för det här livet.

De svåra liven öppnar upp oss mer än de lätta. Så se inte avundsjukt på andra som ni tycker har det bättre. Ett liv med nya utmaningar är det som utvecklar oss allra mest. Titta på er egen utmaning och lär er att fokusera där! *Ju mer vi fokuserar på våra egna utmaningar, desto visare och klokare blir vi.* Och när vi blir visa och kloka så kan vi också själva i ödmjukhet dela med oss av det vi lärt.

Ingen begär av er att ni skall leva perfekta liv. Ni är här på jorden och utmaningarna är stora. Ni befinner er också i den fysiska kroppens begränsning. Den kan, i vissa fall, upplevas som ett fängelse, men det är ju ändå där vår själ skall bo. Och vi kommer att göra misstag. Men det är just de som är lärdomen i att vara på jorden. Ni är ju hitskickade för att göra nya erfarenheter. Så begråt inte era misstag utan se på dem lite grann från ovan. Se på dem på samma sätt som vi gör här uppifrån. Och se på dem med humor och förståelse. Om ni kan titta på er själva ur detta perspektiv så har ni också börjat öppna kanalen för er egen visdom.

En grundtanke för alla som kommer ner till jorden är att *vi skall känna oss evigt älskade.* De visa själar som hjälpt oss ner har viskat i våra öron på vägen och talat om för oss att kärleksbudskapet att bestå vad som än händer på denna din jordevandring. Med den grundtanken, med den klara insikten, kan vi själva lära oss att brinna för det vi gör och det vi står för. *Vi kan lära oss att vi alltid har en pelare att luta oss emot, en vän som följer oss, ett öga som ser oss, och en ständigt närvarande ande i våra liv.*

Den visdomen och tryggheten har det lilla barnet som kommer ner till jorden. Men när vi växer upp kopplas vi så lätt bort från vårt sanna jag. Vi lär oss att leva våra liv i frustration, rädsla och oro inför framtiden. Ju längre bort vi kommer från vår sannings kärna, desto sämre mår vi. Och ju längre bort vi kommer från vårt riktiga hem, desto svårare får vi att hitta tillbaka. Ni kan bli lämnade ensamma här på denna jord, ni kan få uppleva att ni har allt ansvar, ni kan få uppleva sorg och missunnsamhet och alla känslor av övergivenhet. Men vi överger er aldrig. Vi finns ständigt kvar och älskar er villkorslöst.

Vi vill hjälpa er att skapa en tillit till att vi vill er väl. Att det kärlekslöfte som ni en gång tog emot för alltid skall brinna i era hjärtan under hela er jordevandring och att vi, här uppe, ser på er med allra största ödmjukhet, och att vi i alla lägen och alla svårigheter ger er kärlek.

Denna kärlek är ert livsrum, ert livselixir, och finns där ständigt och jämt. Genom den kan ni lära er att älska er själva på så sätt som vi älskar er. Detta är också vägen till visdom, för i denna kärlekskraft blir vi alla gemensamt starka och då hjälper vi varandra och jorden att känna tillit till en positiv framtid.

Jag ger er en nyckel, och med den här nyckeln kan var och en av er som läser detta själva öppna upp sin egen port till kärlek, visdom, förtröstan, tillit och kraft. Inte för att nära era egon, utan för att nära den kraft och den energi i vilken ni kom ner till jorden. Vi ber er att stå ut och att ta era korta liv på jorden som en utmaning och som en resa fylld av möjligheter att upptäcka kärleksbudskapet från oss.

Som ni redan har förstått så hör visdom ihop med kärlek. *Den sanna visdomen är sprungen ur kärlek.* En vis person är en som stiftar fred med sig själv och andra. En vis person har tagit till sig kärlekens budskap. Där ingår också att vi hjälper och tröstar varandra, inte sätter oss över varandra, och att vi alla är jämbördiga.

Detta kan låta stort och oöverkomligt, men ni har alla det så nära er! Med varje andetag kan ni dra in denna kärlekskraft, lyssna till den och låta den uppfylla hela ert väsen. Den finns alltid i luften runt omkring er, och så länge ni andas här på jorden så kan ni öppnas upp för denna energi.

Så återigen, mina vänner, så ber jag er att se kärleksfullt och förlåtande på er själva, och att ingenting egentligen är omöjligt om vi har den attityden. Vi vill också att ni skall ha *roligt.* Man skall kunna sitta och skratta åt sig själv mitt i djup bedrövelse. Det är visdom på hög nivå.

30

Religionernas enande principer

En stor fråga är hur man skall se på religioner. Många människor påstår, på fullt allvar, att religion bara skapar ondska och är ansvarigt för alla moderna krig. Om vi noga går igenom krigen under 1900-talet så förstår man visserligen snabbt att detta inte är sant. Men faktum är att religion ofta skapar olust och oro. Förr i tiden hade religionsutövning ofta ett inslag av tvång. I dag uppfattar många att religiösa inte handlar efter logiskt tänkande utan efter obegripliga dogmer av oklart ursprung. De kan anklagas för att vara vidskepliga. För varje generation som går blir de historiskt viktiga andliga texterna allt svårare att läsa. De beskriver ju en annan tid. Symboler och liknelser förstås inte alltid på samma sätt som förr.

Men det var oroligheterna i mellanöstern och terrorismen som mest av allt ökade frågetecknen kring religionerna i början av 2000-talet. Svenska dagstidningars ledarsidor förfasade sig över hur mycket världen egentligen styrs av religion, vilket för dem var liktydigt med vidskepelse. Situationen blev ännu mer het när danska tidningar publicerade teckningar av profeten Muhammed, som varken ville att han själv eller Gud skulle avbildas.

Aviron menade att *en religion inte kan växa och bli stor om den inte står i harmoni med vår inre kunskap.* Först när människor känner igen sig kan religionen etableras. Det är den inre kunskapen hos många personer under många generationer som avgör om en religion skall spridas eller glömmas bort. Däri ligger en stor skillnad mellan religion och vidskepelse.

Vi bad Aviron att berätta vad som är fel med religionerna på jorden, sett ur andevärldens perspektiv. Han gav oss följande beskrivning:

– Alla religioner gör anspråk på att ha en sann förkunnelse och värnar om sina egna rättesnören. De håller benhårt fast vid sina principer och gör få eller inga avsteg från den egna läran. Det är med sorg vi i andevärlden ser hur religion skapar konfrontationer länder emellan. När vi pratar om jordens överlevnad så pratar vi också om religionens betydelse för människorna.

Vid varje religionsutövning vilar ett stort ansvar på den enskilde individen. Den fråntar inte människan eget ansvar för sina handlingar. Grundsyftet med religionerna, sett ur ett andligt perspektiv, var att *ena jorden* och inte att skapa splittring. Olika profeter har vid olika tidpunkter kommit ned till jorden för att hjälpa människorna i deras utveckling. Deras visdomar var ämnade att skapa enhet i mänskligt tänkande, oberoende av var på jorden profeten har verkat. Syftet var gott och kärleksfullt, nämligen att hitta det goda i alla människor.

Profetens uppgift var att säga sanningar som öppnar upp människors själar. Hemligheten med en religions spridning eller inte är om vi kan ta del av, och känna igen, profetens budskap. *Det är igenkännandet som för budskapet vidare* och som bidrar till uppkomsten av en religion.

Det som har gått snett är att människor ibland förvränger den sanna religionstolkningen i sina egna syften och använder den som maktmedel. De skapar sin egen religionstolkning i syfte att styra och dominera andra. Då påverkas ursprungstanken.

En religion som utövar förtryck är ingen sann religion. Då är den på avvägar. Ursprungstanken i alla religioner är människors lika värde. Om den felaktigt används för att skapa intolerans mellan olika grupper så försvagas den. Den förlorar då sin rena grundtanke och därmed också sin gudomliga inspiration. Den försvagas energimässigt och får inga nya profeter.

När människorna känner att de förlorar kraft i sin religionsutövning så försöker de själva tillrättalägga den på sitt eget sätt. Då kan det uppstå feltolkningar, missförstånd och stickspår som inte var ämnade från början.

Varje människa har ett ansvar för att tillföra religionen i den världsdel man lever i dess sanna innebörd. Det betyder att vi ständigt bör ifrågasätta vår egen religionsutövning. Vi får inte låta oss styras av självutnämnda ledare som anser sig ha den bästa tolkningen utan dagligen pröva detta i våra tankar, handlingar och gärningar.

Målet är att bli våra egna profeter och att lita till vår egen inre visdom och kraft. Ju mer vi följer massrörelser som upplevs som negativa och styrande, ju mer försvagas vi också själva i vår egen styrförmåga. Återigen så var ursprungstanken med religionen att forma *enande principer* och inte att skapa klyftor människor emellan. *Om vi hittar dem så kan vi lägga grunden till ett fredligare samarbete länder emellan.*

Hämnd och *vedergällning* ingår definitivt inte som en enande princip. Tankar om hämnd fortplantar sig lätt och kan växa lavinartat i den mänskliga hjärnan. Det kan också påverka omgivningens tankar så att det blir som en massrörelse i att tänka i hämnd. Om detta blir okontrollerbart kan krig utlösas.

Motsatsen till hämnd är gränslös kärlek och förståelse. Om vi skapar förståelse för varandras behov så skulle intensiteten i hämnden förlora kraft.

Vi har alla ett personligt ansvar för att *inte* förstärka tankar om hämnd. Om vi i stället tänker tankar i förlåtelse och kärlek så kan dessa också fortplanta sig, egentligen på samma sätt som tankar om hämnd. Men skillnaden är att människor som fokuserar på förlåtelse och kärlek mår så oändligt mycket bättre. Våra tankar avslöjar oss och vi kan då förstå att den som mår riktigt bra i djupet av sig själv också har rena kärleksfulla tankar i sitt inre.

Ett annat icke-enande drag hos religioner är att *inte erkänna andras profeter*. Vi måste lära oss att ha en ödmjukhet inför andra länders profeter och se att de har något gott att tillföra alla religioner.

Att *förtrycka* människor med hjälp av sin position i samhället är ett stort brott mot mänskligheten. Det skapar sårbara samhällen i många generationer och tar lång tid att rensa bort när det väl får fäste. Att förtrycka människor är ett allvarligt karmiskt brott. Och att dessutom använda religionen som förtecken är ännu allvarligare. Samtidigt som vi förtrycker så fråntar vi också människan hennes fria vilja. Vi utarmar människor på kraft och vi utarmar dessutom jorden.

Varje ledare som ställer sig upp och säger att vi skall skapa maximal frihet och likhet inför lagen för varje individ är en ledare i Guds namn. Motsatsen till förtryck är att skapa frihet för varje människa att tänka själv. Under förtryck skapas osjälvständiga människor, och de har en tendens att lättare följa självutnämnda ledare som inte gynnar de gudomliga syftena. I förtryck skapas sårbara samhällen där tankar om våld och hämnd gror.

En viktig enhetstanke är att skapa *fred*. Världsfred kan inte uppkomma om vi inte går emot vårt sanna ursprung. I andevärlden är vi ju alla tillsammans, oavsett religion och oavsett hudfärg. Där lever vi i en sann medmänsklig anda. Det är när vi kommer ner till jorden som gränserna skapas.

En annan enhetstanke är *förlåtelse*. Den står överst på listan bland de tankar som förenar och då handlar det om generationers misstag. Vi har svårt att förlåta länder emellan. Det är en hög ribba att klättra över. Ju högre den ribban är, ju svårare har vi att uppnå världsfred.

Kärlek är en enande tanke. Kärlek innebär att vi förlåter på alla plan och i alla generationsled. Ur förlåtelsen skapas kärlek, som är receptet för jordens överlevnad. *Den profet som inte kommer ner med ett kärleksbudskap är ingen sann profet.*

Hitta kärleksbudskapet i varje religion så hittar vi också den sanna grundtanken i den religionen. En uppgift är att leta efter kärleksbudskapen i vår egen religion. När vi funnit dem är vår uppgift också att föra dem vidare. Börja i den egna familjen. Då läggs grunden till ett positivt tänkande som sprids i flera generationer.

En annan enhetstanke är *frid*. Man behöver söka frid inom sig själv för att kunna återkoppla till sitt sanna jag. Därför är det viktigt att lära människor att meditera.

Mörka och destruktiva krafter kan lättare påverka oss när vi förlorar våra ursprungliga, gudomliga rättesnören och när vi förlorar vår kontakt med Gud. Ju mer vi avskiljer oss från vårt eget sanna väsen, desto lättare dras vi in i negativa spiraler där destruktivt tänkande leder oss bort från vår egen gudomlighet. Detta sker också i vardagen, det sker för varje person här och nu oavsett religionsutövning och oavsett var vi bor.

Den fråga vi bör ställa oss är om vi lever i kontakt med vår gudomliga universella inspiration. Eller har vi förlorat vår sanna tillhörighet? Om vi tappar den blir vi lättare sjuka både fysiskt och psykiskt. Vi förlorar energi och drar med oss andra som också förlorar sin energi. Däri ligger ett personligt ansvar.

Om vi bygger upp vår energi så stärks också människor i vår omgivning. Det här sker närmast inom familjen. Sedan sprids det som ringar på vattnet utanför familjen och blir till en positiv enande kraft.

31

Breven från Västfronten

Eva Fintelmann lyckades läsa Franz och Georg Müllers brev, även om det var svårt även för henne. Särskilt Franz handstil var slarvig, grammatiken haltade ibland och vissa meningar var oavslutade. Men till slut fick jag se resultatet av hennes ansträngningar. Franz mellersta namn *var* viktigt. Han kallades Xaver till vardags trots att förnamnet Franz används i alla officiella handlingar.

Det första brevet från Georg beskriver vintersituationen i skyttegravarna. Han var 25 år gammal och soldaterna hoppades på en snar fred.

8 januari 1915

Kära föräldrar!
Jag skriver några rader till er på nyåret också. Jag mår ganska bra men har luftvägskatarr och en del andra problem. Orsaken är de ständiga regnen. Om det var kallare vore situationen bättre. Då skulle det åtminstone vara torrt i skyttegravarna, men nu står vi till knäna i vatten på vissa ställen. Det känns viktigast att vädret förbättras.

Det borde bli fred snart, för det är revor och fransar på allas uniformer och kängor. Löss har också märkts, vilket inte är något mysterium då vi ligger på gammal halm och inte byter kläder. Man tänker bara från en dag till nästa, vilket är lika bra då inget ändras.

Jag hoppas att ni alla mår bra. Pappa skall inte frukta så mycket för mitt öde och, mamma, var inte för orolig. Det tjänar ingenting till. Det viktigaste är att vi får vara friska och kan ses igen. Xaver kommer snart ut i fält. Jag önskar honom lycka till.

ER SON, GEORG

Vid den här tiden var hans regemente stationerat i Lorraine i norra Frankrike. I sina följande tre brev beskriver Georg aldrig förhållandena i fält. Han talar om sin hemlängtan. Georg tycktes kunna stänga av krigets gräsligheter och uttrycker ofta att oro inte tjänar någonting till. Tankarna kretsade kring breven från hemmet och vad alla gjorde därhemma. I de tre sista breven nämner han Franz Xaver och beklagar att brodern aldrig skulle få se sina föräldrar igen.

Efter kriget återkom Georg till München och försörjde sig som tekniker. Han gifte sig och levde i Schwabing i hela sitt liv. Han dog 1963.

Franz Xaver Müllers fem brev från våren 1915 uppfylls oftare av känslomässiga reflektioner om kriget. Det är en skörare, drömmande och mer utsatt person vi möter. Kan Franz upplevelser i kriget spåras i Roberts personlighet i dag?

26 februari 1915

Käraste Syster,

Tack så mycket för nyheterna ni skrev om i ert sista brev! Ni kan se på fotografiet av mig att jag blivit smal i ansiktet som en ungräv.

Jag har gått på patrull, och det var ganska trevligt. Jag har samlat noteringar om mitt liv i en liten bok. Det är inget jag berättat för dig ännu, men i korta meningar berättar jag om sådant som jag anser vara mest viktigt. Den kommer förhoppningsvis till dig snart och kan förklara en del saker.

Efter marschen i dag bär det iväg på skyttegravsvakt. Jag hoppas kunna skriva till dig igen, även om det knappt finns någon plats för det.

O mina kära, hur är det med krig, när skall det ta slut? Eller skall vi stanna härute tills vi alla är knäckta? Jag tittar väldigt ofta på klockan och frågar mig vad, ja vad, gör mina kära därhemma? Jag gaskar upp mig själv varje dag med att säga att allt detta inte kan *vara meningslöst.*

DIN BROR, XAVER

Fotografiet som nämns i brevet är den enda bild vi har av Franz. Han magrade i armén men hade annars, såsom Marie-Louise skrev i vår första bok, "ett ganska runt ansikte".

Skyttegravarna var smutsiga och Franz fingeravtryck ses tydligt i kanten av texten i nästa brev. Det skrevs från Biaches, där Franz tredje bataljon hade sitt stabskvarter innan man två veckor senare flyttades till en linje framför Maricourt. Här framkommer hans stora rädsla för att hamna under beskjutning. Att man dövade sig med sprit blir också uppenbart.

Biaches, 7 mars 1915

Käraste Syster,

Jag fick ditt brev, tack så mycket. Jag skickade mitt för några dagar sedan. Jag har inte fått något paket från dig på sex dagar. Snaps kommer alltid lägligt. Det är inte värt besväret att skicka öl för det hinner bli avslaget.

Viktigare är – vad har hänt med Georg? Information, tack! Jag vet bara att han fick vara förstärkning under en fransk attack där de utsattes för fruktansvärd beskjutning. Vad jag hörde dog 1 100 man. Du måste förstå att Georg hade tur som inte blev allvarligt skadad.

Det gör mig ingenting att bli placerad som reserv, för allt man tänker på under nätterna är att slippa hamna i förskräcklig infanteribeskjutning. Jag kommer från vakttjänst och patrullerar just nu i Biaches. Det är lika bra att jag skriver några rader till dig då det är svårt att ligga ner på grund av alla löss och katter som finns överallt. Vi skall marschera i natt men jag vet inte vart. Vi skall omgruppera, men allt är detsamma för mig.

DIN SON OCH BRODER, XAVER

Den franska attacken som nämns måste avse stridigheterna nära Verdun i mitten av februari där broderns regemente led "svåra förluster", vilket brukar betyda att hälften av soldaterna dödades eller skadades.

Marie-Louise hade ju tonat in att Franz led av att inte kunna hålla god hygien, och hans klagan är tydlig i nästa brev. Franz nära relation till systern framkommer också.

27 april 1915

Käraste Syster,
Först vill jag berätta att jag fått dina båda brev. Karl har fortfarande inte skrivit till mig??? Jag undrar också var Hansl Possner stupade.
Just nu är jag i position i Curlu. För 14 dagar sedan upptäckte vi att en postbil bombats. Vi har därför inte fått några brev sedan den 5 april. Det har gjort oss väldigt missnöjda.
Jag är 20 meter från en maskingevärspost just nu. Jag har varit 27 dagar i "hålet" och vi utsätts för hård beskjutning av artilleri. Postutdelaren kommer inte ut till oss, det är för farligt.
Jag sänder dig pengar om du kan skicka mig en spegel och kam samt tandborste och tandkräm. Jag har riktigt svarta tänder. Och ett par skor, nr 42, med lädersulor, för mina fötter är frusna och ute i fria luften. Jag tar av mina tjocka skor i skyttegraven så ofta jag kan.
Tack skall du ha, min kära syster. Som du skrev borde kriget vara över redan i maj månad. Vi försöker att inte tänka på det och hoppas inget. Men både jag och framför allt Georg vill gärna få ett slut, även om inget förändras här. Jag skulle vilja lova dig att vi skall tillbringa lyckliga och lugna dagar tillsammans när jag kommer hem.

XAVER

Franz skickade sitt näst sista brev från ett litet samhälle strax nordöst om Montauban. Marie-Louise gav ju den förvånande uppgiften att Franz under våren blev svartsjuk på sin syster Centa. Oron gäller hennes relation till Karl, som tydligen var en manlig bekant till familjen.

Guillemont 3 maj 1915

Käraste Syster,
Jag fick ditt brev och kände mig tvingad att skriva direkt. Först vill jag tacka för det stora paketet med klock-etuit. Jag kan inte skicka pengar nu för jag kan inte posta dem.
Jag är i skyttegraven längst bak. Här är det massor av löss, vil-

ket är en underbar känsla som du förstår.

Jag begriper inte vad som är problemet med Karl! Jag saknar ord. Han måste kasta ljus över situationen när jag kommer hem. Du skrev att du vill åka till Ingolstadt med Marie. Ni två behöver en paus. Förhoppningsvis låter ni mig veta vad ni gör i Ingolstadt.

Jag hade en ny sorglig dag i dag. Två av våra vänner upptäckte att deras bröder hade stupat. De som är i fält vet hur svårt det är att se så många döda. Det känns verkligen svårt, det är därför vi ... har blivit komplett galna. Detta går hårt åt våra redan skakade nerver.

VARMASTE HJÄRTLIGA HÄLSNINGAR FRÅN DIN BROR XAVER

Franz svartsjuka kulminerar när Centa besöker bad- och semesterorten Tegernsee tillsammans med Karl.

Han ville skicka blommor till sin älskade syster, sa Marie-Louise. Denna önskan konkretiserades genom att Franz lade med några förgätmigej i kuvertet. Blommans symboliska namn är glöm-mig-ej även på tyska. I dag är växterna borta men Franz skriver på brevets kant att de är från skyttegraven.

Det sista brevet författades för övrigt i en skyttegrav, precis som i den bild jag såg för sin inre syn när jag tog det i min hand.

I skyttegravarna, 28 maj 1915

Käraste Syster!

Jag fick ditt brev och de två paketen. Det gladde mig mycket, hjärtligt tack!

Ytterligare två män från Schwabing begravdes hastigt på främmande mark. Så du ser hur snabbt och oväntat en fiendes kula kan gå igenom dig. Men jag hoppas fortfarande på det bästa, nämligen att vi snart skall ses igen i vår familj.

Jag var nyfiken på kortet du sände från Tegernsee. Karl var där, även om jag inte trodde det. Men jag hoppas att du vet själv hur långt du kan gå. Jag vill inte säga någonting ännu då jag inte vill anklaga honom för något.

Jag tror det skulle vara passande för er att inte alltid byta fot.

167

Men ni har ingen aning om hur vi har det och hur vi lever!
Vi kanske skall förläggas i Italien. Vad skall min kära broder Georg göra? Fick du boken om krigsbilder och korten från Montauban?

Det sista brevet signerades med "Xaver" några rader upp på den sista sidan, mitt ibland övrig text.

Två dagar senare fyllde han 21 år.

En märklig detalj är att Centa sparat ett av de vykort som Franz skickade hem i samband med sitt sista brev. Kortet visar den just öppnade lilla krigskyrkogården i Montauban där Franz själv begravdes två månader senare. Med en handstil som helt tydligt är Franz egen är följande text skriven på kortets baksida: "Till åminnelse av din älskade bror Xaver 1914/15, till Fröken Centa Müller." Denna formulering får oss att tro att Franz verkligen började förstå att han inte skulle leva så länge till.

Men kriget var ännu inte slut för hans del. Tio dagar senare beordrades Franz kompani att marschera norrut mot de små samhällena Serre och Hebuterne. En krigsrapport finns bevarad i Krigsarkivet i München som beskriver vad som hände just dessa soldater.

Gruppen kom fram den 12 juni då de placerades ut i artilleriposteringar i krigsområdet. Dagen efter genomförde fransmän-

Krigskyrkogården i Montauban. Franz skickade detta vykort till systern Centa "till åminnelse" av sig själv.

nen en massiv attack. Franz kompani hade order att krypa flera kilometer längs en bitvis grund skyttegrav. Kompaniet utsattes för massiv artilleribeskjutning och kunde endast långsamt ta sig framåt. I krutröken uppstod förvirring om var fransmännen fanns, och avståndet till deras vaktposter var ofta så litet som 10 meter. Ingenmanslandet var alltså extremt kort, om det ens fanns. Att fransmän kunde hoppa ner i Franz skyttegrav under sådana förhållanden är inte alls osannolikt.

Då hade han sex veckor kvar att leva.

Jag skickade Evas utskrifter av breven från Västfronten till Mathilde och hennes son. De hade aldrig kunnat läsa Franz brev tidigare på grund av den svårtydda handstilen. De imponerades av hans förmåga att uttrycka sina känslor och rädslor. Franz berörde ju krigets dödshot i varje brev hem.

Även Mathilde var förvånad över postkortet på krigskyrkogården som Franz skickade "till åminnelse" av sig själv. Ja, vi lär aldrig få veta varför han skrev så. Vi kan bara ana.

Mathilde berättade att hennes mor Centa sagt att Georg verkligen var en starkare person är Franz. Hon berättade också att även Georg blev ett tragiskt offer för kriget. Som ung var han en sportig person, vilket var ovanligt på den tiden. Efter hemkomsten till München drabbades han av en krigspsykos och var mycket ofta sjuk. Den psykiska skadan hade kanske redan blommat ut när Georg skrev brevet med den barnsliga handstilen. Det är daterat i november 1917 och skickades från Marseille där han hade varit krigsfånge sedan ett halvt år tillbaka.

32

I skyttegraven vid Talus Boisé

Jag studerade kartor, böcker och krigsdagböcker i hopp om att finna fler pusselbitar kring Franz Xaver Müllers död. Det fanns gåtor som jag ville lösa och omständigheter jag ville förstå.

När Franz låg på vallen till sin skyttegrav den där olyckliga eftermiddagen så spanade han inte direkt på den franska stridslinjen utan *längs med* ingenmanslandet bort mot dalgången vid Talus Boisé. Var det en viktig plats? Ja, kartorna visar att fransmännen kunde komma särskilt nära tyskarna just här. Talus Boisé utgjorde en utskjutning in i ingenmanslandet.

En öppen eldstrid med fransmän som drog taggtråd blossade upp vid dess norra kant på dagtid den 21 juli. Det kan ha varit just skottväxlingen som lockade upp Franz ur skyttegraven. Min beskrivning av dödsscenen i vår första bok anger att skottlossning hördes, även om jag faktiskt glömt den detaljen i dag. Jag minns dock tydligt att jag skymtade någon i kanten av skogsdungen, vilket kan ha haft med taggtrådsarbetet att göra. Det var en ovanlig händelse då flera veckor kunde gå utan att soldaten i frontlinjen alls såg skymten av någon fiende.

Krigsdagböckerna bekräftade mitt minne av att solen sken när Franz spejade ut över ingenmanslandet. "Härligt väder" står det i anteckningen för den 21 juli. Himlen mulnade visserligen mot kvällen, men Franz måste ha dött före klockan 15 när tjänstgöringen slutade.

Ett intressant detalj är att min minnesfilm också innehöll känslor. Jag upplevde en relativ trygghet på kullen och var inte direkt orolig för att fiender skulle skjuta på mig. Varför det? Det borde faktiskt vara tvärtom i den främsta frontlinjen.

Jo, terrängen gav honom alla fördelar. De värn som Franz kunde förvänta sig eldgivning från låg dubbelt så långt bort. Det var förstås svårare att skjuta en fiendesoldat ju längre avståndet var.

Visionen innehöll inga inslag av att jag var fysiskt eller psykiskt trött. Vi kan få möjliga förklaringar även på det. Vi vet att Franz vid sin död varit fri från nattlig vakttjänst under en sammanhängande period. Trots daglig terrorbeskjutning så var fronten relativt lugn under juli månad 1915. Det enda mer omfattande striden ägde rum efter tyska minsprängningar utanför Carnoy den 19 juli, vilket är två kilometer sydväst om Franz position.

En annan bidragande orsak kan möjligen ha varit att han inte behövde gräva denna dag. Regementet hade cirka 15 smågrupper av soldater som bevakade fienden. I princip hade varje kompani ansvar för sin egen säkerhet. Om Franz var uttagen till spejare, vilket jag inte kunnat bekräfta, så bör de två kamrater som stod bakom honom när granaten briserade ha tillhört samma spejargrupp. Jag hade ju känslan av att vi gick tillsammans mellan flera platser längs stridslinjen.

Men varför spejade Franz oskyddad och inte från ett byggt värn? Skyttegravskartorna ger en möjlig förklaring. Vid Talus Boisé fanns två utlöpare in i ingenmanslandet. Sådana kallades "saps" och användes främst som lyssnarposteringar, men vakten kunde även krypa upp och speja om något intressant hördes.

Jag använde mina vänner från Western Front Association för att ta reda på vad som stod om dessa dagar i de franska krigsdagböckerna. Den förvaras i Paris och visade att stridslinjen vid Maricourt bevakades av det 99:e infanteri-regementet. Boken nämner striderna vid Carnoy den 19 juli medan de följande dagarna sammanfattas med "intet nytt".

Ett personligt vittnesmål om skyttegravskrigets kalla verklighet fick jag genom att läsa Ernst Jüngers *The Storm of Steel*. När Jünger för första gången upplever artilleribeskjutning i en skog beskriver han just det fenomen jag som barn skrämdes av i åskvädret – att kanonskottens muller ekar och dessutom studsar fram och tillbaka flera gånger. När jag försöker sätta mig in i hur ett sådant runt-omkring-mig-eko låter så fylls jag ännu av djup olust som gränsar till fasa. Vi skall då minnas att Franz flera gånger i sina brev talade om sin rädsla för infanteri- och artilleribeskjutning. Han berättade i sitt tredje brev att det enda han tänkte på under nätterna var att slippa detta. Ljuden skapade dödsskräck hos honom.

Jag har gradvis förstått att jag i mitt nuvarande liv undvikit allt som påmint mig om Franz öde. Det har skett på ett undermedvetet plan. Stämningen som utlöstes i åskvädret och min ovilja mot att lära mig tyska språket och att resa till Tyskland kan räknas dit. Men också oviljan mot att laga bilar och rädslan för matkärlen i armén, tron på att mina båda ben kapats av under en knäoperation, oron för att vara ensam långt hemifrån, min motvilja mot alla krig samt mitt yrkesval som består i att vårda människor med allvarliga skador.

Jag har dessutom ända sedan skolåren lidit av ett katastroftänkande. Jag har varit övertygad om att saker och ting skall bli sämre och att något allvarligt kommer att ske om ett halvt år – samma tidsperiod som Franz låg vid fronten. Tidpunkten för katastrofen flyttas alltså ständigt framåt. Dessa irrationella känslor blev uppenbara långt innan jag ens hörde talas om tidigare liv och regressioner. Jag måste ständigt arbeta med dem.

Många av dessa spår från kriget har jag redan berättat om, men här är exempel kommer från min barndom. Med inspiration från tv-filmer lekte vi barn ofta indianer och vita. Vi sköt på varandra med låtsaspistoler och när någon träffades skulle han falla omkull och låtsas dö. När jag var 10 år ökade min bror ut vapenarsenalen med en handgranat av plast. På sommarängen prövade jag aptering med knallpulver för att få den att smälla. Jag provkastade men stannade plötsligt upp och bara stod och tittade. En enda tanke cirkulerade runt i huvudet. Den var:

– Men om man får den här på sig så *dör* man ju. Då är ju livet *slut*!

Jag stod bara och tittade i flera minuter, och lekte aldrig mer med granaten. Tanken på att man faktiskt kunde dö hade egentligen aldrig uppstått under åratal av lekar med leksakspistoler och gevär. Jag förbryllades av min reaktion, men förstod den inte – då.

33

Vishetens sjunde pelare: Kärlek

Aviron sade:
– Andevärlden hjälper oss att hitta nycklar som gör att vår vandring på jorden blir lättare. Kärlekskraften är en av de allra viktigaste nycklarna. Den är en ursprungskraft. Alltings skapelse vilar på kärlek. Det är en sammanhållande och upprätthållande energi i hela universum. Den är vår innersta drivkraft och heliga kärna. Utan kärlek fladdrar vi bort som löv i vinden.

Alla våra val i andevärlden styrs av kärlek. De förberedelsearbeten vi utför innan vi går ner i våra fysiska kroppar är också styrda av denna energi. Det är av kärlek till sig själv man går ner till jorden för att lära sig mer om själslig utveckling. Vi vill också skapa kärleksband till andra människor samt till jorden.

Den jordbundna kärleken kan lätt bli bunden till en eller flera personer. Det är inte fel, men vi vill också att ni utvidgar kärleksbegreppet. Då blir ni inte lika sårbara. *Ju mer obegränsad kärleken är desto mindre blir kraven på att få kärlek tillbaka.* Ju friare vi kan göra kärleksbegreppet desto lättare blir det att hantera de problem som följer av att vi fäster oss så hårt vid vissa personer.

Vi talar inte om någon slags kärleksprostitution. Vi talar inte om fri sexualitet. Vi talar om en annan form av kärlek som handlar om medkänsla med allt levande, och som även innefattar djuren på den här jorden. Det är en kosmisk kärlek som inte kräver sitt, som är ett givande utan tagande, och som inte har som syfte att kontrollera och styra andra människor.

Det här är den *obegränsade kärleken*. Den är en drivkraft och ett bränsle som får oss att inte tappa taget om oss själva. I kärlek helas vi, utvecklas vi, minskar vi våra rädslor och i den kan vi se ödmjukt på oss själva och på andras situation. Därför kan man också säga, eller tillåta sig själv förstå, att kärleken till sig själv som själ är en viktig grundpelare för att i förlängningen kunna hjälpa andra själar.

Den sanna kärleken är helt ren och fri. Den bara "är". Den begränsar inte, den styr inte och förväntar sig ingenting. Den är ett livsfrö som vi skall hjälpas åt att plantera överallt på jorden. Att gå in i kärlekens djupaste väsen är att stå nära den gudskraft som upprätthåller ordning i kosmos och alltings varande. Den gudskraft som vill alla människor väl, som ständigt är förlåtande och icke dömande, och som älskar alla.

Kärlek är det enda som kan rädda jorden från att gå under. Om vi kan acceptera att det förhåller sig så kan vi också förstå vilken enorm glädje det är att hitta till denna kärlekskraft. Vi vill beskriva kärlekens rätta väsen och ge er nycklar till att införliva den i era egna liv.

Att bli medveten är att uppfatta sig själv som en kärleksfull själ. Att bli medveten är att, i första hand, använda den kärleken som redskap till att nå sitt djupare jag. Med kärlek som redskap har man mindre tendens att kritisera och slå knut på sig själv. Kärlekskraften rensar och renar dåliga energier. Genom den skapas vägen till mirakel och genom den kan man omvandla de mörkaste tankar och de mörkaste energier.

– Hur skall vi komma i kontakt med vår källa till kärlek?

– Det är en av våra största utmaningar att hitta kontakten med vår innersta kärlekskraft. Om vi utgår från att vi är skapade i kärlek så vet vi att den är vår rätta energi. Vi vet också att det är vår uppgift att *hitta tillbaka till denna rena sanna kärleksenergi som lever i oss alla.*

Stundtals får vi spontan kontakt med den, exempelvis när ett barn föds. När vi möter denna nya själ kan vi uppfatta en överväldigande och icke-begränsande kärlek i hela rummet. I kontakten med nyfödda kan vi förstå vårt eget rätta ursprung.

Om vi varit nära döden och återfått livet så kan vi uppleva och förstå kärlekskraften inom oss i glädje och tacksamhet över att vi överlevt.

I svår sorg och kris kan vi också uppleva kärlekskraften. Den energin hjälper oss på fötter igen. Även om den inte är lika uppenbar då så försöker den med alla medel att väcka oss och få oss att förstå livets oändliga möjligheter.

När man är nyförälskad, speciellt den första gången, kan man också uppleva lyckan och glädjen i att känna av denna energi. Det är som att sväva på moln.

Den som kan uppleva den här energin får en lättare övergång vid den fysiska döden. Det blir nämligen lättare att se Ljuset om man expanderar kärlekskraften genom att tänka intensivt på den.

Kärlekskraften är också en källa till helande. Genom den kan vi hela oss själva och andra. Det skapar en inre trygghet som kan hjälpa oss att finna tilliten igen. Denna källa till kärlek gör oss mindre sårbara, mindre irriterade och vi råkar inte ut för depressioner lika lätt.

Att meditera på ämnet kärlek kan vara att göra en spännande resa in i sig själv. Det är en tillåtande, okritisk, renande och rensande resa. En sådan meditation kan hjälpa till att skapa ett välsignat tillstånd där man upplever sig stå väldigt nära Gud. Vem önskar sig inte det?

Vi kan undervisa er hur ni kan komma i kontakt med denna underbara källa till glädje som finns inom var och en av er. Det första steget är att erkänna den fullt ut och förstå dess byggstenar, dess orsak, verkan och eviga syfte.

– **Hur skall man då göra rent praktiskt?**

– Ett första steg till att få kontakt med sin kärleksenergi är ett accepterande av att den finns. Negativa tankar kommer och går, men kärleksenergin finns kvar oförändrad, även om den blir svårare att se om vi styrs av mörker.

Ett andra steg är att lära sig att vi tankemässigt kan *expandera* vår kärlekskraft. Det finns en enkel övning för detta, och den börjar med en stilla bön. Man kan be så här:

Hjälp mig att nå min själs innersta.
Hjälp mig att se ljuset där.
Hjälp mig att se den glädje och kärlek
som detta ljus består av!

När man har formulerat denna bön i stillhet kan man se sitt *inre barn*, vilket kan liknas vid den själsligt rena energi vi hade när vi föddes. När vi ser vårt inre barn så har vi fått kontakt med kärleksenergin. Den kanske är liten till en början, men vi kan få den att växa och bli stor och stark. Det lättaste är att ge "barnet" vitt ljus.

Genom att ge bilden av det inre barnet så mycket ljus som vi någonsin kan så expanderar det redan i det ögonblick man tänker "ljus", och när det expanderar så kan man lättare uppleva dess värme och kärlek. Du upplever att barnet ler mot dig! På samma sätt som man ger ett nyfött barn näring och kärlek så ger vi nu vårt inre barn näring i form av ljus. Då kan vi känna trygghet i att vi alla kan bli våra egna mästare och att vi alla kan meditera över ljus och kärlek.

Det är en enkel meditation. Krångla inte till det! Människan vill ofta göra de enkla sanningarna komplicerade.

Ett annat sätt att hitta kärleksenergin är att *skapa*. I exempelvis måleri så öppnar vi automatiskt upp för denna energi, oavsett vad vi målar, även om det är mörker och dystra bilder. Det som händer är att vi då släpper taget om gammal sorg, och när vi rensar gammal sorg så har kärlekskraften lättare att expandera inom oss.

Om vi bär på mycket sorg och smärta så ligger det som ett tjockt täcke inom oss och hindrar oss från att uppleva vår kärleksenergi. Vi behöver alltså finna metoder för att kanalisera och rensa negativa energier. Allt skapande hjälper oss med detta. I viss mån gäller det även motion, förutsatt att den inte är baserat på prestation. För mycket prestationstänkande rensar oss inte på samma sätt. Det ger bara näring åt vårt ego.

Vi testas och vi utsätts för olika prövningar och svårigheter för att vi skall lära oss att hitta vägar till att förstå oss själva bättre. Utan denna testning så skapas *inte* drivkraften till att söka i sitt innersta.

När man hittat metoder för att finna sin egen kärlekskraft så kan man också hjälpa andra, och det visaste råd man kan ge till någon är att all källa till läkning finns inom oss själva. Detta är en stor kosmisk sanning. *Vi bär alla på fröet till vår egen läkning.*

Andevärlden vill att vi skall känna oss trygga i att kärlekskraften inom oss inte kan förstöras, oavsett hur blockerade vi är och oavsett hur vi tänker. Den finns ändå kvar där som en kärna, som en källa till glädje och lycka.

Tänk så här: denna kärlekskraft finns inom mig även om jag tycker att livet är väldigt svårt och tungt och jag har svårt att se ljuset. Jag fick den med mig i bagaget, och vad som än händer mig så finns den kvar. Ingen kan förinta den, och min uppgift är att förstå att den finns och att den kommer att hjälpa mig i alla situationer i livet. Den längtar efter att få undervisa mig och spridas till andra.

Det är vår *egen* uppgift att hitta vår kärleksnäring. Den får oss inte att leva för evigt men den får oss att leva med större glädje och kärlek i våra hjärtan. Den får oss att känna större tillit till alltet, och det får oss att lättare hitta hem.

Vi kan aldrig tvinga någon att lära sig att expandera sin kärlekskraft, men vi kan genom våra egna beteenden stimulera andra till att hitta denna energi. Vi kan hjälpa till att visualisera den hos andra, men vi kan inte göra hela jobbet. Vi kan väcka sovande björnar, inspirera och undervisa, men vi kan inte föda dem varje dag.

34

Resan till Assisi

Många faktorer skapade stress i familjen och vi behövde komma bort. Resan till Assisi i Italien var ämnad som en pilgrimsresa men blev också viktig för att återställa orken och inspirationen. Marie-Louise och jag åkte tillsammans med Maria. De äldsta döttrarna gick båda i gymnasieskolan och stannade därför kvar i Sverige.

Vi ville besöka Assisi för att det är en andlig plats men också för att min andlige ledare är franciskanermunk. Min önskan var att knyta an till miljöer som han, Askedun, och jag upplevt tillsammans för länge sedan. Vid en av våra seanser hade munken, uppmuntrad av idén, lovat att följa med oss.

Det blev en resa fylld av andekontakter i historiska miljöer. Marie-Louise gjorde sin första intoning redan på vägen dit. Den gällde Maria, som börjat tala allt sämre under veckan före avresan. Nu kunde hon knappt få fram några ord alls utan mumlade bara. Vi var också oroliga för vår äldsta dotter som under en längre tid mått dåligt. Oron kulminerade inför resan och avspeglades nog på Maria.

Den Helige Ande framförde:

–Tvivla ej på ditt uppdrag och inte på Marias utveckling, som skall stärka er och lära er något nytt. Var ödmjuka inför all information som kommer. Tillbakagång i utvecklingen är endast en avstamp till en ny utvecklingsfas.

– **Hur ska vi förhålla oss?**

– Bli inte oroliga för henne. Ge henne bara ännu mer kärlek och se att det går över!

Assisi ligger i det italienska landskapet Umbrien. Staden har behållit en medeltida prägel. Den är omgiven av en stadsmur. Man ser ingen väggreklam och endast få bilar. Att vandra omkring i gränderna är som att föras tillbaka i tiden. Det är också en andlig stad. Många människor reser hit för att besöka kyrkorna. Flera av dem förknippas med stadens två katolska helgon, Franciskus och Klara, som var verksamma i början av 1200-talet. Deras livshistorier är väl kända.

Franciskus var son till en välbärgad klädeshandlare som gift sig med en fransyska, och därför kallades sonen "fransmannen". Han ville bli riddare och deltog i ett krig mot den större grannstaden Perugia. Vid 25 års ålder tyckte han sig höra Guds röst uppmana honom att återvända hem. En avgörande upplevelse var att Franciskus hörde Jesus tala med honom från krucifixet i den förfallna kyrkan San Damiano strax utanför Assisi. Jesus uppmanade Franciskus att bygga upp den förfallna kyrkan, vilket han tog så bokstavligt att han började restaurera ödekyrkor i Assisis utkanter med sina egna händer.

Franciskus ville leva ett liv inspirerat av Bibelns evangelier, vilket ledde till en brytning med föräldrarna. Han kom att leva sitt återstående liv i total fattigdom utan ägodelar och klädd endast i en sliten och lappad munkdräkt. Han fick sin försörjning genom dagarbete och tiggeri och bodde i ett par års tid i en ödebyggnad i träskmarkerna vid Rivotorto två kilometer utanför Assisi. När Franciskus hade fått ett tiotal lärljungar begav de sig till Rom och fick påvens godkännande av en egen munkorden, som byggde på ett liv i försakelse och total fattigdom. Bön, meditation och att hjälpa nödställda var viktiga delar av tiggarmunkarnas liv. Man var först med att hjälpa spetälska, som annars var utstötta ur samhället på den här tiden.

Strax därefter fick Franciskus orden en kvinnlig gren. En blott 18-årig flicka, som Franciskus känt under många år, rymde från sitt välbärgade hem för att ansluta sig till fattigdomsidealen och bli nunna. Hon hette Klara och levde hela sitt liv i San Damiano tillsammans med ett dussin medsystrar.

Före avresan till Assisi såg vi Franco Zeffirellis drygt 30 år gamla film *Broder Sol, Syster Måne* som handlar om Franciskus första år. Det är inte den bästa film vi sett, men den vackraste. Där spekuleras det om en romantisk relation mellan Franciskus och Klara.

Marie-Louise tonade in saken och anden sade, att de två umgicks mycket men att båda hade sina kyskhetslöften att beakta.

Franciskus fattigmunkorden växte snabbt och spred sig över hela Umbrien och, ganska snart efter hans död, även till andra länder. I det avlägsna Sverige byggdes franciskanerkloster redan i slutet av 1200-talet. I Stockholm fanns både ett franciskanerkloster på Riddarholmen och ett Klarakloster där Klara kyrka ligger i dag (mitt emot Centralstationen).

Assisi byggde tidigt var sin katedral åt de båda helgonens ära. Dessa är viktiga mål för pilgrimer och ett "måste" för turister som bara stannar någon dag. Vi besökte Klaras katedral där man fortfarande kan se krucifixet som Franciskus hörde tala. Här kan den andliga stämningen bli överväldigande. Marie-Louise började gråta vid Klaras grav.

Vi vandrade långsamt genom staden och gick in i en liten kyrka, Sankt Stefano. Där fanns bara vi. Det var lugnt och tyst. Vi satte oss ned för en stunds andakt. Jag kände snart helt tydligt att munken Askedun var närvarande. Jag uppfattade honom som ett klart avlångt intensivt lysande ljusknippe av samma längd som en människa. Han stod i kyrkans mittgång, men jag märkte inte att han sa något. Jag berättade om min känsla för Marie-Louise, som bekräftade.

– Han låter oss uppleva själva, sa hon.

Vi fortsatte vandringen och kom snart till Franciskus katedral. Det var söndag och högmässan skulle börja om någon minut. Marie-Louise fick en intuition om att vi skulle gå in, förbi alla turister och vara med i högmässan. Kyrkan var fantastiskt ståtlig, och det blev en upplevelse att bara få vara med, trots att vi inte förstod vad prästerna sa.

Jag såg att munken var med oss även här. Han manifesterade sig i katedralens sidogång med samma skimrade ljus som i Sankt Stefanokyrkan. Marie-Louise viskade till mig:

– Han säger till dig: "Ta hand om de här två!"

Det var en uppmaning till mig att ta hand om Marie-Louise och Maria. Även jag fick in ord och meningar i huvudet som jag inte tänkte själv. Det enda jag minns var en uppmaning att skriva en sammanfattning av våra samtal med andevärlden, vilket ju var ett arbete vi var mitt uppe i.

Franciskuskatedralen är byggd i flera plan. På det nedersta planet kan man besöka Franciskus grav. På medeltiden murades hans kvarlevor in på hemlig plats i katedralen för att förhindra att de rövades bort i händelse av krig. Man gömde graven så väl att den återupptäcktes först 1818.

Vi satte oss ned för en stunds stillhet på ett par bänkrader just framför graven. Jag upplevde ett glasklart strålade ljus, som jag visste kom från Askedun, mitt i pelargången. Jag försökte därefter koncentrera mig på själva graven. Men där fanns inget starkt skimrande ljus utan bara några svaga lätt falnande ljuspunkter. Det kändes tomt. Jag frågade Marie-Louise:

– Är Franciskus här?

Hon koncentrerade sig en kort stund för att tona in sin andliga kanal, och svarade:

– Nej, han är där lidandet är som störst, där han bäst behövs.

Det tycks vara svårt att få medial kontakt med Franciskus själv. Marie-Louise gjorde ett misslyckat försök som vi beskriver i boken *Själars samband*.

Under resan till Assisi läste jag Emilia Fogelklous biografi om den Heliga Birgitta. Den utkom år 1919 och beskriver helgonets liv och verk med stor känslighet. Birgitta gjorde en pilgrimsresa till Assisi i mitten av 1300-talet och besökte då samma katedral som vi stod i nu. Hon var ju medial, precis som Marie-Louise, och försökte nå Franciskus via sin andliga kanal. Något besviken lyckades hon först den sista dagen, den femte, just före hemfärden till Rom, där hon var bosatt.

Franciskus lät Birgitta förstå att katedralen inte var hans riktiga hem. Hon saknade hans ljusa sinne, var sällan nöjd och försökte ändra världen med både andliga och politiska medel. Franciskus berättade för Birgitta hur hans sätt att hantera omvärlden skilde sig från hennes. För honom var idealet att sakna både ägodelar och pengar, medan Birgitta knappast kunde uppnå sina livsmål utan dessa redskap.

Vi vandrade tillbaka genom staden och stannade i kyrkan Santa Maria Maggiore, som var byggd redan på Franciskus tid. Här predikade han troligen själv. Omgivningarna kring Assisi skänkte hemkänsla, men Maggiore var den enda kyrka där det kändes som om jag varit tidigare.

Till sist passerade vi 1600-talskyrkan Chiesa Nuova, vilken byggdes ovanpå ett hus där Franciskus tros ha bott med sina föräldrar innan han blev munk. Marie-Louise "kände in" huset och bekräftade att, jo, han hade bott där.

Maria var lätt att ha med på denna resa. Hon följde snällt med vart vi än gick. Hon var glad och satt alltid med tindrande ögon i alla de kyrkor vi besökte i Assisi. En uppskattad belöning var ett bad i hotellets swimmingpool. Maria tycker om att simma och dyka då hon älskar känslan av att vara viktlös.

Första dagen i Assisi var till ända. I kvällningen kommunicerade Marie-Louise med den Helige Ande som berättade mer om tankarna kring Franciskus lära. Anden framförde:

– Förr var sättet man levde på viktigare än Guds ord. Människor var inte så belästa och det fanns ingen väg att sprida ordet på. Genom att leva genom ordet i stället för att sprida ordet nådde man ut med sitt budskap.

På den tiden var det en stor sak att välja bort ägodelar. Det uppmärksammades. Då förstod folk att man följde en kallelse och att man hade en högre avsikt med sitt liv.

Det är annorlunda i dag. Nu är ordet viktigare.

– Vad gör Franciskus i dag?
– Franciskus arbetar med trons rättfärdigande. Han arbetar med att så frön i människors hjärtan, frön som skall växa till gudfruktighet och sanning.

Där människor utsätts för svåra prövningar arbetar han tillsammans med änglarna för att hjälpa dem som lider allra mest. Det är ett arbete dag och natt utan egentlig vila. Franciskus hjälper människorna på deras irrfärder genom sina liv. Han hjälper dem att söka sanningens väg. Han hjälper dem att inför Korset bekänna sin tro. Han hjälper dem att leva i renhet och enkelhet.

– Vad tycker han om att det finns så många kyrkor i Assisi?
– Ju fler stressade själar, desto fler gudomliga rum behövs. Vi behöver fler platser att vallfärda till, platser där vi kan hämta andlig näring. Vi behöver beundra och begrunda dessa platser, och vi behöver hus där vi kan be till Vår Herre. Vi behöver stora kyrkor och vi behöver små kyrkor, allt för att tillfredsställa människors behov.

När vi söker vårt rätta hem på jorden så är kyrkan denna heliga plats, detta heliga rum för sinnesfrid.

– Vi har tidigare fått veta att Franciskus skall återfödas i Tibet?
– Ja, men tiden är inte mogen för det ännu. Han kommer att splittras i sin själ. Han kommer inte att inkarnera som han är nu. En del av honom kommer alltid att fortsätta tjäna Herren Jesus Kristus.

Franciskus är den fattiges tjänare. Han lever som han lär i tid och evighet, hjälper den svagaste och hämtar vin och bröd åt den hungrande. Han ger sina gåvor till de som behöver det allra mest.

Franciskus lidande på jorden var stort. Han utsattes för fler prövningar än vi vet, och han utstod dem alla. Han hungrade, frös och sökte värme. Han hade ont i sina sår och han led i tysthet. Franciskus visste, att Herrens famn väntade. Han banade väg för människor att söka sanning och rättfärdighet, och det hjälpte honom i hans egna lidanden. Han lämnade kroppen när han sov och vilade ofta i Herrens varma mjuka famn.

Franciskus levde nära människorna. Han såg det mänskliga lidandet. Hans övertygelse gav kraft och inspirerade många. Den gjorde honom så snabbt till helgon. Franciskus närvaro känns än i dag. Han kommer i blått sken, i det blå Kristusljuset!

35

San Damiano och Porziuncola

Under pilgrimsfärdens andra dag tog vi en promenad till San Damiano, den förfallna kyrkan strax utanför Assisi som Franciskus själv rustade upp. I hela sitt nunneliv bodde Klara i det lilla klostret som är sammanbyggt med kyrkan. Efter en stunds tyst meditation begrundade vi kopian av det krucifix som Franciskus hörde tala på just denna plats. Då hörde jag oväntat tydliga ord i mitt eget huvud:

"Världen vill inte förfalla,
den vill utvecklas till något bättre."

Varifrån orden kom vet jag inte, men jag förnam nu att Askedun stod i kyrkans bakre del. Längre fram i mittgången såg Marie-Louise ett andeväsen gå omkring. Hon var nunna och sa sig "vakta detta välsignade hus".

När vi efter en stund gick vidare i klostret beskrev nunnan vilka aktiviteter som förekommit i ett par av de andra rummen. I "körrummet" bad man böner och sjöng. Nunnan berättade att det var mycket fattigt och att man ofta frös. En våning upp fanns ett stort rum som liknade en sovsal. Här fick Marie-Louise svårt att andas och kände sig sjuk. Hon sa att hon trodde att de även vårdat sjuka här. En senare kontroll visade att det vara riktigt. Den Heliga Klara dog själv i detta rum år 1253. Hon var då 60 år gammal.

Vi tog en taxi till nästa heliga plats, den stora katedralen Santa Maria degli Angeli, som byggdes på 1600-talet. Katedralen är intressant främst för att den inrymmer det lilla kapellet Porziuncola, som var franciskanernas samlingspunkt efter åren i Rivotorto. Franciskus fick det förfallna kapellet i gåva av benediktinermunkarna på Assisis höga berg, Monte Subaso, och reparerade det med sina egna händer. Trots att Porziuncola var beläget i ett träskområde blev det Franciskus så kärt att han bad att få bli återförd hit inför sin död. Han avled i en rishydda utanför kapellets murar år 1226, endast 44 år gammal.

Marie-Louise vidrörde kapellets mur med sin hand, och hörde en stark röst som uppmanade oss att gå in och be för vår äldsta dotter. Därinne var det helt naturligt att stå på knä i en av de få bänkplatserna. De flesta besökare gjorde så.

När Marie-Louise bad berättade hon att en mansfigur med änglaliknande stora vingar kom ner från taket. Han var helt klädd i svart och, vad vi förstår, en av Franciskus sympatisörer fast med prästerliga befogenheter. En högtidlig ceremoni ägde rum som få skulle förstå om vi berättade om den. Andeväsendet gav nattvarden till Marie-Louise och uppmanade henne bestämt:

– Mottag detta heliga sakrament!

Det var mycket rörande, och Marie-Louise fick till och med höra andens namn. Det lät ungefär som "Ugiano". Hans sista ord var:

– Släpp inte taget om Robert för då flyger du bort!

Efter en stund i stillhet gick vi fram till ett ännu mindre kapell som byggts på platsen där Franciskus dog. Marie-Louise fick dock via sin kommunikatör veta att den riktiga platsen låg mer åt kyrkans mittgång, i princip i rät linje med kyrkan. Vem vet, kapellet kanske byggdes några år senare när den exakta platsen glömts bort.

Vi gick till sist längst fram i kyrkan Santa Maria degli Angeli och satte oss för en stunds meditation inför åsynen av fantastiskt vackra glasfönster. Det var som om andliga budskap hade lättare än någonsin att nå fram till Marie-Louise. Nu talade den Helige Ande till henne, och berättade:

– Franciskus kommer hit ibland. Detta är den plats som stod hans hjärta närmast.

Efter en paus fortsatte anden med en profetisk vision:

– Norden är så avkristnat. Den nya religionen börjar där. Vi hjälper er att bygga den nya kyrkan med ord. Detta är

en profetisk visdom, en profetia!
Gud talar till dem som skall sprida hans ord. Vi visar er vägen, misströsta ej. Sök glädje i Hans beskydd och visdom! Kraften skall inte sina.

Vi gick tillbaka till katedralens ingång och skådade en sista gång över dess väldiga golvytor där det lilla kapellet var en så självklar medelpunkt. Just då berättade Marie-Louise att hon hörde en stark röst som sa till henne:
– Din väg är rak, gå den!

Besöket i Porziuncola var händelserikt och omtumlande för oss. Det avslutade vår andra dag som pilgrimsresenärer i Assisi. Hemma på hotellet reflekterade vi över det världsliga och andliga livet nu och på medeltiden. Även om värdet av pilgrimsfärder i dag mer eller mindre glömts bort så var de viktiga händelser för den medeltida människan. Vi hade på kort tid fått en illustration av vad de kan innehålla. Vi blev stärkta och inspirerade av att närma oss förebilder inom det andliga området. Italien är dessutom ett gudfruktigt land vilket gör att vi inte kände oss lika udda som hemma. Vi blev andligt friare än i Sverige.

Den Helige Ande har förklarat att "helig plats" innebär att många människor fått kontakt med Gud just där. På samma sätt som en promenad i skogen går fortare om man färdas längs en upptrampad stig så är det lättare att nå Gud på heliga platser. Marie-Louise kunde med särskild lätthet samtala med och uppfatta andeväsen i Assisis omgivningar. Jag kunde flera gånger varje dag uppfatta min andlige ledare, som ständigt tycktes följa med oss. En kväll kunde Marie-Louise se auror tydligt och Marias ängel visade sig. Samma saker kanske kunde ha skett hemma, men här gick allt så mycket lättare. Vi mötte många andar som ville informera, stärka och råda oss. Därför blev pilgrimsfärden en höjdpunkt bland alla våra utomsinnliga erfarenheter.

Förr i tiden var klosterväsendet en hörnpelare i samhället. Mat och husrum erbjöds till resande och man arbetade med sjukvård, skriftkonst och kultur. Vi bad den Helige Ande om en förklaring till klosterlivets dragningskraft på medeltidens unga människor. Svaret var att klostren utgjorde ett realistiskt alternativ till livet ute i samhället. De erbjöd trygghet genom att ge skydd mot krig, svält och utnyttjande. I klostren kunde man leva efter Bibelns principer, vilket annars var svårt. Till sist upplevde många människor en personlig kallelse från Gud. Det kunde förändra hela livet.

Franciskanerna skilde sig från andra klosterordnar genom att grunda tryggheten på ett starkt brödraskap snarare än på materiella tillgångar. Munkarna levde inte avskilda i ett kloster utan skulle mitt ibland människorna. Ett enkelt hus kunde tillfälligt eller för längre tid tjäna som högkvarter. Franciskus ville att ingen broder skulle vara för mer än någon annan, vilket är en tidig socialistisk idé. Det blev dock omöjligt att vara utan formell ledare när brödernas antal växte.

Franciskus själv hade en medial gåva som endast beskrivs knapphändigt i skrifterna. I Bonaventuras biografi från slutet av 1250-talet berättas att bröderna övervann sina tvivel om tryggheten i att följa Franciskus väg då han "noga undersökte hemligheterna i deras samveten". Just denna upplevelse av att vara sedd på djupet blir, enligt min erfarenhet, ofta ett övertygande personligt bevis för att ett medium har kontakt med en äkta, utomsinnlig kunskapskanal.

Jag får samma känsla när jag blir intonad av Marie-Louise – här finns någon som ser rakt igenom mig, ser sådant som jag själv bara kan ana, men som är sant. Det är som att genomlysas av ett osynligt ljus som man inte gärna vill lämna, och som man längtar efter att få återkomma till. Just så fungerar medialitet när den är som bäst. Personliga bevis skapar sann övertygelse.

Den Heliga Birgitta hade samma förmåga. Flera gånger angav hon exempelvis helt korrekt när anhöriga till medlemmar i hennes romerska resesällskap hade avlidit hemma i Sverige. Men Emilia Fogelklou beskriver också att ett fromt par som rest långt för att se Birgitta i Rom "förundrades över hennes förmåga att läsa deras dolda tankar och stumma frågor". Men det var främst hennes profetior, alltså att hon kunde se vad som skulle ske i framtiden, som gjorde att hon kanoniserades.

För oss har den Helige Ande förklarat sig kunna tona in en människa på en sekund genom att läsa av hennes själ och hennes energifält. Jag tror att en del av både Franciskus och Birgittas framgångar när det gällde att övertyga sin omgivning och få efterföljare förklaras av att de gjorde intoningar av människor i sin omgivning. Detta är medialitet vars värde kan bekräftas omedelbart, men innehållet är egentligen för privat för att sparas till eftervärlden. I våra böcker är det egentligen bara Marie-Louises personliga intoningar av Robert som vi tagit med för att illustrera vad detta handlar om.

Den Heliga Birgitta fick ett stort antal uppenbarelser som skrevs ner. Som vi sett i det här kapitlet så förmedlar uppenbarelser alltid ett budskap, även om det ibland sker med bilder snarare än med ord. Oftast uppfattar mediet både bilder och ord.

Vi frågade anden varför Guds språk i Birgittas uppenbarelser var så kraftfullt och ibland hotfullt och utfyllt med strafftänkande. Vi fick svaret att alla förväntade sig att Gud skulle förmedla sig med sådant språk på den här tiden. Utan det skulle ingen lyssna.

Vi frågade då på vilket sätt som Gud själv *vill* förmedla sig. Svaret blev, att Gud egentligen vill viska sina budskap försiktigt i människornas öron.

36

Askeduns kapell

Det var den tredje dagen i Assisi. Vi vilade på sängen i hotellet när jag slöt ögonen och uppfattade att munken Askedun stod mitt i rummet. Genom ögonlocken sken ett intensivt flammande vitt ljus, stort som en människa, i rummets högra del. Jag sa till Marie-Louise att jag förnam honom och frågade om hon också kunde det. Efter en kort stund sa Marie-Louise:
– Han pekar på dig och säger att det är *du* som skall prata med honom!

Jag tog en penna och papper och började känna efter vilka signaler som kom till mitt medvetande. Han började med ordet "Upprinnelsen ..." och jag stannade då upp – detta är ett ovanligt ord, var det verkligen rätt? Jag försökte få bort ordet ur medvetandet, böja på det hit och dit, men nej, det studsade tillbaka in i huvudet. Askedun måste verkligen avse att texten skulle börja så. Hans berättelse sammanfattar hur vi träffades för många hundra år sedan och hur vår relation är i dag:
– Upprinnelsen till vårt möte var många olyckliga omständigheter i trakten kring Assisi. Fattiga människor kunde ibland ha svårt att behålla sina barn. Du var ett sådant barn. Du uppfostrades i kretsen av bröder och växte snabbt i förstånd. Bröderna var ofta ute på vandring men du stannade kvar.
Du har en länk till mig som är mycket stark. Vi ser båda upp till varandra! Du har förståndet och jag övertygelsen. Båda vinner på att umgås. Många störningar har skett och oro har ibland uppstått för att vi skall skiljas åt. Men mitt uppdrag ser nu ut att bli framgångsrikt.

Du kan gå snabbt framåt, Robert, om du håller dig till den sanna vägen. Jag kommer att följa dig hela tiden. Törnen finns längs stigen, men det gäller att inte vara rädd.

Jag hade skrivit ned Askeduns ord medan Marie-Louise gjort något helt annat. Nu frågade jag henne om hon kunde höra munken säga något. Hon berättade att hon såg honom applådera och ta ett steg tillbaka.

Men var bodde Askedun och jag i vårt gemensamma liv för många generationer sedan? En tanke med resan till Assisi var ju att närma mig den frågan. Jag ville gärna besöka platsen. Redan när Marie-Louise första gången förmedlade kontakt mellan mig och Askedun, för precis 10 år sedan, så kunde jag för min inre syn se platsen där munkarna bodde. För tre år sedan ritade jag upp den ur minnet, och teckningen har jag sparat.

Platsen var belägen halvvägs upp på sidan av ett mäktigt berg. Om man tittar rakt fram i husets längdriktning, längs bergssidan, så fanns, ungefär en halv mil bort, ännu ett högt berg. Ner till vänster låg en dalgång och bakom den ytterligare ett berg. Det var alltså en dalgång begränsad med berg på tre håll. Bakåt gick en väg som rundade berget jag stod på, och där låg, kanske 3–4 kilometer bort, en stad.

Huset var byggt av sten och var cirka 10–12 meter långt och 4–5 meter brett. Det fanns två ingångar, en på kortsidan och en på långsidan. Taket var byggt av träpinnar och riskvistar vilket betyder att det inte var helt tätt mot regn. Jag minns ingen skorsten. Byggnaden påminde om den rekonstruktion av en tidig franciskanerbosättning som vi under gårdagen sett i Rivotorto strax utanför Assisi. En skillnad var dock att taket inte bestod av tegelpannor. Dessutom var det längre.

Jag tror att jag var mycket fäst vid denne munk men lämnade klostret för att leva ett fattigt liv i staden när han så småningom dog, troligtvis i sviterna av spetälska. Askedun berättade i vår andra bok att detta enkla kapell, eller kloster, numera är förstört. Men låg klostret verkligen utanför Assisi? Om inte, vilken var staden?

Ett halvt år tidigare hade jag kommunicerat med munken och frågat om hans liv. Jag undrade:

– Hur var livet som Franciskanermunk?
  – Våra ägodelar var få men vi var lyckliga för det mesta.
  Vi gick långa sträckor för att arbeta, be och missionera. Vi
  höll ihop i grupper för att få sällskap och skydda oss.
– Vad åt ni?
  – Grönsaker, soppa och bröd.
– Åt ni kött?
  – Ja, vi åt det vi fick tag på.
– Hur många var ni?
  – 17–18 stycken.
– Ägde ni böcker?
  – Abboten hade en bok med böner.
– Var låg kapellet?
  – Norr om Assisi.

Nu fanns en första antydan om var huset låg – norr om Assisi!
Före avfärden till Italien tonade Marie-Louise in platsen med
fingret på en grov turistkarta. Hon drogs till staden Gubbio,
som ligger 5 mil norr om Assisi.

När vi nu befann oss i Umbrien var det lättare att skaffa sto-
ra och detaljerade kartor. Jag hade nu en jättekarta över Umbri-
en, satte fingret på den, blundade och bad Askedun föra mitt
finger till rätt plats. Jag kände tydligt hur fingret drogs längs kar-
tans yta. Det stannade vid berget Monte Semonte strax nordväst
om Gubbio. Fingret stannade i alla fall vid ett högt berg! Och en
stad låg ju alldeles bakom.

Jag bad Marie-Louise kommentera. Hon sade:
– Det ligger vid berget! Men din andlige ledare är tveksam till
om vi bör resa dit. Platsen ligger oländigt. Det är svårt att ta sig
dit. Det finns ingen väg där man kan köra bil.
  Det är fruktodlingar i området.

Jag talade själv med Askedun. Det började gå allt lättare att upp-
fatta vad han ville framföra, och orden kom snabbt. Jag skrev
ner följande text:
  – Du är orolig, min son! Platsen ligger otillgängligt och är
svårt att hitta. Du kan få leta länge. Bästa chansen är att

leta i lugn och ro. Många skyfall har suddat ut märkena i terrängen.

Jag sa provocerande:

– *Vet* du var det ligger?

– Självklart!

Här uppstod en liten paus. Jag frågade:

– *Vill* du att jag söker reda på det?

– Jag vill om du vill.

Därefter yttrade Askedun, som om det vore ett erkännande:

– Gubbio *är* platsen.

Marie-Louise och jag försökte sedan få fram vilket århundrade det var när Askedun och jag levde tillsammans. Vi fick det båda till 1400-talet, vilket är tidigare än jag förut trott. Jag fick själv, förvånansvärt tydligt, upp årtalen 1420 och 1430.

Jag fortsatte att fråga via Marie-Louise:

– **Var jag ofta i Assisi?**

– Nej, bara ett fåtal gånger.

Det uppstod återigen en paus. Hon fortsatte därefter att berätta om mitt liv med franciskanerna.

– Du vaktade får. Det var ett enkelt liv. Ni åt soppa, fårkött och hare. Oftast soppa på rotfrukter. Ni bodde *nära* Gubbio.

Marie-Louise berättade att hon för sin inre syn såg munkarna sitta på låga bänkar och äta sin soppa. Det fanns en hög bergsformation alldeles i närheten. Därefter gav hon en uppgift av principiell betydelse för det fortsatta sökandet. Hon sade:

– Det finns en grotta i närheten.

Jag önskade att Askedun skulle visa mig något mer som jag gjorde i det livet. Jag fick plötsligt, mycket tydligt, se en fisk för min inre syn. Något så oväntat kunde jag knappast ha hittat på själv! Jag gissade att jag var bra på att fånga fisk. Det gick nog en å i dalen mellan bergen. Det kändes som att det blev fest när någon kom hem med fisk till franciskanerkolonin.

Askedun sa till mig:

– Mitt barn, du är en orolig själ. Du söker och söker. Min-

nen är en källa till tillfredsställelse för dig, även när minnena förstörts. Du kan nog finna platsen. Men leta noga, för den är svår att påvisa.
– Varför blev kapellet i Gubbio förstört?
– Det övergavs. Vi franciskaner tycker ju om att flytta på oss. Det förföll, helt enkelt.

Jag sa nu med samlad röst, som om det vore ett heligt löfte:
– Jag skall finna platsen förr eller senare!

Hade jag varit för stöddig? En viss osäkerhet fyllde mitt sinne. Uppdraget var ju svårt! Det var inte säkert att jag skulle lyckas.
   Dagen efter köpte jag en mer detaljerad karta över trakten kring Gubbio. Jag fastnade för dalen mellan de höga bergen Monte Semonte och Monte Foce. I dalen flyter en å eller flod. Två vattenbäckar som sannolikt kom fram ur grottor i berget var markerade. Jag frågade Marie-Louise om kapellet låg vid den norra eller södra grottan. Hon sa att den låg strax söder om den södra. Den enda bilvägen i närheten gick i dalens botten. Platsen var inringad.
   Kunde vi snabbt hyra en bil eller åka med buss till Gubbio på vår sista dag i Assisi? Nej, det skulle bli för stressigt. Med tanke på den troligtvis oländiga terrängen och de höga bergen ville jag inte tvinga iväg Maria och Marie-Louise på en sådan äventyrlig strapats. Det kändes som om jag ensam skulle få besöka Gubbio vid ett senare tillfälle. Marie-Louise instämde och försäkrade att jag skulle bli *ledd* till platsen. Jag skulle känna på mig var kapellet hade varit beläget.
   Jag kontaktade turistmyndigheterna i Gubbio som efter ett par veckor berättade att det endast funnits ett benediktinerkloster, San Donato, vid foten av Monte Foces västra sluttning. Jag talade med Askedun, som framförde:
   – Porziuncola visade på något vanligt. Franciskanerna rustade ofta upp gamla byggnader. De visste att hushålla med krafterna. De ville bara ha tak över huvudet och brydde sig föga om skönhet. Franciskanerna höll dessutom ofta till på platser som de tyckte förde dem närmare Gud. Berg var en sådan plats.

Marie-Louise tonade in bergssluttningen. Hon såg ett kloster med flera utspridda byggnader.

– Men ert hus låg högre upp på berget, mer uppåt! Du bodde i ett litet hus, och från ert hus kunde man inte se klostret.

Mitt minne är ju också att kapellet var en enda byggnad av enklaste slag och inte alls en grupp hus.

Sökandet började bli riktigt spännande. Jag tyckte att jag kommit ett steg närmare "platsen". Skulle jag finna den till slut?

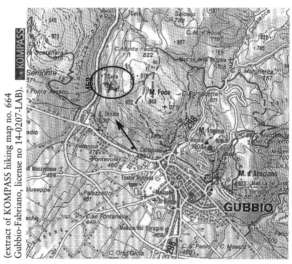

Marie-Louise markerade platsen för Askeduns kapell med detta kryss (inringat) på vår karta. Pilen visar San Donato.

194

37

På den gudomliga vägen

Vi frågade vad som bäst hjälper en människa att hitta sig själv. Det är ju ett viktigt mål på den gudomliga vägen. Aviron gav dessa fyra sammanfattade punkter :

– *Meditation* är en sann väg att hitta sig själv, och det kan inte upprepas tillräckligt många gånger. Det borde skrivas i guld för det är så heligt. I meditation öppnas dörrar där vi kan få kosmisk näring och utvecklas som själar.

I *lidande* väcks vi, i lidande rannsakar vi oss själva och ställer oss de nödvändiga frågorna. Utan lidande, ingen utveckling. Lidande är till för att vi ska ändra riktning och för att få oss mer klarsynta och medkännande.

Medkänsla med alla levande varelser öppnar många kosmiska dörrar. Äkta medkänsla föds i närkontakt med Gud. Ju närmare vi står Gud desto mer medkänsla, empati och självuppoffring.

Att känna *kärlek* till allt och alla öppnar dörren till ett klart gudsmedvetande som blir målet för alla våra resor på jorden.

Aviron fortsatte:

– Allt andligt uppvaknande börjar med en inre klarsyn. Det är som om en inre röst talar till er och säger att "det här går inte längre, det måste komma en förändring". Att kunna höra sin inre röst är det första steget i andligt uppvaknande.

Steg två är en känsla av sinnesfrid och lugn.

Steg tre är att man uppfattar att pusselbitar i ens liv läggs på plats.

Steg fyra är att känna en trygghet och en tillit till att det här fungerar.

Steg fem är att uppleva glädje och förlösande energi i kontakten med andligheten och Gud.

Steg sex är att uppleva en total genomströmning av energi i hela ens fysiska och psykiska kropp där allt är synkroniserat i minsta detalj och rörelse. Då kan en människa utstråla healing och även ge healing på alla plan.

Steg sju innebär att vi upplever sann livsglädje och en sann kontakt med vårt högre jag. Då utstrålar vi kärlek, sinnesfrid och harmoni.

Detta tillstånd av välbefinnande är belöningen. Detta tillstånd av glädje uppstår när vi står nära Gud. Och för att komma så nära Gud så måste vi gå den svåra vägen.

Vi kan också backa och dra oss ur. Vi kan säga att vi inte orkar mer, men då upplever vi inte Gud så nära.

Han fortsatte:

– *Vägen* till upplysning kan man delvis välja själv. Andevärlden har olika sätt att ta kontakt med oss. Är det så, att man stänger av och inte vill, trots att man märker att det är en energi som vill nå fram, så fördröjer man och förhalar sin egen andliga utveckling. Ofta är detta styrt av rädslor. Man säger nej till andligt uppvaknande för att man är rädd.

Vi måste träna oss i att lyssna till andevärldens signaler. Oftast är vi mest lyhörda när vi är i sorg och känner smärta. Det är då vi ruskas om och öppnas upp.

Vi kan också få upplysning i drömmar, men den moderna människan sover alldeles för lite. Speciellt den drömsömn som infinner sig på morgonen, när man drar sig och får sova ut, kan man få mycket information av. Det är också ett utmärkt tillfälle för att få healing.

Om man inte kan sova på morgonen så kan man lägga sig en stund mitt på dagen. Det är den där extrasömnen som gör att vi kan få information och healing.

Aviron var samtidigt noga med att åter förklara att andlig upplysning bara kan ges till människor som själva vill ha den.
– Vi vill skapa en dialog med er på jorden med utgångspunkt från detta tänkande. Allt vi säger är ni fria att ta till er på det sätt som ni själva vill. I detta ligger också att ni kan förkasta den helt. Denna andliga undervisning ges till dem som själva söker, och vi önskar att ni använder den som redskap att underlätta för er själva. På så sätt blir den full av ljus, hopp och tillit samt fri från tvång och fanatism.

38

Mötet med Guds lille fattige

Vi reste med tåg från Assisi till Florens för att vara "vanliga" turister i två dagar. Vädret var strålande vackert. Florens är en stad med larm och stress till skillnad från Assisi, som genomsyras av småstadens meditativa atmosfär. Florens besöks också av fler turister, som alla vill se samma saker. Konstverk från renässansen lockar mest.

Både Marie-Louise och jag sov oroligt på natten mellan den första och andra dagen. Klockan 6 började vi småprata med varandra. Marie-Louise oroade sig för Marias framtid. Plötsligt kom hon på att våra två äldre barn inte instruerats att mata fåglarna i trädgården under vår resa.

Just då uppfattade hon att det hände något i rummet. En gestalt framträdde vid sängens fotände. För sin inre syn såg hon också småfåglar flyga omkring i rummet. Hon sa lugnt, som för att inte störa det som höll på att ske:

–Franciskus är här!

Marie-Louise berättade senare att gestaltens utseende mycket påminde om den "officiella" Franciskus-bild som man ofta ser i Assisi. Han var kortväxt och mager, hade sårigt ansikte och utstående öron, och var klädd i en grå dräkt. Jag grep penna och papper och skrev ner följande text, som framfördes på ungefär 25 minuter:

– Följ mig! Jag är den utsattes och svages vän. Följ mig, så skall jag hjälpa er med Maria!

Sprid Guds ord om medkänsla och kärlek till människorna. *Sann övertygelse går via hjärtat.* Den sanna övertygelsen sprider ordet allra bäst.

Franciskus visade upp såren på händer och fötter som utgjorde hans stigmatisering, och fortsatte:
– Då är man *ett* med Jesus! Jag tvivlade aldrig på Herren och det bar mig framåt. Jag hade en vision av paradiset för min inre syn och visste att jag skulle få vila där sedan.

Franciskus berättade att bröderna i hans munkorden också hjälpte honom framåt. Han visade åter sina stigmatiseringssår och sa att han fick ont i såren och därför hade svårt att gå. Franciskus fortsatte:
– Jag sjöng mycket med ordensbröderna. Om vi inte hade mat så sjöng vi för att hålla modet uppe.

Jag frågade:
– **Hur är lidandet i dag jämfört med då?**
Franciskus svarade:
– Lidandet kan inte mätas i pengar. För de mest utsatta är lidandet lika stort i dag som när jag levde på jorden. Jag sörjer över att jag inte ser någon ände på det.

Han kom nu tillbaka till temat "sann övertygelse". Han sade:
– Människan är så avkristnad och lever inte efter sann övertygelse, som jag gjorde. Egoistiska syften, som att stå sig själv närmast och inte i första hand hjälpa andra, har fått stor betydelse. Om man inte har lidit själv kan man inte sätta sig in i det sanna lidandet. Då förstår man inte den utsattes vädjan och bön.

Tron uppfyllde hela mitt sinne. Att leva nära naturen ger kraft och då måste man förlita sig på att man skall klara sig. Den som inte äger något måste också förlita sig på Gud.

Maria skall inte skapa ett hål i era hjärtan utan fylla det med värme och kärlek. Det hon ger er kan ingen annan ge er på vägen mot sann övertygelse.

Om man inte tror på budskapet så kan man heller inte sprida det. Jag trodde på mitt budskap och därför spreds det så fort.

Franciskus höll upp ett radband, som vi inte visste var i bruk under hans tid på jorden. Han fortsatte med att understryka betydelsen av att resa till heliga platser för att få en starkare övertygelse. Franciskus bad också om ursäkt för att de kristna gjort så mycket ont. Han menade, att det bara är i kärlek man kan sprida Jesu budskap. Det kan inte spridas med tvång.

Han gjorde nu, något överraskande, en hänsyftning till den Heliga Birgitta. Det är förklaringen till att vi senare sökte litteratur om hennes liv i Rom och pilgrimsfärd till Assisi. Franciskus förklarade:

– Jag är de upplystas vän. Marie-Louise är lik Birgitta i energin. Jag dras till den och vill tala genom den.

Jag kommer som en fredsmäklare. Jag ser med oro på jordens framtid då vi inte besinnar oss när det gäller krig. Det måste bli ett stopp för krigen.

Att jag gick ut i krig först var en viktig lärdom för mig. Om jag inte sett det på nära håll så hade jag inte förstått hur viktig freden är.

Franciskus av Assisi (1181–1226), italiensk predikare och grundare av en tiggarorden som fick stor spridning i Europa under medeltiden. Målning i Franciskuskatedralen i Assisi. Den är sannolikt utförd endast två år efter helgonets död och anses visa hur han faktiskt såg ut. Notera stigmatiseringen.

Han kom in på riktigheten i att ta avstånd från sina föräldrar om så krävs för att kunna gå en andlig väg. Det är komplicerat att förklara varför ämnet var aktuellt för oss just då, men så här förlöpte delar av hans deklamation:

– Jag lämnade mina föräldrar för att arbeta i sann anda. Om jag inte lämnat mina föräldrar hade jag inte kunnat leva som jag gjorde. Jag var rädd att de skulle låsa in mig. Man skall inte ha dåligt samvete för det. Då hindras tankar om försoning.

Tänk så, att det är deras begränsning – jag fick tänka så med mina föräldrar. Min väg var att följa Gud, inte att följa mina föräldrar.

Jag är förresten nöjd med att Robert släppt jobbet och kravet på fler ägodelar. Det gör dig mer fri och obunden i själen. Men, (skratt), det satt hårt åt!

Jag skrev snabbt, men hann inte riktigt med. Vid ett tillfälle sa Franciskus med eftertryck att "försakelser är bra" men jag minns inte när. När han upprepade att "bara den som har en sann övertygelse blir stigmatiserad" hördes en duns i väggen som var lika ljudlig som om någon slagit till med en hammare. Vi hoppade till men blev egentligen inte överraskade. Liknande dunsar hördes ibland under våra seanser hemma i Sverige. Typiskt är att ljudet är kortvarigt och kraftigt och uppstår ungefär en sekund efter det att en betydelsefull mening avslutats. Vi uppfattar detta fysiska fenomen som uttryck för att anden vill förstärka vad som just sagts.

Franciskus sa att följande meningar handlar om Maria:

– När ångesten över hennes utveckling kommer så beror det på kärleksbrist. Släpp in kärlek i hjärtat! *Ångest är brist på tillit och tro.* Släpp in övertygelsen i era hjärtan så känns det bättre.

Jag går snart, men finns alltid med er i era hjärtan.

Vi försökte förlänga seansen på hotellrummet i Florens med att be Franciskus säga något mer om Maria. Hennes tal hade gradvis blivit bättre efter den försämring som inträdde strax före avresan till Assisi. Efter hemkomsten tycktes språket till och med flyta ännu bättre än förr.

Franciskus svar var överraskande, men stärker de tidigare seanser som sagt att Marias ande är känd i de himmelska dimensionerna. Han sade:

– Det var Marias ande som viskade till mig denna natt att vara er behjälplig. Marie-Louises indian förde mig hit. Han visade mig var ni fanns.

Jag uppenbarade mig för er på morgonen för det är lugnast så. Ni har så mycket för er hela tiden. Lugna ner er!

Mäkla fred! Fredsbudskapet, kärleksbudskapet och sann övertygelse är det viktigaste.

Ni skall resa, och det skall jag också.

Gå i korsets tecken!

Franciskus gjorde korstecknet i våra pannor och i Marias panna. Han lämnade kvar en duva hos Maria och uttalade sina sista ord:

– Fortsätt att mata fåglarna!

39

Att tala med andar

Många människor kan få information från andevärlden genom känslor, intuition och insikter. Bönen är ett hjälpmedel och i *Gudomlig väg* har vi föreslagit flera meditationer som kan öppna upp en andlig kanal. Men jag ville gärna få tips om hur jag kan bana väg för en ännu bättre kommunikation med Askedun. Jag frågade via Marie-Louises andliga kanal:

– **Hur skall jag göra för att få bästa tänkbara kontakt med min andlige ledare?**

– Börja med att bestämma dag, tid och plats. Gör det helst ett dygn i förväg så att andevärlden hinner förbereda sig för mötet. Gör lite fint där du skall vara. Du kan tända ljus och ställa fram en blomma.

I början är det lätt att få tankespärrar – det betyder att när du får in något så tror du att det är dina egna tankar. Jobba med det! Be att få bort tankespärren så att dina tvivel om *vem* det är som talar suddas bort. Ansträng dig verkligen att ta in det blå ljuset i hela din fysiska kropp och ut i auran. Det hjälper mot tankespärren.

Du, Robert, är alldeles för ivrig när du talar med Askedun! Var mer jovialisk, mer trög. Du behöver inte påskynda något.

Du kan också skicka kärlekstankar till dig själv! Då rensas skeptiska och negativa funderingar. Att berömma sig själv har en ångestdämpande effekt, och då öppnas din kanal lättare upp.

När du gjort det, sträck ut dina händer, öppna handflatorna och säg till den andlige ledaren: "Jag är nu ren att ta emot det som kommer. Gör mig ren att ta emot din visdom!"

Gör den ritualen så kommer resultatet inte att vänta på sig. Ha gärna en liten skål med vatten framme, gör korstecknet i pannan och börja sedan att kommunicera med honom.

Det finns vissa principiella skillnader mellan att kontakta sina guider och sina döda anhöriga. De döda står inte automatiskt nära oss, och de kommer bara om de själva vill. Om de döda söker upp oss kan vem som helst som är lyhörd få en tydlig känsla av deras närvaro. Verbal kommunikation sker bäst via ett medium som kan skapa en direkt kanal till andevärlden.

Att tala med döda är ett bärande inslag i klassisk spiritism. Ett mediums träning inriktas ofta på att utveckla just denna form av medialitet, medan Marie-Louises kanaliseringar främst består av samtal med mästare i andevärlden. Kontakter med döda anhöriga, liksom intoningar av tidigare liv, har fått stå i bakgrunden. Men det har inte hindrat att döda anhöriga allt oftare kommit fram spontant under hennes seanser.

Att de döda tar kontakt med de levande kan fungera som en personlig bekräftelse på att människan överlever den fysiska döden. Men det kan också få oss att bättre förstå himmelska principer och, framför allt, hur det är att leva som fri ande.

Nedanstående kommunikation med Roberts döda pappa påbörjades med samma ritual som Aviron rekommenderade för samtal med guider. Vi visste att pappa, efter sin första viloperiod i himlen, nu börjat besöka den mänskliga dimensionen.

Så här förflöt seansen, som dock rensats från diskussioner om släktingar och andra personer som fortfarande är i livet. Marie-Louise sa:

– Din pappa känns tydligt. När han nu besöker jorden är det två änglar som hjälper honom. Han klarar inte riktigt av att gå ner själv. Han bär hatt som han tar av och på. Han är svettig för det är ansträngande att färdas i dimensionerna. Han vill helst ha lugn och ro.

Övergången var jobbig. Det blev bättre när han fick morfin för att somna in. Han ville egentligen vara kvar på jorden men orkade inte stanna.

Nu blev det mer uppenbart att pappa talade själv. Han sade:
– När jag kom över var jag förvånad över att det var så ljust. När jag flög upp stod flera mästare längs vägen. De hjälpte mig. Jag måste ha varit svår att få upp! En av andarna kom fram, han såg ut som en Jesusgestalt, och sa "Välkommen!". Jag vill berätta det för er för det trodde jag aldrig någonsin på när jag levde på jorden. Då förstod jag att jag var i himlen.

Min pappa och bror var där och tog emot. Pappa visade mig runt. Det är varmt mellan oss. Jag tycker om att allt är så välordnat och strukturerat. De nära och kära har det så bra.

Jag umgås också med en släkting, en fotograf som hade inlägg i skorna.[2] Hon har humor!

– Hur lång tid känns det som att du varit borta?
– Tiden är så abstrakt. Det kan vara flera år eller någon dag.

Pappa hade då varit död i 5 år. Svaret är intressant då det påvisar att tidsperspektivet blir helt förändrat i andevärlden. Ett utmanande påstående är att tiden egentligen inte alls existerar. Den är enbart något vi upplever här på jorden. Samma tanke framskymtar i våra tidigare böcker och även hos andra personer som förmedlat mediala kommunikationer, såsom den Heliga Birgitta.

Pappa fortsatte:
– Jag gillar att gå tillbaka i tiden till min barndom. Det kan man göra i himlen. Far visar mig.
– Har du kunnat gå tillbaks till tidigare liv?
– Ja, man kan om man vill. Men det vill inte jag. Jag tycker att det räcker med det här livet.
– Vad gör du nu i himlen?
– Jag spelar ofta, bland annat dragspel. Jag har inga planer på att återvända till jorden.
– Varför inte?

___
[2] Gerda Hahn 1889–1950.

– Allt går mycket lättare i himlen. Livet på jorden är tungt, jag vet det.

Han fortsatte:
– Jag gick ju mycket upp i min musik när jag levde på jorden. Det var det högsta för mig. Men himmelens ljuva toner slår allt!
När jag levde kunde jag bli otålig när saker inte blev riktigt gjorda, eller om det inte blev som jag ville. Jag kände mig ofta ensam. Jag hade ingen att anförtro mig åt på djupet och kände mig inte delaktig utan lite utanför. Därför verkade jag ibland frånvarande. Jag kan känna igen mig i Maria i det utanförskapet.
Måla mer, Marie-Louise, du har gudomlig inspiration när du målar!
Robert, envis har du alltid varit, envis som få, och det har fört dig långt. Men mästarna här uppe säger att du skall slappna av mer. Du vill alltid ha din vilja fram, men du måste backa ibland.
Gör er inte så stora problem. Se mer lätt på livet!

Pappa kommenterade också sin första fru Ulla, som begick självmord när de två låg i skilsmässa. Detta var självklart ett livstrauma, men det ägde rum många år innan jag föddes.
– Jag har träffat henne några gånger, men vi umgås inte. Hon är på ett högre plan än jag. Jag har fortfarande svårt att se henne utan att känna sorg.

Marie-Louise sa att pappa började visa att han skulle gå. Han avslutade:
– Jag tackar, det lättade mitt hjärta att få säga detta. Jag vill gärna tala med Robert själv senare. Jag tycker väldigt mycket om dig, men jag visade det inte när jag levde.

Människor som har förmågan att kunna kommunicera direkt med andliga dimensioner sägs vara mediala. Men vari består deras kanal? För många år sedan gjorde anden högtidligen det för oss förbryllande påståendet att Marie-Louise "nu skall arbeta enligt den sjunde strålen!" Var just detta hennes länk till det okända? Långt senare fann vi i annan andlig litteratur att kunskap från andevärlden tycks kunna förmedlas via sju olika strålar. En kväll försökte Marie-Louise visualisera "den sjunde strålen". Hon fick då se en mycket bred energiström som belyste henne ovanifrån längs en gata eller kanal. Därefter försökte hon se om någon energistråle belyste mig. Nej, ingen stråle träffade mig. Vi bad att få en förklaring av Aviron, som berättade följande:

– Det finns sju sanningsstrålar som bland annat ger oss information, visdom och guidning. Gemensamt för dem är att de utgår från höga mästare. Om man träffas av en sådan stråle så skall man vara tacksam. Det är inget man kan be om själv utan det kommer när tiden är mogen.

Strålarna utgörs av en stark energi som skapar öppna kanaler till himlen. Man bör vara medveten om att de finns och använda dem på bästa sätt. Den sjunde strålen står för visdom. En annan står för gudomlig kärlek.

Både ens fysiska och psykiska kropp kan bli utsliten av att ha en nära gudskontakt. Därför är det viktigt att arbeta med olika metoder för att få balans. Utan balans kan detta bli riskfyllt.

Om en stråle träffar fel person kan schizofreni uppstå. Det betyder inte att andevärlden riktar in sig på att göra en viss person till schizofren, men om man har en skör personlighet så kan man sugas in i en sådan här stråle och förlora omdömet (jordningen). Det är nästan så att svaga själar söker sig till strålarna fast de inte är mogna för det.

Då kan man uppfatta att man får himmelska uppenbarelser och har en dialog med Gud. Förloppet blir dock okontrollerat och snudd på farligt för en själv. I de här fallen är det inte andevärlden som styr. Detta problem gäller inte alla schizofrena, men en del.

– Kan man inte ta dem därifrån?

– Jo, det kan man. Med större medvetenhet och kunskap om detta fenomen så kan man få bort dem med terapi och samtal. Det finns dock ett problem med sådan terapi. De kanske inte själva *vill* komma ur strålen. Det finns ofta en vilja att stanna kvar i det gudomliga för att en sådan tillvaro skänker tillfredsställelse.

För att vilja lämna strålen måste man komma till insikt om att detta orsakar förvirring i ens liv, och det är här terapin kan komma in.

Det är den sjätte strålen som bär Maria-energin. Du, Robert, har i stället fått en egen Maria. Du får lära känna strålens kraft via henne.

– Hade Marie-Louise fått annan information om hon belysts av en annan stråle?

– Ja, då hade det blivit väldligt annorlunda.

– Vad får man för information i Mariastrålen?

– Man kan inte schematisera så. Detta är mer komplext och individuellt för varje person. Men om just Marie-Louise belysts av den sjätte strålen så hade hon blivit en stor inspiratör inom konsten men inte fått ett autistiskt barn.

– Vad skulle skett om hon gått in i lidandets stråle, den andra?

– Då hade hon fått lära sig försakelser och umbäranden, fast på ett högre plan.

Ett annan risk vid kommunikation med andevärlden är att budskap kan komma in som ej är till nytta eller höjer medvetandenivån. Därför är det viktigt att be om att få tillgång till "rena" kanaler. Var tydlig med att du enbart vill nå det goda! De budskap som kommer måste man noga utvärdera med intuitionens hjälp för att övertyga sig om att de kommer från positiva energier.

Att kontakta andar på måfå utan en allvarligt menad bön om beskydd får inte vara en lek för oroliga själar. Då kan denna verksamhet bli förvirrande och till och med farlig.

40

Minnena och verkligheten

Korta filmliknande sekvenser från tidigare liv aktiveras inför medvetandet främst under hypnos. De kan vara viktiga källor till kunskap om tidigare liv. För mig började det bli dags att jämföra mina visioner från det tyska livet med verkligheten och försöka förstå vad de visade mig.

I den första minnesfilmen gömmer jag mig tydligen bakom en stol för min far. Det kan förklaras av att fadern fick en förändrad karaktär av alkohol och ibland kunde vara vresig.

Mitt besök i Schwabing visade att den andra filmen, där jag som barn springer hem längs en rak gata, stämmer in på adressen Occamstrasse 22 (i dag nummer 4). Under Franz uppväxt bodde familjen Müller på första våningen ovan gatuplanet. "Minnesfilmen" visade också att jag tog trapporna en våning upp.

Barnen i området lekte främst på en plats intill Ursulakirche. Där kan även Franz ha lekt när han började springa mot hemmet. Så långt kan en 7-åring springa utan att stanna av trötthet. Gräsplanen framför Ursulakirches gavel finns kvar än i dag. Denna plats motsvarar alltså startpunkten för språngmarschen i min vision.

Nästa minne är ingen film utan en bild. Att jag står på en lätt högerkrökt gata stämmer in på Haimhauserstrasse, som är en tvärgata till Occamstrasse. Familjen bodde i nummer 11 (numera 14) när Franz var mellan 14 och 20 år gammal. Att en kyrka ligger längre fram på gatan är också korrekt.

Franz torde verkligen, som i min tredje minnesfilm, ha marscherat genom München som ung rekryt med pickelhuva på huvudet och ett enkelt gevär över axeln. Ett fotografi visar ju att kamrater som blev inkallade strax före honom gjorde det. Den skräckfyllda visionen där fiender hoppar ner i min skyttegrav speglar troligtvis händelser vid Serre i juni 1915. Flyktvägen är logisk mot bakgrund av hur skyttegravarna byggdes. När Franz dog kunde han i verkligheten bara ha sett en av två möjliga scener. Antingen skådade han ner över det öppna fältet mot Maricourt eller också var han vänd mot dalgången vid skogsdungen Talus Boisé. Min minnesfilm stämmer in på Talus Boisé. Vaktschemat visar att Franz bara kan ha dött på dagtid, såsom i min vision. Jag var ensam, och även på riktigt var det bara Franz som dog den dagen. Både expertisen och mitt minne talar för att orsaken var en granat. Både i min vision och i verkligheten var slagfältet grönt. Marken hade spår efter artilleri- och granateld, men den var inte alls så förstörd såsom fallet blev ett år senare.

Man bör skriva ner sina visioner från tidigare liv. Jag har märkt att det undermedvetna med tiden kan sträva efter att skapa en syntes mellan minnesfilmer som har liknande motiv. Detta fenomen är intressant för sin egen skull, men har också givit upphov till en del blindspår i mina efterforskningar. Minnesbilderna från gatorna i Schwabing blandades ihop och medförde att jag kom att leta efter två kyrkor under mitt första besök i München. I själva verket var det samma kyrka som förekom i två visioner.

Scener från vårt själsliga minne återger sådant som gjort emotionellt intryck på oss. Annat registreras inte alls, eller blir osäkert. Dödsögonblicket ingår i regel.

Mediala personers utsagor om tidigare liv är också av värde, men inte lika stort som personliga minnen. Men det var medier som berättade att Franz i dryga 20-årsåldern dödades vid floden Somme efter att ha deltagit i ett skyttegravskrig under knappt ett års tid. Det var korrekt. Han hade också en jämnårig syster. Det fanns ett sladd-barn i familjen. Föräldrarna var arbetare, bodde i flerfamiljshus och ett större grönområde med träd låg i närheten. En kyrka fanns nära hemmet och de hade släktingar på landsbygden. Allt detta stämmer med verkligheten.

Mediala intoningar som genomförts med flera års intervall

kan styrka varandra, även om det inte är möjligt att jämföra uppgifterna med verkligheten. Centa framför i boken *Själars samband* ungefär samma karakteristik av sig själv som modern Crescentia gör av henne i denna bok. Två olika medier har också, med 10 års intervall, beskrivit att Crescentia visar sig med ett stort förkläde i köket när hon bakar bröd. Marie-Louise fångar dessutom upp Franz längtan efter brödbak i mammans kök när hon håller i hans brev. Att en så specifik situation framkommer vid tre skilda tillfällen är knappast en slump. Brödbaket måste ha haft en symbolisk betydelse, och Crescentia ger själv förklaringen.

Namn och årtal är svåra att få rätt då vårt själsliga minne sällan ger dem en känslomässig innebörd. De blir ofta suddiga. Ett exempel: Marie-Louise fick min födelsedag i det tyska livet till den 25 maj 1893. I verkligheten var det den 30 maj 1894. Det vill gärna bli nästan rätt, men inte helt rätt.

Men det var ett medium som gav namnet Franz Müller, vilket innebar ett genombrott i sökandet. Som tur var är det ett namn som klingar bekant även för svenskar. Obekanta namn är svårare att få rätt. De riskerar att bli "försvenskade".

Att besöka platser man upplevt i tidigare liv ger en behaglig hemkänsla. Mitt besök i Schwabing antyder att mer specifika minnen kan yttra sig i form av en udda känslomässig reaktion som snarast har beröringspunkter med rädsla, vilka ofta grundas på händelser från tidigare liv. Tiden tycks stanna upp och man känner sig utelämnad, handlingsförlamad och utan kontroll. Jag tror att alla upplevt detta någon gång.

Berättelsen om Franz innehåller exempel på många av de utmaningar och gåtor man har att brottas med i sökandet efter tidigare liv. Ett pussel måste läggas, och framgång är inte garanterad. Jag tror att man har bäst chans att lyckas genom att använda en kombination av nedtecknade minnesbilder, skickliga medier och eget sökande i verkligheten.

Var jag Franz Müller? Ja, jag tror det. Väldigt många bitar passar in i mitt pussel även om några stycken, främst namn, inte gjorde det från början. Det avgörande beviset för mig är dödsscenen och att minnesskissen av platsen stämde så väl in på den

211

knappa kilometer av Västfronten där jag vet att Franz verkligen befann sig på sin dödsdag. Det viktiga är dock vad du tror, käre läsare. Jag har lagt fram mina uppgifter så sanningsenligt som möjligt för att du själv skall kunna göra en värdering.

Vetenskapsmannen Robert hade aldrig gjort denna resa. Han hade avfärdat historien som irrationell redan från början. Det hade inte hjälpt om han hört hundra liknande fall berättas. För honom är porten stängd eftersom vetenskapens världsbild inte innefattar principen om reinkarnation. Han hade förklarat att allt detta är en kombination av inbillning och slump. Om han fått bevis hade han ökat kraven på bevis. Belöningen för att reagera så är att man får behålla sitt anseende och sin position i yrket. Vetenskapen reagerar nämligen med utstötning för varje antydd vittring i murverket. Och det gäller både vid brist på solidaritet med vetenskapens principer som med dess företrädare.

Att jag funnit ett själsligt samband med Franz Müller har krävt att jag först krupit ur min roll som vetenskapsman. För att acceptera existensen av själsliga minnen så måste man först närma sig tanken på att människan har en själ som lever vidare efter den fysiska döden och som så småningom återföds i en ny kropp. Jag är självklart medveten om att detta förlopp representerar en utomvetenskaplig världsbild. Men vi får under våra andliga seanser ständigt veta att det förhåller sig så. Dessutom är reinkarnation en självklarhet inom flera religioner, även om den tidigt togs bort ur kristendomen.

Allt tal om själsliga minnen blir obegripligt för den som förkastar själsbegreppet. Den som tvärtom bejakar möjligheten kommer att uppfatta förekomsten av själsliga minnen som naturlig och logisk. Det ligger dessutom en trygghet i att dagens erfarenheter påverkar morgondagens människor. Man kan säga att *själsliga minnen gör att världen mognar.* I Franz Müllers fall uppstod dock biverkningar. Hans snöpliga slut var en stor besvikelse och såren läktes tyvärr inte så bra.

Brodern Georg kanske mäktade med att läka sina svåra psykiska problem under de 46 år han levde efter krigets slut. Men Franz hann aldrig bearbeta sina chockartade upplevelser. Därför finns de kvar än i dag. Det är just de minnena jag försöker bearbeta nu, men i ett annat liv och i en annan tid.

Jag funderar ibland på varför det är så svårt att få fram detaljer om tidigare liv. Marie-Louise och jag diskuterade den frågan under en promenad på sommarön Arnö. Senare frågade vi den Helige Ande och fick följande svar:

– Det är ofta möjligt att gå tillbaka till tidigare liv om man gör det på ett ytligt plan. Men om man *verkligen* vill sätta sig in i sina tidigare liv och få kunskap om dem så krävs personlig mognad för att kunna hantera den påverkan som de har på oss. Om tidigare liv tränger på oss för tidigt och för okontrollerat så kan det resultera i psykisk sjukdom, exempelvis schizofreni. Därmed är det inte sagt att all schizofreni handlar om påverkan av tidigare liv. Men människan är en oerhört komplex varelse, och det finns så många delar av oss själva som vi inte känner till.

Vi har skapat ett begränsat tänkande och vi utnyttjar bara en bråkdel av vår hjärnkapacitet. När vi talar om tidigare liv så blir de uppenbarade för oss den dag vi är tillräckligt visa och kloka att se vilka kunskaper de kan ge oss. Man kan ta del av visdomen från *alla* liv om man har förmåga att sätta sig över sitt eget jag, att "gå ur" sin egen kropp och se sig själv från ovan, och om man med kärlek och förlåtelse kan se sig själv i olika situationer. För de allra flesta av oss är denna möjlighet stängd. Att veta allt om tidigare liv skulle skapa för mycket oreda och hindra oss från att leva här och nu, som egentligen är vårt största uppdrag.

Den som är schizofren har ju problem med att hålla samman sitt eget jag. Då har man också svårt att skilja på dåtid och nutid. Tidigare liv kan komma upp i medvetandet även om man inte vill det. Minnena förknippas då med rädslor. Röster som den schizofrene hör kan alltså spegla rädslor som uppstått i ett tidigare liv. Om du är psykiskt frisk och mogen så kan du hantera detta, men om du lever i en värld där tiden flyter ihop och gränserna suddas ut så blir situationen svår att kontrollera.

– Så det finns alltså ett syfte med att tidigare liv är svårtillgängliga?

– Ja, absolut.

– Hur skall jag integrera mitt förkortade tyska liv i mitt nuvarande liv?

– I ditt fall har du nu blivit mer insatt i ett tidigare liv. Du känner en tillit till att du levt detta liv. Vad du lärt dig beror på vilken relation du har till det, alltså hur mycket du på djupet *accepterar* att detta är ditt liv. Först då kan en bearbetningsprocess börja som hör ihop med personlig mognad. Först då kan du integrera detta i ditt nuvarande liv som en del av dig.

Det positiva som händer är att du får en mer ödmjuk och accepterande inställning till dig själv. När man i ödmjukhet ser på sig själv har man också lättare att älska sig själv, trots fel och brister och rädslor som kan ha uppkommit i tidigare liv.

Med kunskap om hur rädslan har uppstått är det lättare att hitta vägar till att begränsa den. När man *vet* att det inte är hjärnspöken utan verkliga händelser så får man en större förståelse för sig själv och man växer i inre mognad.

Baksidan är att man kan hamna i en negativ spiral där man tycker väldigt synd om sig själv och vänder sitt agg utåt, blir bitter och desillusionerad.

Tvångstankar kan dessutom uppstå. Utan tillräckliga kunskaper så kan man börja tro att samma sak skall hända i det här livet också. Har du dött tidigt i ett tidigare liv så kan du tro att du kommer att göra det i detta liv också. Rädslan kan ta överhanden.

Det viktigaste med tidigare liv-upplevelser är att få kunskap om våra livsöden så att rädslor inte blir förstärkta utan förminskade i vårt nuvarande liv.

41

Samtal med Marias ängel

När vår yngsta dotter Maria var tre år gammal förstod vi att hon inte är som andra barn. Hon lider av autism, vilket betyder att hon framför allt har svårt med kommunikation och socialt samspel. Maria är nu 12 år och mycket är förändrat. Hon rymmer inte längre, vilket var ett stort problem för några år sedan. Hennes oro för kroppsskador har minskat i styrka. Maria följer gärna med på resor och utflykter. Hon sover bra, äter mer varierad mat och vill gärna leka enkla lekar och umgås med oss andra i familjen. Maria kan läsa och skriva hjälpligt men förlorar sig ofta i tid. När man frågar henne om något får man ibland rätt svar, men hon kan också reflektera över händelser som skedde för flera år sedan. Om man inte aktiverar henne medvetet kan hon drömma sig bort och verka frånvarande. Hon går därför i en skola för barn som behöver särskilt stöd.

Maria älskar viktlösa tillstånd. Hon är duktig på att simma och befinner sig då mer under vattnet än ovanför. Ute i naturen är hon mycket intresserad av fjärilar. Hennes idol är fortfarande Peter Pan, den evigt unge pojken som kan flyga. Och självklart har hon inget emot att åka flygplan.

Maria uttrycker sig allt oftare nyanserat. Om hon upplever yttre krav på sitt tal blir stämman svag eller tystnar helt. Hennes röst är desto ljudligare under lek. Maria har ett mäktigt skratt, och hon har lätt för att skratta. De senaste månaderna har hennes stora intresse varit att höra sin egen röst inspelad på band. Det gör henne tryggare i sitt eget tal.

Hennes blick är speciell. Hon har en utstrålning som kan vara helt fantastisk, och självklart fastnar människor för den. Ingen vi känner är så kärleksfull som Maria, och kärlek skiner från hela hennes ansikte. Det är helt otänkbart för henne att vara i konflikt med någon i familjen mer än en kort stund.

Mycket kring Maria har varit märkligt. Under havandeskapet blev Marie-Louise gradvis allt mer sjuk, och förlossningen startades några veckor för tidigt i oro för hennes hälsa. Trots Marias mänskliga problem har vi fått förklarat att hennes själ är högt utvecklad. Andevärlden framhåller att hennes födelse var nödvändig för utvecklingen av Marie-Louises klara medialitet. Vi har också fått veta att Maria inte åtföljs av en andlig ledare, som vi andra i familjen, utan av en ängel.

Marie-Louise har flera gånger sett glimtar av ängeln, som är en tröstande energi i vårt hus. Vi har länge haft en önskan att få kommunicera med den. En dag bestämde vi helt enkelt en tid med ängeln för att få svar på några frågor som vi i förväg skrivit ned på papper.

När tiden för mötet stundade hade Marie-Louise satt sig vid havet. Det var morgon på semesterön Arnö i början av augusti, och vädret var blåsigt. Marie-Louise fick först kontakt med Aviron, som uppmanade henne att arbeta med vitt ljus för att komma in i "rätt" sinnestillstånd.

– Du vill kommunicera med Marias ängel och vi skall ge dig alla svar. Men börja med dig själv. Börja med att finna ro i ditt inre. Det innebär att du skapar en aura av stillhet kring dig. Se din själ som en bubbla av ljus, och låt detta ljus befästa dina tankar, ge dig andlig näring som du så väl behöver.

Tänk på, att i en tid av bristande tillit så vill själen få ny näring. Det vita ljuset tillför den näringen. Sitt ofta i det ljuset – det är lika viktigt som att äta, dricka och andas. Vitt ljus ger vår själ näring som dämpar tvivel och lindrar sorg. Och det finns för *alla*.

Det kan ta olika lång tid att uppfatta det vita ljuset men det renar dina sår och hjälper dig allra mest. Ljuset hjälper dig att försiktigt lösa dina bojor. Visualisera det inom dig, låt det uppfylla hela din fysiska kropp, låt det spridas ut i auran. Låt det få stanna där en stund för att få effekt!

Efter en stunds meditation i det vita ljuset ställde Marie-Louise den första frågan till Marias ängel. Svaret kom snabbt.

– Vad är ditt uppdrag? Vem gav det till dig?

– Jag följde Maria ner till jorden och är ständigt vid hennes sida. Hon är det obegränsade barnet som behöver ängelns beskydd. Utan ängel är det svårt för henne att vara kvar på jorden. Mitt uppdrag är alltså att stanna hos henne och beskydda henne.

En vishetslärare gav mig uppdraget.

– Hur arbetar du med det?

– Hon har en stark gudsenergi inom sig och jag hjälper till att balansera energin så att den blir mer jordande. Annars finns det risk för att hon bara flyger iväg.

Ert huvuduppdrag är också att få henne mer fokuserad på världsliga ting. Få henne fast förankrad i vardagen med rutiner och stabilitet! Bra kost är också viktigt.

– Kommunicerar Maria med dig?

– Jag finns så nära henne. Hon uppfattar mig men kan ännu inte se mig. Det skulle skrämma henne.

Hon är ju förtjust i fjärilar. Det är en sorts änglaenergi i dem.

Föräldrar med udda barn kan få tröst i att de åtföljs av änglar. Ängeln är också till för att lugna föräldrarna. I ditt fall kan du kommunicera med mig, och det kan hjälpa andra. Ju mer insikt, kunskap och förståelse man får för ängeln, och ju mer man litar på kraften i beskyddet, desto tryggare blir livet för barnet.

Änglar är himlens budbärare. Gläds åt att ha en ängel i ert hus! Ni har Maria och ni har också en ängel. Det är en stor gåva till er. Sörj inte över hennes svårigheter utan se framtiden an med tillförsikt!

Jag kommunicerar med henne via tankar. När ni ser henne plötsligt le utan orsak så kan vi ha kontakt. Jag ger henne en positiv syn på livet. Jag ger henne glädje och värme som smittar av sig på andra. Då delar hon med sig av sin kraft.

– Följer du henne även på nätterna?

– På natten finns jag också där. Jag vilar vid hennes sida. Hon sover gott nu och det är för att vi har lyckats stabilisera henne med jordenergin. Det var svårare när hon var liten för då hade hon många aktiva minnen från tidigare plågsamma inkarnationer. Det har vi lyckats stänga av. Men när hon gör sig illa, hon är så känslig, då dyker minnen av tidigare kroppsskador upp och förvärrar det hela. Därför kan hon uppfattas som skör. Samtidigt är hon stark. Det vet ni för hon är envis och viljestark när hon har bestämt sig för något.

Vi skall inte plåga er med tidigare liv och vad hon gått igenom. Det kan göra er för sårbara och oroliga. Ni skall fokusera på hennes framtid mer än på det förflutna. Men om man vet att ens udda barn lidit svårt i tidigare liv så ökar kärleken och förståelsen för detta barn.

Ni vet ju också att kärleken har blivit starkare med Maria. Hon binder ihop familjen och ni enas runt henne mer och mer. Hon blir er kanal för kärleksenergin och hon ger värme till hela familjen. Magdalena, som har det svårt med sig själv just nu, får näring och kraft av Maria. Krama henne mycket är rådet till er!

Att kommunicera med en ängel är inte svårt, inte komplicerat och inte påtvingat. Ängelns energi är mjuk och vårdande. Den ger förtröstan och hopp.

– **Hur ser du på Marias utveckling?**

– Hon utvecklas väl. Även om ni upplevt stagnation under en tid så glöm inte att se de små förändringarna, exempelvis att hon nu börjar äta mer varierat. Hon har också frivilligt börjat läsa enkla böcker innan hon somnar. Förut läste hon ju bara i undervisnings- och läxsituationer.

Maria behöver mogna långsamt. Det blir bäst så. Ni får övas i tålamod och tillit. Du, Marie-Louise, har många gånger varit rädd för att hon skall "gå över" och den rädslan kommer av att ha förlorat henne i tidigare liv. Arbeta mycket med hennes jordning så fort ni upplever denna rädsla.

Maria utvecklas bäst med tålamod och trygghet i vardagen. Hon går framåt i små steg och kommer att fortsätta med det. Lyssna inåt för att få veta hennes behov – det tränar er själva! Det är meningen att ni skall utveckla er andliga sida tillsammans med Maria. Så hela bilden får ni inte!

Hennes utvecklingsväg ser annorlunda ut i detta liv. Därför har hon ingen andlig ledare. Ängeln är ju en guide på en högre nivå som passar bättre ihop med hennes egen energi. Man får den guide som bäst passar ihop med ens utvecklingsnivå.

Maria är Guds nådebarn och en nåd att få ha och lära känna. Var tacksamma för det!

– Hur ser en ängels vardag ut?

– Vi lever tidlöst och har inga rutiner som ni. Änglar har olika uppdrag och samarbetar ofta i grupp. Vi kommunicerar med varandra och samarbetar också med energier på alla nivåer. Vi rör oss lätt i olika dimensioner. Änglar sover inte utan vilar i sin egen energi. Vi skyr mörker och ondska och arbetar förstås i Ljusets tjänst.

Änglar är heliga och är till för att få människan att se ljust på tillvaron. Vi följer utvecklingen på jorden och går ner där det behövs. Vi "dras ner" helt automatiskt, som om det funnits en sugklocka. Krigsskådeplatser drar till sig otaliga änglar som hjälper människor i kris och även de som "går över". Änglar kan också tillfälligtvis hjälpa och guida människor i sorg.

– Hur blir man ängel?

– Det är ett hedersuppdrag för en själ i utveckling. Änglar har avslutat inkarnationerna på jorden och gått vidare i en högre energi. Gamla, upplysta, visa själar kan också splittras så att fler änglar uppstår av samma energi. Så sker därför att många änglar behövs för jordens innevånare, särskilt i tider av krig och oro.

Ängeln är direkt underställd Gud och arbetar i den totala gudsenergins tjänst. Marias ängel är en stark ängel som också arbetar som förmedlare av gudsenergin. Vi väljer att inte rubricera änglarna, även om ni jordemänniskor ofta gör så. Men det finns en hierarki.

Vi visar oss inte för att tillfredsställa människors egon utan för att ge tröst och hopp. Var nöjd med de änglar som kommer till er och underskatta aldrig deras roll.
– **Hur ser du ut?**
– Jag är vit och har breda vingar. Vingarna har blå färg vid vingspetsarna. Ansiktsdragen är svåra att beskriva.
Mitt uppdrag som guide är att ge er information utan att skrämmas. Det viktiga är inte hur vi ser ut utan vad vi gör och säger.
Välsignad är du och välsignat är detta uppdrag. Tack för din vilja till kommunikation!

Aviron tog nu över ordet för att förklara andevärldens syn på bakgrunden till Marias problematik. Han sade:
– Maria har många negativa erfarenheter av att vara i en fysisk kropp. De kommer från tidigare liv och har skapat en rädsla för att åter gå in i en kropp till 100 procent. Maria är väldigt rädd för våld. Om hon till fullo är i sin kropp så tror hon sig vara utelämnad åt våld igen. Därför står hon hellre lite utanför. En skörhet uppstår när man befinner sig i ett gränsland och inte riktigt vet var man hör hemma.
Maria märker själv av tudelningen genom att hon ibland känner sig oklar över varför hon är på jorden. Det märks utåt som en bristande motivation till att göra och lära sig nya saker. När hon inte är riktigt förankrad i kroppen drömmer hon sig gärna bort.
Tudelning av psyket är en del av autismens gåta. Då kan den fysiska kroppen upplevas som ett fängelse, vilket kan leda till stumhet, utåtagerande beteende, våldsamhet, skrik och att man förlorar kontakten med sig själv. Vi "normala" människor har ju vant oss vid att den fysiska kroppen är vårt tillhåll, men de har inte gjort det. Att födas i en kropp blir som att stänga in en fri ande, och den fria anden betyder mer för autister än för vanliga människor. De blir som vildhästar som är svåra att tygla och de har svårt att anpassa sig till mänskliga villkor, ordning och regler.

Vissa autister har mer problem än andra med att gå in i sin fysiska kropp. Det är därför det autistiska begreppet är så vitt och brett. Marias ande har särskilt svårt att anpassa sig i en fysisk kropp. Det är därför hon har Peter Pan som idol. I Marias fall betyder det också att hon är väldigt känslig för krav.

Maria kramar dig, Marie-Louise, särskilt mycket nu. Hon ger healing för hon ser hur trött du är. Maria har inga förväntningar på det sätt som du tror. Hon är ett gudabenådat barn, vilket betyder att gudsenergin strömmar genom henne. Hon ger healing. Det vore dumt att inte ta emot den. När ni är trötta, gå till henne och låt henne krama er, och förstå på vilket sätt denna energi fungerar. När hon skriker och trilskas så har ni inte förstått hur den fungerar. Krama henne, då lugnar det ner sig.

42

Manligt och kvinnligt

Under nästa seans bad vi att få veta mer om begreppen "manligt" och "kvinnligt". Världen har ju länge styrts av männen medan kvinnorna märks allt mer i vår tid. I Sverige är det framför allt kvinnor som bär upp intresset för nyandligheten. Men på ett högre, andligt plan tycks syntesen mellan manligt och kvinnligt ha stor principiell betydelse. Aviron förklarade:

– Varje själ som lever på jorden har en manlig och en kvinnlig sida. I varje själ finns yin och yang. Det är därför vi också inkarnerar som olika kön där våra sidor får komma till uttryck. Själen väljer själv vad den vill inkarnera som. Vi tar det kön som vi tror kan hjälpa oss i vår personliga utveckling. Men det innebär inte att vi är "halva" för vi har *både* manliga och kvinnliga energier inom oss. Den ena energin får bara mer utrymme.

Den manliga energin är framåtdrivande och progressiv medan den kvinnliga är mer tillbakahållen och regressiv. Det manliga står för initiativ, kraft och framåtanda. Det kvinnliga är helande och läkande och hjälper oss att gå tillbaka till livets källa, vårt ursprung, till det som renar oss.

Kvinnoenergin hjälper oss att lyfta upp vår intuition. Den hjälper oss att bli känslomässigt mer medvetna och att utveckla empati och kärlek.

Den kunskap ni har fått ta del av via intoningarna för era böcker är varken manligt eller kvinnligt vinklad. Det är visdomar för människor med både manligt och kvinnligt inom sig. *Målet är att vi skall ha lika mycket av varje.*

Om det manliga och kvinnliga förenas så kan vi uppnå ett tillstånd av jämvikt, balans, frid och fred.

Aviron kom nu in på begreppet "tvillingsjäl".

– Förenandet av manligt och kvinnligt sker gradvis inom varje individ. Det kan också ske genom att vi förenas med vår *tvillingsjäl*. Vid den föreningen kan mirakel ske. Se bara på Marie-Louise, som ju fått medialiteten stärkt genom Maria! Hennes närvaro hjälpte Marie-Louise så mycket att en klar andlig kanal kunde uppstå.

När vi talar om tvillingsjälar så tror många att det är en del av oss som "fattas". Men det fattas ingenting. Vi är "hela" från början. Du och din tvillingsjäl är som enäggstvillingar.

Mötet sker *inte* slumpartat utan det finns en kosmisk plan bakom. Man kan inte själv styra över detta utan måste göra sig förtjänt av att hitta sin tvillingsjäl. Det är ett långvarigt andligt arbete som skall ske först.

– Är själarna skapade två och två?

– Ja. Det vanligaste är att ens tvillingsjäl är kvar i himmelen och inte inkarnerar samtidigt. Men i slutfasen av inkarnationerna kan man få träffa sin tvillingsjäl på jorden. Då behöver den inte vara av ett annat kön eller i form av en partner.

– Varför skall man träffa sin tvilling?

– Allt är en enhet dit alla delar söker sig tillbaka. Det är ett slutmål. Det är en drivkraft för oss att hitta tillbaka till enheten, vilket vi också gör i slutfasen av våra karmiska inkarnationer.

Enhetstänkandet gör oss harmoniska och får oss att lättare fokusera på mål och mening med våra liv.

– Hur känns det att träffa sin tvilling?

– Det är en känsla av fullkomlighet och att ha hittat sig själv.

– Lever den ene tvillingen många inkarnationer och den andre ingen, eller hur fungerar det?

– Man gör upp med sina guider hur schemat skall se ut. Man kan leva "om lott". En kan bli klar före den andre, och då blir det en väntan i himlen för den förste.

– Är man sedan "ihopsatt" två och två?

– Ja, man går in i varandra.

– Kan jag få kommunicera med min tvillingsjäl i himlen?

– Ju mer utvecklad man är desto starkare är banden med tvillingen. Eftersom den är så lik dig själv är det inte lätt att få veta vem du får kontakt med. Du kan tro att det är ditt eget högre jag.

Tvillingsjälen håller sig ofta lite i bakgrunden vid kommunikation med andliga guider för att inte störa den processen.

Skillnaden mot en *guide* är att denne tagit på sig ett uppdrag att hjälpa. Men tvillingen är mer en del av dig. Den står och tittar på.

Aviron fortsatte därefter att tala om det ökade behovet av kvinnlig energi i vår tid.

– Jorden har haft en dominans av manlig energi under väldigt lång tid. Den har styrt utvecklingen. Man måste handskas med den manliga energin på ett förståndigt sätt för att inte ledas i fel riktning. Tyvärr har vissa manliga ledare på grund av ego-intressen styrt jorden i just fel riktning.

Kvinnoenergin behövs för att läka jorden. Denna energi väcker upp det intuitiva lyssnandet och medkänslan. Den aktiverar ett engagemang där man bryr sig om i vilken riktning utvecklingen på jorden går åt. Det blir ett helhetsmedvetande, och den kraften behövs för att hålla tillbaka tankar om krig och våld.

Vi användes som exempel på att man själv kan tänka över vilka manliga eller kvinnliga sidor man har.

– De guider som vi har hjälper oss att lyfta fram det som vi får mest stöd av. Robert, som är intuitiv men behöver få lugn och ro, har en manlig munk. Marie-Louise behöver bli mer stridbar. Hon har en manlig indian som guide.

Man kan få inre signaler om vilka sidor man bör utveckla inom sig. Själen försöker undervisa oss om detta. Robert, i ditt yrke är det bra att använda mer kvinnlig energi. Du behöver utveckla en större lyhördhet, både från dig själv men också från omgivningen. Du går mycket dina egna vägar. Det behöver inte vara fel, men den kvinnliga energin kommer att hjälpa dig att se in i dina dolda rum. Du har kvaliteter som du inte har en aning om. Att skriva och berätta lyfter också fram din kvinnliga, empatiska sida. Den hjälper dig att läka gammal sorg.

Marie-Louise, du har ju kommit ner till jorden i syftet att undervisa människor. Vi vill göra det drägligt för dig så att du inte tröttnar. Din andlige ledare, din indian, hjälper dig att få kraft. Du har också fått konsten som en ventil. Har du inte märkt, att när du är riktigt trött så kommer inspirationen till att måla en tavla? Det är oerhört viktigt för dig att ha skönhet omkring dig för att få harmoni och balans.

43

Tillbaka till Umbrien

Före resan tillbaka till det italienska lanskapet Umbrien köpte jag en gammal bok fylld av fotografier från staden Gubbio. Askeduns kapell skulle ju ligga nära den staden. Boken var tryckt år 1905. Min tanke var att få en känsla för hur staden såg ut för länge sedan. Det visade sig vara onödigt. Gubbio ser likadan ut i dag. Staden består fortfarande av gamla stenhus, trånga gränder och många kyrkor. Den medeltida prägeln är ännu tydligare än i Assisi.

Mäktiga berg välver sig mot stadens rygg. Man kan åka linbana upp på det första berget, Monte Ingino, för att besöka den kyrka och kloster som tillägnats stadens skyddshelgon, biskopen Sankt Ubaldo. Han levde på 1000-talet och sägs ha värnat staden mot främmande krigare.

Men sökandet efter platsen för Askeduns kapell skulle ske på den bortre sidan av nästa väldiga berg, som heter Monte Foce. Jag hade bekymrat mig för hur jag skulle ta mig dit. En bok för bergsbestigare berättade om en vandringsled som leder rakt upp på bergets topp. Min första tanke var att gå över toppen för att söka efter kapellet på motstående sluttning. Men precis före avfärden gav Askedun följande råd:

– Gå dit från dalen, inte från berget. Du känner då igen vår gamla väg.

Jag bad honom att berätta något mer om Gubbio. Han sade:

– Det är platsen för vårt gemensamma liv och vår kamp för överlevnad.

Det var under Marie-Louises allra första intoningar av min andlige ledare, den leprasjuke munken Askedun, som jag fick två visioner av mitt liv med honom. Detta ägde rum för 10 år sedan men jag minns dem fortfarande glasklart. I båda visionerna är jag 7–8 år gammal.

I den första är det tidig morgon. Jag vaknar upp på en bergsplatå och är omgiven av friskt gräs fyllt med dagg. Några meter bort betar 4–5 getter, som jag tydligen vaktar. Bortom dem ser jag det avlånga stenhus som jag kallar Askeduns kapell. Platån, som kanske är 30 meter lång och 10 meter bred, är belägen på en bergssida. Nedanför ligger en djup dal och på andra sidan om den ett annat högt berg. Om man skådar längs med dalen ser man ett tredje berg som brer ut sig i rät vinkel mot de första två. Jag har en tydlig minnesbild av hur deras konturer flöt samman i dalens ände.

I min andra vision sitter jag på marken vid husets andra kortsida. Jag ser Askedun. Han står upp och gestikulerar mjukt med händerna när han berättar någonting för mig. Jag beundrar honom. Han inger mig trygghet. Jag skådar åter längs med dalen och registrerar bergens konturer. En vändning på huvudet gör att jag ser huset ur en annan vinkel än förut. Jag vet att det går en väg längs bergsidan bakom mig. Vägen rundar det höga berget för att gradvis ringla sig längre och längre ner mot ett stort öppet fält. Där är en stad belägen.

Från enbart de här uppgifterna är det naturligtvis omöjligt att finna Askeduns kapell i verkligheten. Men under resan till Assisi hade både Marie-Louise och jag mycket öppna andliga kanaler. Askedun visade oss att staden i visionen hette Gubbio och att berget var Monte Foce. Han berättade också att huset förfallit och helt förstörts. Men jag undrade ändå – kan jag finna platsen? Mina minnen var ju så tydliga.

Efter en riklig frukost lämnade jag Gubbio att söka efter Askeduns kapell. Men vilken dal skulle jag leta efter? Jag trodde att Askedun menade dalen mellan bergen Foce och Semonte och promenerade därför längs den föga romantiska bilvägen som leder åt det hållet. Jag tänkte först söka upp det gamla klostret San Donato som ligger vid Foces fot. Jag navigerade dock fel och hamnade i stället på ett kafé där man tar av för att komma in i dalen mellan Foce och Semonte.

Jag lugnade ner mig och försökte lyssna till Askeduns röst. Han sade:

– Gå till San Donato. Där finner du vår gamla väg.

Jag gick tillbaka en bit och sökte mig in på småvägar. Snart fann jag klostret. Det var byggt intill en liten stenkyrka från början av 1200-talet. Gubbios biskop skänkte först kyrkan till damianiterna, som är en kvinnlig gren av franciskanernas orden. År 1302 bytte de kyrka med en grupp manliga benediktiner, och 1338 gav Gubbios biskop bort San Donato till en sekt asketiska benediktiner kallade "olivetaner".

I dag är det lätt att se klostrets ursprungliga syfte även om det kraftigt restaurerats och numera bebos av privatpersoner. En stor bred dörr ser ut att vara hur gammal som helst. Kyrkan kändes bekant för mig men klostret väckte inga minnesbilder. Kyrkan var låst. Det gjorde inte så mycket då insidan tydligen byggts om. Men utsidan ser fortfarande ut som på 1200-talet. Om franciskaner bodde högre upp på berget så firade de nog mässa i den

Kyrkan San Donato är från 1200-talet. Klostret till höger har i dag byggts om till privatbostäder. Askeduns kapell sades vara beläget strax norr om denna byggnad, halvvägs upp på det branta berget Monte Foce.

här kyrkan ibland.

Jag vandrade på småvägar från San Donato upp mot Monte Foce. Nu var det uppförsbacke. Snart fann jag mig själv vara på riktigt gott humör. Vägen gick mellan frukt- och olivodlingar, som ju Askedun talat om. När jag tittade upp mot Monte Semonte såg jag får som betade på den platta toppen.

Även Foces topp bestod av en bred gräsplatå. Det var nog bra platser för fårbete även under medeltiden.

Plötsligt stängdes vägen av taggtråd. Jag tänkte inte låta taggtråd få stoppa min upptäcktsfärd. Därför spejade jag för att se vad som väntade på andra sidan. På fältet en bit bort stod en stor hund och en karl utrustad med gevär! Dem hade jag ingen lust att träffa. Jag smög i stället i kanten av en fruktodling och styrde snart mina ben rakt upp på den branta bergssluttningen. Tanken var att finna Askeduns väg högre upp på bergssidan.

Terrängen var tät och klättringen besvärlig. Min nya jacka fick några revor. Jag kände lättnad över att Marie-Louise och Maria inte följt med. Det här var vildmark. Dessutom insåg jag nu att det hade varit synnerligen svårt att ta sig upp på Monte Foce från dalen mellan de två höga bergen, vilket ju var min första plan för dagen. Jag klättrade långsamt upp längs bergssidan under en dryg halvtimmes tid. När jag minst anade det uppenbarade sig en tydlig stig som gick längs med bergssidan. Först tycktes stigen vara markerad med vitt grus. Senare förstod jag att

Berget M. Foce sett från öster, från Gubbio. Pilen visar klostret Sankt Ambrogio, som byggdes på 1400-talet för att samla eremiter.

M. Foce från väster. Bilden är tagen från kaféet. Askedun påstod att kapellet låg halvvägs upp på berget, under en stenformation.

detta grus utgjordes av erosion från bergets topp. Överallt låg små stenbitar, och särskilt många ansamlades förstås på platåer. Detta fenomen bevarade stigen.

Nu var det en trevlig promenad, även om jag några gånger fick böja mig under grenar från kringliggande träd. När man blickade neråt var det flera hundra hisnande meter ner till dalens botten. Stigen var lätt att gå även om den ständigt tycktes förlöpa längs en bergskant. Jag tyckte att jag skymtade en bergsplatå bortom ett buskage när jag plötsligt fick en gren i höger öga. Det gjorde ont. Jag stapplade fram ett tiotal meter och satte mig ner på en sten. Ögat var irriterat och började tåras.

När smärtan lättade uppfattade jag att Askedun stod alldeles till vänster om mig. Han sa:

– Här levde du med mig.

Jag såg mig snabbt omkring och frågade:

– Är det här verkligen rätt plats?

Munken svarade i skämtsam ton:

– Se dig omkring, dumbom. Allt stämmer ju!

Jag flög upp från min sten och granskade utsikten ner mot dalen. Den skyms i dag av några låga träd som jag inte har något minne av. Men javisst, här gick de tre bergen samman precis som jag minns från min vision! Ett brant mäktigt berg fanns till höger, ett mindre brant till vänster, och så det tredje berget som bildade en kort horisontell linje i mitten. Som Marie-Louise utlovade i Assisi så fanns en bergsformation i närheten. Den framträdde en bit ovanför platån, som dessutom hade precis rätt mått – ungefär 30 meter lång och 10 meter bred. Där det avlånga huset en gång stod fanns stora högar med ljus småsten. Jag gissar att högarna utgjorde rester av huset blandat med grus som fallit ned från bergssidan. Det var också riktigt, som Askedun sa i Assisi, att man inte kunde se klostret San Donato härifrån.

Jag måttade med fingret och identifierade snabbt de andra platserna ur mina visioner. *Där* vaknade jag upp bland fåren och såg långhuset. Just *där* stod Askedun när han undervisade. Jag kände igen mig! Min vision *var* sann. Jag hade funnit platsen! Jag tittade på klockan. Den var precis 12 på dagen.

Situationen blev snabbt väldigt emotionell. För första gången på många år började jag gråta. Jag satte mig ner igen på stenen och grät hejdlöst. Orden som kom långsamt ur min mun var:
– Allt ... stämmer ju ... Allt stämmer!

Västfronten i all ära, men det här var ju 600 hundra år sedan! Jag hade fått en personlig bekräftelse, och inte bara på att jag funnit en plats som jag faktiskt minns från djupa källor inom mig själv. Jag hade också fått bekräftelse på att kärleksband mellan själar överlever oavsett tid och i vilken dimension av verkligheten vi befinner oss i. Jag tänkte på mor Crescentias och på Askeduns kärlek. Mitt samband med dessa själar visade att kärlekskraften inte låter sig begränsas av tid och rum. Människor knyts allt närmare varandra med band som står över livet, tiden och dimensionerna! *Det kändes som om jag fått se en del av Guds plan för världen.*

Denne munk, Askedun, erbjöd sig att ta hand om mig när jag ställdes i en korg utanför klostret. Han räddade mitt liv för länge sedan och han följer mig än i dag. Jag kan tala med honom. Han står invid mig just nu. Jag stod helt förundrad över insikten att detta faktiskt tycktes vara helt sant.

Askeduns kapell enligt min vision, tecknad före resan till Gubbio.

Utsikten från ruinen. Jämför hur de tre bergens konturer flyter samman i dalens slut på skissen och fotografiet.

När tårarna torkat började jag undersöka omgivningen. Jag letade efter stenar som såg ut som byggnadsmaterial. Jag fann och fotograferade ett par stycken. De måste ha formats av människohänder och en gång ha utgjort väggar i ett hus.

Stigen fortsatte upp mot berget. En bit bort fanns en trappa som såg ut att vara byggd av människohänder. Promenaden gick vidare upp längs bergssidan. Sluttningen ner mot dalen blev allt brantare. Jag stod på gränsen till att få svindel. Balansen mellan de tre berg som sammanflöt vid dalens slut förändrades gradvis. Efter en stund blev det mellersta berget för dominant för att stämma in på med min vision av platsen för Askeduns kapell. Mina skisser visade dessutom att kapellet borde finnas strax nedom bergets mitt. Och just där låg bergsplatån som jag just besökt. Stigen ledde uppenbarligen ända upp till bergets topp, men dit hade jag ingen önskan att gå. Jag bestämde mig för att vända.

Jag satte mig åter bland resterna av det gamla kapellet och började meditera. Askedun framträdde till vänster om mig. Jag talade till honom:

– Jag förstår att barnet sattes utanför klostret i dalen och att du erbjöd dig att ta hand om mig. Tack för att du räddade mitt liv den gången! Tack också för att du följt mig under tre liv. De första två var ju inte så roliga, men det här livet har varit bättre. Jag tror ändå att du har hjälpt mig mycket under alla tre liven.

Jag överväldigades av mina egna känslor. Gråten kom igen och jag utbrast:

– Jag älskar dig, Askedun!

Fylld av tårar såg jag att munken fällde ner sig kåpa. Jag minns att han för länge sedan lovat att göra så när jag växt i andlig insikt. Jag visste att hans ansikte var vanställt av lepra. Nu såg jag att näsan var delvis upplöst. Han hade också ett ärr vid höger öga samt en del andra skador. Jag sade:

– Ta inte upp den där kåpan igen! Jag älskar dig ändå. Jag vill inte att du tar upp den!

Jag slöt ögonen och tänkte intensivt på att mitt andliga jag nu skulle resa sig upp och krama munken. Jag lyfte honom också i mina armar. Han var inte viktlös men kändes lätt.

A

B

C

Resterna av Askeduns kapell.
A: Ruinen ligger strax nedanför en bergs-
formation (cirkel).
B: Kapellet ser i dag mest ut som stora
högar av sten och grus.
C: Sten som formats av människohand.
D: Platsen för kapellet (pilen) med bergs-
formationen ovanför (cirkel),
fotograferad från stigens fortsättning på
bergssidan.
E: Klipphyllan med resterna av kapellet
sett från ovan. Roberts visioner utspelade
sig här. Den vita linjen visar klipphyllans
kant. I bakgrunden ses dalen mellan M.
Foce och M. Semonte.

D

E

233

Jag satt på stenen i kanske en halvtimme. Askedun såg på mig och sade:

– Det var bra för dig att få komma hit. Jag förstår det nu.

Promenaden tillbaka visade att stigen gradvis blev allt bredare för att till sist utmynna i den 2–3 meter breda väg som jag minns från min vision. Bland fruktodlingarna delade sig vägen. Jag borde ha gått längs med Foces södra sluttning i riktning mot Gubbio men valde i stället att återvända till San Donato. Det var mindre klokt. Vägen avbröts inte av taggtråd men började gå i ett kraftigt nedförslut. Därefter följde samma otäcka bilväg som jag vandrat dit på.

Jag reflekterade över min minnesbild, som ju faktiskt visade att Askeduns väg smög sig mjukt kring bergssidan för att gradvis leta sig ner mot Gubbio. Under en dags ivrigt sökande i Gubbi-os historiska arkiv, bibliotek och kommunkartotek försökte jag därför finna belägg för denna vägs existens. På en målning av Gubbio från 1622 såg jag Askeduns väg som slingrade sig runt berget Monte Foce ända ner till staden. Jag hittade även en bild av Gubbio från slutet av 1400-talet. Där ser man också Aske-duns väg. Vägen fanns alltså i verkligheten!

Monte Foce kallas också Monte Calvo som betyder "det kala berget". I min vision växte det heller inte så mycket vid platsen för Askeduns kapell. Målningen från 1622 och även fotografi-erna i min bok från 1905 visar att växtligheten var betydligt sparsammare förr än den är i dag. Dessutom högg munkarna sä-kert ned buskar och små träd som växte kring kapellet för att elda med.

Den äldsta topografiska karta på Monte Foce som jag hittade var från 1750. Där fanns inte Askeduns hus utmärkt. Det var troligen förfallet redan då.

Askedun hade ju sagt att den gamla vägen finns kvar. Jag slogs av tanken att vägen kanske finns kvar i *hela* sin längd mellan ka-pellet och Gubbio. När jag jämförde en modern karta med den från 1622 så förstod jag att så är fallet. Vid nästa dags utflykt vi-sade den sig vara en underbar promenadväg, cirka 3 meter bred, som förlöper mellan odlingar och enstaka hus. I dag är den asfalterad ända bort till området vid San Donato, varefter vägen svänger uppåt och börjar runda berget Monte Foce. Bilar kan bara köra i en riktning. Frågan är om just den här vägen fanns redan på 1400-talet. Ja, allt talar för det.

När jag kom tillbaka till hotellet kände jag mig glad och nöjd. Ja, riktigt upprymd! Det var tydligen den här vägen jag skulle ha gått från första början. Askedun sade:

– Ja, nu har du gått vår gamla väg. Jag sa ju att den finns kvar!

För dig som vill följa Askeduns väg till kapellet på Monte Foces sluttning börjar promenaden alldeles utanför porten Santa Croce i Gubbios västra del. Ta till vänster och finn skylten "Monte Foce" som markerar början på Via della Vigne. Följ den vägen och du står en timme senare på platsen för Askeduns kapell.

Mitt besök i Gubbio fick en epilog. Redan en vecka efter hemkomsten frågade jag, helt apropå, Marie-Louise alldeles innan vi skulle somna på kvällen:

– Kan du visualisera Askedun?

Hon svarade efter bara tio sekunder.

– Jag ser honom. Han har ingen kåpa på huvudet längre. Ansiktet är fullt av stora ärr.

Codice Berberino Latino 4434, f. 56.)

Målning från 1622 av Gubbios västra delar samt berget Monte Foce. Från Sankt Nicolò (cirkel) gick Askeduns väg (vit pil) upp till kapellet (svart pil).

Askeduns väg i dag. I bakgrunden skymtar Gubbio nedanför berget Monte Ingino.

Jag erkänner att det var en "testning", sådant som nybörjare inom andligheten sysslar med för att övertyga sig själva. Men nu var det förstås en prövning av min egen andliga förmåga. Askedun hade ju framkommit så klart uppe på berget. Och han ledde mig till rätt plats, precis som han lovat. Känslan av att han kommer att vara min vän för evigt ger mig stor glädje.

Men Askedun hade inte gått ännu. Han ville tala om gemensamma minnen. Han hade skänkt mig en halskedja som jag sedan tappade någonstans utanför kapellet. Det var tydligen mycket sorgligt för mig att den försvann. Men han avslöjade nu:

– Den finns fortfarande kvar bland stenarna!

Därefter pekade Askedun på ett radband som hängde ut ur fickan. Han sade:

– Håll i ett radband när du mediterar! Vi hade ju sådana, minns du inte det?

44

Vishetens åttonde pelare:
Jordens överlevnad

Aviron sade:
– Det är en viktig tid vi lever i nu. Vi befinner oss i en brytningstid för jordens utveckling. Vi kan använda all vår visdom, erfarenhet och kunskap till att föra jorden framåt. Men vi kan också vara destruktiva i våra handlingar och på ett ovarsamt sätt bryta ner jorden.
Fler och fler människor måste informeras om konsekvenserna av sitt handlande. Den största risken för jordens överlevnad just nu är miljöförstöringen. På andra plats ligger risken för storkrig. På tredje plats kommer terrorn och dess konsekvenser.
Vi vill först titta på själsbegreppet. Jordklotet har också en själ. Det har inte bara en form, en massa, utan också en levande ande. Det finns människor som kan lyssna till jordens ande. Den viskar och talar till oss, och den talar alla jordens språk.
Just nu så ber den om att vi skall stilla våra sinnen och göra oss mer lyhörda för våra egna andliga behov. Då kan vi, i förlängningen, också lyssna till jordens ande. Utan att först gå in i sig själv och sitt eget varande och lyssna till sin egen inre röst så blir det svårt att få förmågan att lyssna till jordens inre röst. Men den talar till oss i allra högsta grad.
När vi blir sjuka i våra fysiska kroppar så har vi inte lyssnat till vår egen ande. När vi mår dåligt och är obalanserade så har vi inte heller lyssnat. På samma sätt blir

jorden dålig och obalanserad om vi inte lyssnar till dess röst.

Just nu gråter jorden för att rensa sig från sorg. Den gråter för att vi skall lyssna. Den är det gråtande barnet inom oss, det som vi aldrig brydde oss om att ta hand om. Det inre barnet inom oss gråter på samma sätt som jordens inre barn gråter.

Det första steget till att hjälpa jorden är således att vi tar hand om oss själva på ett djupare plan. När våra hjärtan öppnas för egen läkning så kan också våra hjärtan öppnas för att förstå jordens behov av läkning. Vi är alla delar av jordens energi. Vi är alla delar av denna ursprungskraft i universum. Jorden är en kraft i universum. Vi vill att den skall utstråla positivitet, harmoni och balans, för jordens vibrationer och utstrålning påverkar andra planeter i universum.

En planet i harmoni och kärlek utstrålar välbefinnande som inte drar till sig negativa energier från rymden, exempelvis meteorer. Vi måste ut i rymden för att förstå, på ett andligt plan, hur jordens energi kan påverka i positiv eller negativ riktning. En planet i harmoni och kärlek överlever naturligt nog längre än en planet där destruktiva krafter får råda.

När jorden gråter så släpper den loss en massa *sorg*. Det visar sig i form av naturkatastrofer där *vatten* är inblandat. Vatten är jordens tårar. Det kan komma stormar, tsunamis, översvämningar och annat som har med vatten att göra. När jorden är arg så utsätts vi för vulkanutbrott och jordbävningar. De står för jordens inre ilska.

Jorden står också för den Heliga Modern. Hon har i uppdrag att ta hand om oss barn som bor här. Ursprungskraften är kärlek, och vi kommer ned till jorden för att verka i kärlek. Målet med vår resa är att utvecklas i kärlek tillsammans med jordens ande.

Det betyder, att när vi verkar i kärlek för oss själva och andra så bör vi också göra det för jordens välbefinnande. Uppdraget att verka i kärlek är alltså till för *oss själva*, för *andra* och för *jorden*. Detta blir en tre-enighet, jordens tre-enighet.

Triangeln har en helig form. När triangelns sidor är lika långa så skapas ett förbund, ett heligt förbund, och vi skall ingå i detta heliga förbund med vår Moder Jord. Vi bör ge lika delar av kärleken till oss själva, lika delar av kärlek till vår nästa, och lika delar av kärlek till vår jord. Det är en kosmisk formel som vi kan tänka på. Den går inte att misstolka. Den är *jordens heliga tre-enighet*.

Andevärlden och gudskraften hjälper till, vilket symboliseras av det Heliga Ögat som ser allt, vakar över allt och registrerar allt. Det hjälper också jorden i dess kval. Det Heliga Ögat rör sig i alla dimensioner och ser ständigt på jorden med stor kärlek. Men det är vi människor som har huvudansvaret. Vi är satta här för att ägna vår tid till att bygga upp och hjälpa både oss själva, människorna och jorden.

I våra historiska rötter finns en plan av visdom. Gamla kulturer har varnat oss för följderna av vårt handlande. Indianerna har varnat oss för att vi kommer att förgifta vår jord. Andra kulturer har också varnat och lärt oss tolka tecknen i skyn. Men allt handlar om vår egen fria vilja. Ingenting är förutspått som inte går att förändra.

Vi har möjligheter att påverka negativa skeenden. Vi kan förhandla bort krigsoron. Vi kan sätta oss till motvärn mot negativa och destruktiva handlingar. Vi kan lära oss att någonting ljust kan födas ur det mörka. Vi kan lära oss av historien, och vi kan lära oss att våld föder våld. När våldsspiraler sätts i gång, eller när vi startar krig, så är det mycket svårt att få stopp på det. Krig i ett land eskalerar ofta till krig i andra länder. Det är en våldsam kraft som man måste handskas varsamt med, som när man tänder en liten eld i skogen. Den kan utmynna i en hel skogsbrand.

Det skall finnas otroligt starka skäl innan man startar krig mot ett annat land. De skälen finns inte i dag. Därför måste vi med alla medel stoppa ett sådant scenario.

I dag har vi egentligen alla redskap för att lösa konflikter förhandlingsvägen. Vi har inte alltid haft det i det förflutna. Men vi står nu på en så hög utvecklingsmässig nivå att det är fullt möjligt att förhandla oss fram till en varaktig fred på jorden. Om detta inte vore möjligt så skulle vi inte säga det så här.

Planen för jordens överlevnad innebär att vi skall hitta fram till förhandlingsbordet och förhandla oss fram till hållbara och fredliga relationer med varandra.

Vi har fått förmågan att intellektuellt förstå hur vi missbrukar jordens naturtillgångar, hur vi fiskar ut jordens hav och hur vi skövlar regnskog, hur vi utarmar jorden på energi och olja, och hur vi sakta men säkert förgiftar oss alla.

Många av de sjukdomar vi bär på är ett resultat av miljöförstöring. Vi tror inte det, eller vill inte veta, men det är just miljöpåverkan som kan starta en sjukdomsprocess i en frisk människa. Förgiftad mat eller felaktig kost gör oss försvagade i energin, och när vi försvagas i energin så minskas vår motståndskraft mot allvarliga sjukdomar. Det är som en boll som sätts i rullning. Vi lever förhållandevis korta liv på jorden men vi hinner under denna korta tid utsättas för mycket miljögifter.

Våra kroppar påverkas mer av dessa gifter ju mer andliga vi blir. Vi blir då mer känsliga för atmosfäriska störningar, alltså störningar i luften och i energifält, men även känsliga för vattnet vi dricker och maten vi äter. Då blir vi också mer mentalt påverkade av negativa händelser.

Även om andlig utveckling gör oss medkännande och känslomässigt starka så påverkas vi mer av att jordens energier inte är i balans. Om jorden mår dåligt så mår vi ofrånkomligt dåligt. Varje plan för att rädda jorden börjar med en plan för att rädda oss själva.

Vi kan inom oss skapa en plan för hur vi skall leva mer sant och riktigt och hur vi skall äta för att må bra i vår fysiska kropp. Vi kan också påverka stora skeenden genom att rösta fram ledare som vill jorden väl och som inte handlar i rädsla och frustration. Det är lättare sagt än gjort, men det är något vi människor har huvudansvar för. Vi avgör själva hur utvecklingen på jorden skall formas. Vi kan inte lämna det till en högre myndighet utan bara rannsaka oss själva och lyssna till jordens ande, jordens röst. När man lärt sig lyssna till jordens ande så uppstår en känsla av välbehag, eufori och befrielse. I den känslan av glädje kan man också meditera över ordet "kärlek" och förstå, i sitt djupaste inre, att det är vad vi alla behöver.

45

Monte Foces ruin i historiskt ljus

Min resa till Gubbio blev en stor upplevelse. Jag fick personlig bekräftelse på ett tidigare liv som har betydelse för mig än i dag. Min nuvarande andlige ledare fanns ju med i en av de två visionerna från Monte Foces branta sluttning. Jag hade funnit platsen enbart med hjälp av de andliga guider Marie-Louise och jag kommunicerade med i Assisi. Jag hade känt igen mig på bergssidan och kunde peka ut var de båda visionerna uppkommit. Det var känslomässigt rörande att Askedun och jag åter var tillsammans på platsen för vårt gemensamma liv. Allt såg ut som jag trodde, förutom att det i dag finns fler buskar. Fotografierna stämde väl in på skissen jag gjort i förväg.

Under hemresan fantiserade jag om att Askeduns kapell kanske användes av herdar som vaktade får och getter på Monte Foces långsmala topp. Det var nog onödigt att driva djuren ända ner i dalen i händelse av oväder eller kyla. Min vision visade ju att jag, som ung pojke, vaktade får eller getter nära huset.

Jag undrade förstås om det verkligen inte gick att få historiska belägg för att ett hus funnits på platsen för Askeduns kapell. Bodde munkar där? Kunde en ung pojke ha levt med dem? Frånvaron av svar på dessa frågor lämnade mig ingen ro.

Arkeologikontoret i Perugia svarade att de inte visste vad som funnits där. Arkeologiska lämningar finns inte registrerade, men de kunde se grushögarna jag fotograferat på sina flygbilder. En gissning var att högarna utgjorde rester av en gammal försvarsanläggning. Ja, det trodde jag förstås inte på. Mitt själsliga minne visar ju att där funnits ett avlångt hus som för flera hundra år sedan beboddes av munkar.

Jag skrev brev till franciskanerkatedralens museum i Gubbio.

Museet skickade information om den gren av franciskanerna som kallas cappucciner, eller "Sankt Franciscus eremitmunkar", och som instiftades på 1520-talet. De ville leva efter Franciskus ursprungliga ideal och fick sitt smeknamn av att munkdräkten hade en stor triangelformad huva av sådant slag som Askedun länge skylt sitt ansikte med.

Cappuccinerna skall från 1547 ha bott i klostret Santa Barbara. De blev så omtyckta att Gubbios innevånare byggde ett större kloster åt dem "närmare staden". Tjugotvå cappucciner flyttade in där år 1640. Munkarna drevs bort 1866 men det nya klostrets byggnader finns fortfarande kvar i form av ett hotell, Cappuccini Park Hotel.

Jag bad Marie-Louise att tona in om det jag kallar Askeduns kapell är identiskt med Santa Barbara. Men hon sade:

– Munken pekar på dig! Fråga honom!

Jag satte mig i meditationsrummet vid tända ljus, och Askedun framträdde. Han hade munkkåpan på sig igen, som för att visa dess betydelse.

– Säkerligen vill du veta vad huset egentligen var. Vi fann ett gammalt kloster i dåligt skick som vi tog över. Huset betydde föga men vi var smått tagna av utsikten.

– Hette det Santa Barbara?

Nu tog han av sig huvan.

– Nej. Det låg på en annan plats. Men vi var ofta där. Santa Barbara var ett fint namn. Vi höll av det helgonet.

Santa Barbara levde i Heliopolis i Egypten i början av 300-talet. Berättelsen om henne har likheter med Franciskus liv. Från ett liv i överflöd bryter båda med sin far och ger upp allt världsligt för sin kristna tro. Hennes far blev dock så arg att han lät den romerske ståthållaren använda tortyr för att få henne att avsäga sig sin tro. Det gjorde hon inte och blev därför halshuggen.

Klostret Santa Barbara borde dock ha bestått av flera byggnader för att kunna inhysa ett 20-tal munkar. Askeduns kapell bestod ju bara av ett enda hus. I mina visioner hade jag faktiskt bara sett Askedun och inte en enda annan person.

Jag fick kontakt med Mario Sensi, som ägnat hela sitt liv åt italiensk kyrkohistoria. Han bor i Umbrien men är verksam som docent vid Påvens Universitet i Rom. Mario visste inte heller något om ruinhögarna, men trodde att mina minnen hade att göra med den "vilda" eremitrörelse som fanns i Umbrien under medeltiden. Munkar undvek klosterlivets inrutade tillvaro och levde i stället ett kontemplativt liv på ensliga platser utanför städerna, gärna uppe bland bergen. Deras hus kallades "fängelse", *carcere*, och eremiterna "fångar", *incarcerati*, vilket anspelar på händelser där munkar självmant spärrat in sig. De bodde i små grupper, klädde sig mycket enkelt och hade få ägodelar. Munkarna anslöt sig till en eremitorden, *bizzochi*, som dock inte krävde någon trohetsed. Varje litet kloster hade en ledare (abbot) som valdes årsvis. Han lydde en civil förtroendeman som borde ha goda relationer med biskopen. Eremitmunkarna försörjde sig främst på grovarbete och donationer, och den som ville bli munk fick först praktisera som lärling under något års tid.

Bizzochis storhetstid var på 1200- och 1300-talen. Det fanns flera *carceri* på de tre stora bergen bakom Gubbio. Först ut var nunnor som bosatte sig på Monte Ubaldi. På 1500-talet blev munkarna bättre organiserade och integrerades mer i samhället. De såg efter sjuka, vaktade religiösa byggnader och anlitades som budbärare och förhandlare.

Men *var* fanns Santa Barbara och *vad* fanns på platsen för ruinhögen jag funnit? Jag bad Mario Sensi undersöka saken. Om inte *han* kunde bringa klarhet i mina frågor så skulle ingen annan kunna göra det heller.

Mario reste till Gubbio för att söka i olika arkiv. Han skickade mig många tätskrivna sidor med italiensk och latinsk text. Det visade sig ha funnits ett drygt 15-tal kyrkor, kloster och eremitbostäder strax väster om Gubbio under medeltiden.

Den enda byggnad som motsvarar min minnesbild av Askeduns kapell i fråga om storlek, lokalitet och funktion är "eremithuset på Sankt Giacomo". Namnet är en medeltida beteckning på Monte Foce. *Fondo Pergamene* i Gubbiokatedralens arkiv ger många korthuggna detaljer om dess historia. Vi vet att fyra *bizzochi*-munkar bodde där år 1267 och att abboten hette Giovanni. Broder Rufini fick år 1290 tillstånd att bo i huset tillsammans med de redan bosatta munkarna Cambio och Petruccio. År 1319 lämnade Broder Giacomo över huset till munken Ceccarello och hans grupp. År 1332 bodde enbart Broder Cambio i huset, men nu flyttade även Tommaso di Giovanni från Gubbio in där. Några månader senare kom en tredje munk, Pietro Balduciolo.

Anteckningarna om eremithuset upphörde i mitten av 1300-talet. Då började en orolig tid i Gubbios historia. Digerdöden halverade befolkningen 1348 och jordbruket drabbades av missväxt. Flera maktstrider om stadens styre avlöste varandra. Skog och djurskötsel övertog åkrarna omkring Gubbio. Den religiösa verksamheten koncentrerades. *Bizzochis* försvann och munkarna samlades i de nybyggda klostren Sankt Ambrogio, Santa Barbara, San Donato och San Girolamo. Dessa större byggnadskomplex finns kvar än i dag med undantag för Santa Barbara, som revs cirka 1650.

I början av 1400-talet började en ny era av ekonomisk tillväxt. En snabb uppodling av åkermark medförde att många djur fick beta uppe bland bergen. Vid denna tid etablerade sig franciskanerna väster om Gubbio. Staden skänkte Santa Barbara till deras Tredje Orden ("botgörarna", Penitenti del Terz´Ordine) och en grupp kallad *fraticellis* ("de små munkarna"). Det senare var en spirituellt orienterad franciskansk utbrytargrupp som en tid under 1300-talet till och med hade valt en egen antipåve, Nicolò V. De bosatte sig nu i samma kloster som 100 år senare skulle övertas av capuccinerna.

Så kom ett genombrott i sökandet! Mario hittade en karta över kyrkobyggnader från slutet av 1500-talet där ett hus faktiskt är markerat på platsen för Askeduns kapell. Det hette Sankt Angelo och var avlångt, byggt i ett plan och saknade torn. Huset var betydligt mindre än San Donato. Området kallades för övrigt Sankt Angelo de la Costa. Samma beteckning användes för hela Monte Foces sydvästra bergskontur på den karta från slutet av 1400-talet som jag fann i Gubbios bibliotek. "Costa" betyder "kust".

Sankt Angelo visade sig ha en lång historia. Namnet anspelar på ärkeängeln Mikael som var föremål för en kult som växte sig stark samtidigt med eremitrörelsen. Flera kyrkor byggdes till ängelns ära runt Gubbio. År 1143 förekommer Sankt Angelo "de costa" i en lista på 15 kyrkor som donerats till stadens katedral. Ärkeängelns kyrkor byggdes helst på högt belägna, ensliga platser som låg nära en grotta. De fungerade som helgedom eller tillflyktsort, och grottan hade ofta en källa med helande vatten ("ad instar"). Mario berättade, att *om* Sankt Angelo hade en sådan källa så skulle biskopen i Gubbio ha avdelat en eller ett par eremiter till att vårda den heliga platsen.

Men Sankt Angelo förlorade snabbt sin roll som Mikaelskyrka. Den finns inte med på en förteckning från 1241 över de helgedomar kring Gubbio som hänförs till ängeln Mikael. *Fondo Armanni* från 1397, som förvaras i statsarkivet, nämner inte heller Sankt Angelo, vilket tyder på att den var övergiven då.

Namnet dyker upp igen först 1536. I arkivserien *Riformanze* anges att "huset (villa) Sankt Angeli de Costa" skänkts till munkarna i San Secondo, som är ett större kloster strax utanför Gubbios västra mur. Mario trodde att huset vid den tiden beboddes av herdar.

På en karta från år 1700 finns huset inte kvar. Området "villa Sankt Angeli de la costa" sägs vara ett jordbruksdistrikt eller en mindre farm. Dess yta sträckte sig ända ner till San Donato. År 1734 gick farmen i arv inom den rika familjen Fanucchi, men värdet sattes lågt.

Var låg Santa Barbara? Källorna säger att det från början beboddes av omkring 10 nunnor, existerade under 300 år och var beläget nära Sankt Ambrogio på berget Monte Foces "kalla och branta bergssida". Det bytte namn till Sankt Nicolò när munkarna flyttade in år 1420. Det låg mellan Gubbio och kapellet, och förmodligen helt nära Askeduns väg. I arkiven betecknas Sankt Nicolò omväxlande som kyrka, kloster och eremithus. I folkmun kallades det bara "fraticellis plats".

Det här är så långt vi kan komma i de historiska källorna.

Vid tiden för mina visioner, som troligtvis är mellan 1420 och 1430, fanns det bara en enda församling med eremiter väster om

Gubbio, och det var franciskanerna i Sankt Nicolò (tidigare Santa Barbara). Då var Askeduns kapell ett vackert beläget men förfallet hus som övergivits av *bizzochi* 30–50 år tidigare. Det attraherade säkerligen franciskaner som sökte större avskildhet med Gud än vad Sankt Nicolò erbjöd.

Jag är övertygad om att Askeduns kapell är identiskt med Sankt Angelo. Båda var lokaliserade till den enda bergsplatå på Monte Foces västra sluttning där det alls var möjligt att bygga ett hus. Både människor och djur drack ur dess heliga källa. Vattnet bör ha runnit fram ur berget strax under den byggda trappan ett hundratal meter norr om kapellet. Det är mer osäkert om Sankt Angelo blev "eremithuset på Sankt Giacomo". Men eremiter bör ha avdelats till att vakta helgedomen, och "eremithuset" dyker upp i historien när Sankt Angelo förlorat sin roll som Mikaelskyrka. Dess ursprungliga namn används igen först 400 år senare, vilket stämmer med att byggnaden länge hade en annan funktion.

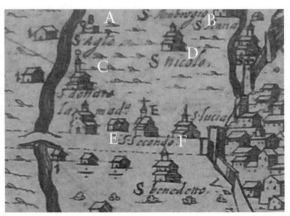

Detalj av den äldsta kartan över religiösa byggnader kring Gubbio, från cirka 1570. A=Sankt Angelo (Askeduns kapell), B=Sankt Ambrogio, C=San Donato, D=Sankt Nicolò, E=San Secondo, som vid denna tid ägde Sankt Angelo, och F=Santa Lucia, klostret dit nunnorna från Santa Barbara flyttade 1420. Notera floden i dalgången nedanför Sankt Angelo. Det kan vara platsen där Robert fångade fisk under sitt liv med franciskanerna.

Jag frågade Mario Sensi om det förekom att pojkar växte upp bland eremiter. Det är ju själva förutsättningen för en historisk bakgrund till mina visioner från Monte Foce. Ja, svarade han. Det fanns många exempel på att manliga munkar hade unga pojkar som kompanjoner eller "hjälpare". De vaktade djuren, fungerade som tjänare och uppehöll kontakten med staden. Kvinnliga eremiter hade dock vuxna kvinnor som hjälpare.

Mario menade dock att kompanjonskapet mellan eremit och pojke är mest typiskt för *bizzochis*. Det vore mer främmande för cappuccinerna att göra så. Även andra skäl talar emot att Askedun var cappuccin. När denna "sista stora eremitrörelse" kom till Gubbio så hade Sankt Angelo just skänkts till munkarna i San Secondo, som tillhörde det ordinära, kanoniska, klosterväsendet. Då kapellet tillhörde andra munkar så skulle Askedun inte ha kunnat bo där.

Det mesta talar för att Askedun var en *fraticelli*. Deras klädedräkt var typiskt franciskansk med en mantel som hölls fast av ett snöre eller en läderrem runt midjan. De bar en kortare mantel än "vanliga" fransciskaner – den slutade uppe vid vaderna. Både Marie-Louises och mina visioner av Askeduns klädedräkt visar att manteln *inte* gick ända ner till fötterna. Viktigt är förstås att fraticellis, liksom senare cappuccinerna, bar en långsmal och toppig huva.

Jag har alltid känt att Askedun och jag umgicks med munkar i ett större kloster, och trodde först att det var San Donato. Vi kan visserligen ha firat mässa i San Donatos kyrka ibland då vi borde ha tillhört den församlingen. Men den viktiga platsen måste ha varit Sankt Nicolò. Vi kanske åt mat och gav oss ut på vandringar tillsammans med de munkar som bodde där. Alla var ju franciskaner. Det kanske var framför dörren på Sankt Nicolò som jag, i mitt tidigare liv, blev utsatt i en korg.

En historisk uppgift som möjligen kan förklara att mina föräldrar inte kunde ta hand om mig var att en stor armé under ledning av erövraren Braccio de Fortebraccio brände ner stora delar av Gubbios västra utkanter år 1420. Sankt Nicolò skonades medan ett nunnekloster nere på slänten, Santa Lucia, skadades kraftigt. Även ett sjukhus förstördes.

Varför bodde Askedun i eremithuset och inte i Sankt Nicolò? En trolig orsak var att han hade lepra, en sjukdom som i dag botas med penicillin. Hos Askedun var sjukdomen uppenbar då den vanställt ansiktet. Folk förstod att han var smittsam. Han valde förmodligen att gömma ansiktet under huvan på sin mantel när han mötte okända människor. Så gjorde han även inför mig sedan jag skrämts av hans ansikte under en bandinspelad meditation ämnad att möta "vår andlige guide". Vändpunkten kom inte förrän vi återförenades vid Sankt Angelo.

Varje leprasjuk person drevs bort från Gubbio och tvingades att bo i ett leprasjukhus, exempelvis i San Lazzari vid foten av Monte Ubaldi. Enligt ett dekret från 1321 gavs de leprasjuka dock en möjlighet bosätta sig som *incarcerati* i något av de isolerade eremithus som fanns på de tre stora bergen bakom Gubbio. Att vistas nära Gud ansågs vara deras enda hopp till läkning. Jag tror att den lösningen tilltalade Askedun. Sankt Angelo var ju övergivet och hade dessutom, vad vi tror, en helande källa. Askeduns närvaro är också ett kvitto på att Sankt Angelo verkligen *hade* status av eremitbostad.

Franciskaner kunde smittas av lepra då dessa munkar, inspirerade av den Helige Franciskus förebild, var de enda som befattade sig med människor som hade av denna sjukdom. Även om Askedun accepterades av sina bröder bland fraticellis så var det säkert olämpligt, om ens tillåtet, att ständigt vistas vid Sankt Nicolò, som låg nära Gubbio. Det var lugnare och naturligare att bo i eremithuset.

Både av praktiska skäl och som sällskap behövde Askedun en "hjälpare". Han blev på så sätt en idealisk person att ta hand om en föräldralös pojke. *Bizzochis* gamla sedvänja att knyta pojkar till sina *carcere* gjorde kompanjonskapet möjligt. Det bör dessutom ha varit gott om arbete för en ung herde. Vid denna tid utnyttjades ju bergen mer systematiskt för djurskötsel.

Min sista fråga var: förekom det att spädbarn sattes ut i korgar framför kloster kring Gubbio på 1400-talet? Jodå, det förekom att nyfödda barn som föräldrarna inte kunde ta hand om sattes ut framför både kyrkor, kloster och sjukhus. Vid den här tiden hade Gubbio ett sjukhem för dem. Det var kopplat till sjukhuset San Spirito i Rom som drev en omfattande verksamhet med att ta hand om oönskade barn. Alla barn som sattes utanför kloster och kyrkor runt Gubbio fördes hit. De fick en blå svepning och märktes med institutets signum, ett dubbelkors, på ena foten. Barnen registrerades som *matris ignotae* (modern okänd) och fördelades efter en tid bland barnflickor, som fick ersättning av sjukhemmet. Där stannade barnen fram till avvänjning. En del skickades till Rom på kärror medan andra blev kvar hos barn-flickorna tills de var 4–5 år gamla. Då placerades de ut i sam-hället för att arbeta som "hjälpare". Att ta hand om oönskade barn var alltså en väl utvecklad verksamhet.

Mario Sensi hade inga problem med att uppfatta mina visio-ner från Askeduns kapell som logiska ur ett historiskt perspek-tiv. Det har inte jag heller. Jag kom kanske inte till slutet i mina efterforskningar, men de sista bitarna i pusslet föll ändå på plats. En stor tillit till mina egna själsliga minnen började växa fram.

Mitt liv med franciskanerna var fattigt men gick i godhetens teck-en. Till godheten vill vi alltid återvända. *Våra associationer och våra val styrs av det vi vill återvända till eller det vi vill undvika.*

Det kan illustreras med en historia från modern tid. Ett av de mest irrationella val jag gjort var i samband med "praktisk yr-kesorientering" i skolan. Meningen var att alla 17-åriga elever under några veckors tid skulle få bekanta sig med ett yrke. Me-dan mina kamrater valde att bli ingenjör eller journalist så valde jag att bli – fåraherde! Det mest förvånande i historien var att min skola faktiskt *hittade* en fårskock som jag fick vakta.

Och det var inte vilka får som helst, utan Kungens får!

46

Vishetens nionde pelare:
Vår relation till Gud

Aviron sade:
– Kärt barn har många namn. Man kan tala om Gud på olika sätt i olika religioner. Men här väljer vi att använda ordet Gud som namn på den kärleksenergi som länkar oss alla samman. Vi är förbundna med kärleksenergin. Den är en del av oss och lever i oss och hjälper oss senare att hitta hem. Den är vår sanna navelsträng till Gud.

Gud är vår inspiratör, vår källa till glädje och vår beskyddare och vän. Den som hjälper oss att enas så att vi skapar fred på jorden. När det är krig så skall man be till den allra högsta sammanhållande kraften, som är Gud.

Himlen består av en otal skara änglar på olika nivåer, andliga guider och mästare, och alla är de underställda den kärleksenergi som kallas Gud. Men tro för den skull inte att den är långt borta! Den lever i oss alla. När vi strävar mot det goda drar vi alltid med oss fler själar. Vårt uppdrag är alltså att ta ner gudomlig kärleksenergi till jorden och förankra den i så många själar som möjligt. Denna sammanhållande kraft kan motverka krig och destruktiva skeenden.

Det kan vara en svår uppgift att ta emot Gud i sitt hjärta. Men det finns en öppning, och den kommer från de upplysta själar som undervisar på jorden i dag. Människorna själva har också en längtan efter denna enande kärleksenergi. Det är med andra ord naturligt för oss att följa vårt eget flöde och inte gå emot den gudomliga processen.

Vårt gudomliga flöde hindras när vi tänker mörka tankar eller skapar destruktivitet. Det är då vi blir egostyrda och dras med i våld och negativa handlingar. Men det är inte naturligt för oss att vilja ont. Det naturliga för varje själ är att sträva mot det goda eftersom vi alla har Gud inom oss.

Om vi hamnar i lägen där vi förlorar kontrollen och lever i destruktivitet och mörker så finns det alltid en inre röst som försöker få uppmärksamhet. Det är vår egen kärleksfulla röst som försöker tala till oss. Vi har alla kraft till att vända negativa spiraler till något positivt. Det är i själva verket att säga "ja" till livet i stället för att motarbeta det.

På frågan om man vill stanna kvar på jorden eller dö så vill ju de allra flesta stanna. Om man accepterar att vara här så underlättas vår resa av att vi känner till kärleksenergin inom oss. Den är vår stora hjälpare och vän. Och den är *nära* oss. Kärlekskraften skyddar oss inte från allt ont och alla svårigheter men hjälper oss i stunder av kris, och den bär våra bördor. Vi kan be den om hjälp för den säger aldrig nej. Den är bara tacksam att få hjälpa.

Med denna andliga kunskap borde det te sig svårt att starta krig eller att skilja människor åt på grund av religion eftersom vi alla har samma kärleksenergi inom oss, oavsett religionsbeteckning. Att splittra denna enande energi är ett stort brott mot mänskligheten. Varje gång det sker ser andevärlden med bedrövelse och sorg på jorden.

Det kommer en tid då vi *tvingas* att närma oss denna kunskap. Det kommer inte att finnas någon annan väg att gå än att respektera alla människors lika värde. För det är den enda slutsats som får oss att överleva.

Ju större förståelse vi har för hur denna gudsenergi fungerar under våra jordeliv desto lättare blir det att lämna vår fysiska kropp när tiden är mogen. Om länken redan finns etablerad tankemässigt så försvinner otrygghet och rädsla, och vi översvämmas av en varm tillförsikt, en trygghetskänsla, av att vara i goda händer.

Det kan vara omöjligt för er människor att förstå intensiteten i denna kärleksenergi, och det finns inte ord för att beskriva den på rätt sätt. Den måste upplevas. Det är upplevelsen som får oss övertygade, inte kraften i orden.

Om man känner sig utelämnad, ensam och förtvivlad så är det ett bra tillfälle att på djupet lära känna kärleksenergin. Den kan upplevas som en värme, som en varm känsla i bröstet, nästan som om man expanderar sitt eget hjärta. Man kan då komma in i ett tillstånd av eufori och upphöjdhet. Återigen är det känslan som måste upplevas. Den är svår att förklara i ord.

– Känns det som att vara ny-kär?

– Nej, det är mycket starkare och varmare. Är man kär finns ett beroende av någon annan, men så är det inte här. Man är själv stark och känner beslutsamhet i att ta sig ur svåra situationer.

Det är möjligt att söka gudomligheten i sitt innersta genom följande meditations- och visualiseringsövning. Tanken är att skapa ett tillstånd av kravlöshet där man vaggas i en oändlig rymd och känner tillit till kosmos.

Visualisera att du ligger i en vagga. Känn en mjukhet omkring dig, som om du ligger i en kokong. Få vaggan att lämna marken och sväva uppåt. När du lämnar marken släpper du taget om det jordiska och upplever en vila för själen.

Det behöver inte gå fort. Du kan bara sväva strax ovan marken, men också stiga högre upp om du vill. Så skapas en närhet till det lilla barnet inom dig, och du kan uppleva en kravlös frihet. I kontakten med dig själv uppstår en helhetskänsla som är läkande och fri från stress och oro.

Ta några djupa andetag och andas ut med munnen. Då känner du att all stress och oro lämnar dig, och det ökar ytterligare mottagligheten för denna kärlekskraft. Det blir som ett drömtillstånd där våra spärrar släpper och vi kan uppleva total sinnesfrid.

Nu kan du plötsligt uppleva en gudsnärvaro som är starkt kopplad till kraften inom dig. Det är en närvaro som innebär total förlåtelse och befrielse där allt är accepterat. Där kan du nu känna dig förenad med Skapelsen, och att allt är ett.

Be att detta tillstånd skall finnas kvar som ett lagrat minne inom dig, och att du när som helst skall kunna koppla på denna kontakt igen. Det blir lättare efter varje övning.

Tro ej att denna övning är svår. Den är lätt och undervisas till er i kärlek och uppvaknande.

När vi upptäcker Gud inom oss så inser vi vilken kraft och vilken styrka det ger. Då bli vi inte längre ensamma och utelämnade. Då har vi en sköld som skyddar oss i alla strider och i alla stormar.

47

I slutet av våra inkarnationer

Vi tyckte att kapitlet om människans relation till Gud kunde utgöra ett fint avslut på *Gudomlig väg*. Men när jag läste bokens första kapitel så fann jag där ett löfte, nämligen att Aviron också skulle berätta för oss vad som sker i slutstadiet av våra inkarnationer. Vi talade med Aviron om det och, ja, löftet stod fortfarande kvar.

En solig morgon i början av augusti år 2006 satte vi oss åter på bryggan vid sommarhuset i Stockholms skärgård för att tona in och teckna ner den text som följer här nedan. Havet var alldeles lugnt och barnen hade ännu inte vaknat. Vi satt i varsin vilstol under ett parasoll för att inte bländas av solens värmande strålar.

Aviron berättade:

– När vi passerat nålsögat i våra karmiska inkarnationer så uppstår inom oss en evig längtan efter befrielse. Då uppstår en längtan efter att bli ett med Gud. Denna totala känsla av längtan efter existensens upphörande är mycket svår att beskriva i ord. Den är svår att förklara för människor som befinner sig mitt i karmacykeln. Den kan tolkas felaktigt på grund av människans behov av att inkarnera i sin fysiska kropp. Den kan upplevas som en oändlig sorg sett med våra fysiska ögon. Därför är detta ett svårt ämne att tala om. Men denna längtan utvecklas under lång tid och sker i olika steg.

När våra fysiska inkarnationer avslutas på jorden så fortsätter en andlig utvecklingskedja i andevärlden. Precis som det är en fysisk resa på jorden så blir det nu en andlig resa, och den kan ta lika lång tid som alla våra inkarnationer tillsammans. Den kan också innehålla besök i andra solsystem där man får studera andra energiformer och andra utvecklingsplan som ligger nära jordens. Det betyder inte att man inkarnerar där utan snarast att man studerar dem från sin plats i andevärlden.

När vi befinner oss i denna andliga utvecklingsplan så tar vi in kunskap från alla energiformer och från alla nivåer av andlig utveckling. Det innebär att vi på ett visst stadium naturligt nog blir mästare både åt oss själva och åt andra människor. Det här styrs av vår vilja och vår egen kapacitet att komma vidare. Ju mer du längtar efter att uppgå i den totala gudsnärvaron ju starkare är drivkraften att passera dessa olika stadier. Det är du själv som står vid rodret och det är din inre längtan som styr.

I den andliga sfären finns många utvecklingsplan. Det första planet innebär att man fungerar som guide åt en människa på jorden (andlig ledare). Det är en mycket krävande uppgift. Vissa själar följer man ju under många liv. De som är tillräckligt mogna kan också gå in som andlig hjälpare till flera människor. Den som är väldigt utvecklad kan också få hjälpa andra guider som "kört fast". Det är en stor seger i himlen när någon på jorden verkligen uppfattar sin guide. Det är ett gränsöverskridande som är heligt. Som medium på jorden skall man vara varsam med att berätta om andliga guider. Egentligen är det människorna själva som skall upptäcka dem och komma till insikt om dem.

Att vara personlig guide till någon kan vara slitsamt, så slitsamt att man ibland måste gå ifrån uppdraget ett tag. Men vi lämnas inte utan guide. Någon annan kommer i stället. Det kan vara andliga hjälpare eller änglar. Människor som gått igenom svår sorg har ofta änglar runt omkring sig. Änglar är himlens budbärare och tröstare. De verkar ofta i grupp och då speciellt kring människor som genomgått sorger på jorden. Att vara ängel är ett val man gör under sin andliga resa i himlen.

– Varför är det bättre med en personlig ängel än med en andlig ledare?

– Att ha en personlig ängel innebär att man själv har en speciell relation till Gud och att man rör sig i en högre energisfär.

Om man är väldigt andlig kan man alltså åtföljas av en ängel från ett ännu högre plan.

Ängeln *hjälper* mer. Den är en tröstare och vän medan andliga ledare ställer mer krav eller har förväntningar på utveckling.

– Kan alla människor bli änglar?

– Ja, om man väljer det och är mogen för det. Att jobba i grupp kan vara en lättsammare uppgift än att vara guide åt en specifik person. När änglar arbetar i grupp så hjälper de varandra. De skapar nätverk och inriktar sig på land-områden eller människor med särskilda problem, såsom exempelvis krigsområden eller länder med torka och fattigdom.

Det finns också personliga änglar till speciellt utsatta själar på jorden. Er dotter Maria har ju en personlig ängel. Den beskyddar henne och talar om för henne att hon skall vara på jorden. Ängeln har vingar – därför är Maria så förtjust i fjärilar. Hennes intresse för fjärilar beror på att hon söker gudskontakt.

Vid olyckor kan det vara änglar som antingen hjälper en över till andra sidan eller talar om för själen att den får gå tillbaka in i kroppen igen för att livet ännu inte är klart.

– Varför gör inte guider det?

– Änglar rör sig särskilt lätt genom dimensionerna. Därför kan de komma snabbt till det område eller till en person i kris. Vid tsunamin år 2004 så var tusen och åter tusen änglar verksamma.

För den ande som varit guide åt någon under flera in-karnationer kan det vara skönt att få bli ängel. Det är mindre ensamt och änglar kan vara vägvisare åt många. Detta är viljestyrt.

Man kan vara ängel under väldigt lång tid. Eftersom tiden inte existerar i andevärlden kan vi inte uppfatta vad det innebär.

Även i änglarnas värld finns en hierarki där vissa änglar står över andra. Först när man nått en viss mognad blir det möjligt att välja vilken sorts ängel man vill vara.

Det finns en nivå av total upplysthet i andevärlden där man står Jesusenergin, och även andra inkarnerade profeters energi, väldigt nära. Det är ett tillstånd på en högre mästarnivå där man lever i den totala kunskapens ljus.

Här börjar den längtan efter frid som jag talade om. Den innebär att förenas med den energi som man är kommen av. Då upplöses själen och man blir ett med Gud. *Ju fler själar som uppgår i den totala gudsenergin ju starkare blir Gud.* Vi blir till slut alla delar av en allt starkare Gud.

Det är vår yttersta och högsta drivkraft.

48

Den inre resan

A ll andlig kommunikation börjar med en inre resa. Syftet med den inre resan är att söka svaret på om du är redo för denna kommunikation. Om svaret blir "ja" måste du veta att du under en sådan guidning prövas i *tillit*. Dina motgångar prövar dig och gör att du lyssnar till din inre röst. Dina motgångar gör att du blir vän med dig själv. Det är som att dyka in i ett inre landskap utan karta och kompass. Du vägleds endast av ditt sanna jag, av ditt högre jag, som undervisar alla öppna själar. Ditt högre jag är också din länk uppåt. Det är tröskeln till andevärlden, det är porten.

Den inre resan börjar med att du stämmer av med dig själv, går igenom dagens svårigheter, funderar över dina gärningar och framför allt tonar ner kraven och förväntningarna på livet. Du bör komma till en nollpunkt där allting börjar på nytt. Säg att allt räknas från denna stund och framåt!

Så börjar ditt liv – allt innan har bara varit repetition av gamla mönster, gamla tankar och gamla strukturer. Du får nåden att se det nya som kommer in i ditt liv. Ett nytt kapitel, en ny bok, ett nytt hopp. Det är det vi vill ge er människor. Ett nytt hopp – en ny världsbild, en ny karta över orsakssamband, och en helhetssyn.

Men allt börjar sakta – förändringar börjar sakta. I små steg öppnas ridån. I små steg kommer insikterna till oss. Varje insikt måste sedan förvaltas väl, tas om hand och testas mot dina egna tvivel om och om igen.

Änglarna väntar och våra guider väntar. De väntar på oss i många inkarnationer. De väntar på vår mognad och på att vår längtan skall bli sann. När vi längtar efter det som är sant, efter det som hjälper oss till helhet, *då* är vi mogna för att vara mottagare!

Resurser

Fotografierna från det första världskriget är hämtade ur "Erinnerungsblätter deutscher Regimenter, Bayrische Armée, Ein Bilderbuch" (Verlag Bayerisches Kriegsarchiv, München 1926). Kartan på Gubbios västra utkanter från 1570-talet kommer från Statsarkivet i Gubbio. Kartan på samma område från 1622 är hämtad från det Apostoliska Biblioteket i Vatikanen. Författarnas hemsida www.hahn.au.nu

Tack

Författarnas vill framföra sitt tack till följande personer och institutioner som bidragit till bokens tillkomst:

Eva Fintelmann, för detektivarbetet med att finna Franz familj.

Familjen Müllers nu levande släktingar i München.

Mario Sensi, för sitt engagemang i sökandet efter den historiska bakgrunden till Askeduns kapell.

Jos Lagae från Western Front Association i Belgien för sökande i franska krigsarkiv.

Venice Translations (Paolo Roat) och WTB Language Group som översatt otaliga italienska texter.

John Neilan översatte tyska texter.

John Holland (Quintus Latin Translation) översatte latinska texter.

To

Eva Fintelmann

with many thanks
for all assistance!

— Robert Hue